创客赋能

企业家认知视角的战略变革

郑子辉 / 著

企业管理出版社
ENTERPRISE MANAGEMENT PUBLISHING HOUSE

图书在版编目（CIP）数据

创客赋能：企业家认知视角的战略变革 / 郑子辉著.
北京：企业管理出版社，2024.9. -- ISBN 978-7-5164-3137-5

Ⅰ．F426.4

中国国家版本馆 CIP 数据核字第 202459KD61 号

书　　名：	创客赋能——企业家认知视角的战略变革
书　　号：	ISBN 978-7-5164-3137-5
作　　者：	郑子辉
责任编辑：	解智龙　　宋可力
出版发行：	企业管理出版社
经　　销：	新华书店
地　　址：	北京市海淀区紫竹院南路 17 号　　邮　　编：100048
网　　址：	http://www.emph.cn　　电子信箱：emph001@163.com
电　　话：	编辑部（010）68701638　　发行部（010）68414644　68417763
印　　刷：	北京亿友数字印刷有限公司
版　　次：	2024 年 9 月第 1 版
印　　次：	2024 年 9 月第 1 次印刷
开　　本：	710mm×1000mm　1/16
印　　张：	16.5
字　　数：	231 千字
定　　价：	68.00 元

版权所有　翻印必究　·　印装有误　负责调换

PREFACE 序言

当前我国处于经济和社会转型的加速期,正在加快构建以国内大循环为主体、国内国际双循环相互促进的新发展格局,提高新形势下中国参与国际合作的能力,这是我国为提升经济发展水平而做出的重大战略决策。作为最重要的市场经济主体,企业的战略变革是转变我国经济增长方式、促进产业转型升级的有效途径之一。然而,面对经营环境呈现出的动态性、复杂性和不确定性等状态,如何有效地发起和实施变革成为企业管理领域的热点问题。从已有的研究分析结果来看,需要更多地将战略变革视为企业层面自上而下的一次性活动,在中国大型制造企业转型升级中,鲜有通过赋能创客影响企业家认知的战略变革成功案例和理论研究。基于此,本书立足于现有的研究结果,以海尔集团(以下简称海尔)赋能创客为典型案例,探索企业如何赋能企业家认知,进而影响企业战略变革活动,为中国新时代情境下大型传统制造企业的战略变革实践提供了一种可借鉴的模式框架。

本书以企业家认知视角的战略转型过程为研究背景,采用文献研究法、案例研究法、归纳演绎法、问卷调查法和统计计量法等,以海尔的创客赋能战略转型变革过程为研究对象,探索中国情境下的传统大企业基于赋能创客的战略变革过程范式及企业家认知在其中作用的理论模型。基于对海尔生态圈中的271位企业家创客的问卷调研数据,利用多元回归分析方法对理论模型进行实证检验。通过对目前企业经营面临的新挑战和新机遇进行分析,基于海尔创客的变革案例,针对赋能者、受赋者给出变革建议。最后是实证结果与展望:针对实证结果及讨论提出相关的结论，明确本书的创新点及研究局限，并对研究进行展望。

本书基于海尔创新赋能生态，提出了创客赋能WISE模型。方向（Where）、驱动（Irritation）、战略（Strategy）、体验（Experience）四要素共同构成企业家创客的赋能要素。方向赋能来源于两个关键举措——趋势判断、战略用语，驱动赋能来源于两个关键举措——"全员对赌""即时显示"，战略赋能来源于两个关键举措——平台协同、生态共享，"体验赋能"来源于两个关键举措触点交互、持续迭代，而创客赋能的后向化是大企业战略变革的方向。

本书基于战略变革等理论，提出并用多样数据验证得出结论：企业认知（意愿脚本、安排脚本、能力脚本）与企业家自我效能感对战略变革过程具有交互影响，组织认同、社会资本则是企业家认知与企业家自我效能感对企业战略变革具有促进作用的调节变量。

本书挖掘战略变革所面临的挑战和机遇，将海尔赋能转型和战略变革相结合，指出在企业战略变革过程中，赋能者应该重视变量生态合力、受赋者应重视赋能生态平衡、赋能双方应重视赋能的共同目的是让每个人的价值最大化。

目 录

第一章 绪 论 … 1

第一节 研究背景与意义 … 1
一、研究背景 … 1
二、研究问题的提出 … 6
三、研究意义 … 7

第二节 国内外研究现状 … 9
一、创客赋能的相关研究 … 9
二、企业家认知的相关研究 … 11
三、企业家自我效能感的相关研究 … 19
四、战略变革行为的相关研究 … 23
五、组织认同的相关研究 … 27
六、社会资本的相关研究 … 31

第三节 研究内容与方法 … 37
一、研究内容 … 37
二、研究方法 … 39
三、研究思路与技术路线 … 41

第四节 本书的创新点 … 44

第二章 理论基础

第一节 社会认知理论 ····· 46
一、社会认知理论的主要内容 ····· 46
二、社会认知理论在战略变革中的应用 ····· 48

第二节 战略变革理论 ····· 51
一、战略变革理论的主要内容 ····· 51
二、战略变革的影响因素 ····· 56
三、战略变革过程的研究 ····· 58

第三节 组织认同理论 ····· 63
一、组织认同理论在战略变革中的应用 ····· 63
二、组织认同理论的主要内容 ····· 65

第四节 社会资本理论 ····· 66
一、社会资本理论的主要内容 ····· 66
二、社会资本理论的应用研究 ····· 67

第五节 社会资本供应链的运营优化策略与管理模型 ····· 69

第六节 本章小结 ····· 71

第三章 基于扎根理论的战略变革案例分析 ····· 73

第一节 研究设计 ····· 73
一、研究的总体思路 ····· 73
二、案例样本选择 ····· 75

三、资料收集 ···································· 77
四、信度和效度保障 ······························· 80

第二节　数据资料的分析过程 ························· 80
一、开放式编码 ································· 80
二、主轴式编码 ································· 84
三、选择式编码 ································ 113

第三节　研究发现 ································· 116
一、战略变革的四要素模型——WISE ················ 116
二、战略变革过程中的影响变量及其作用和关系 ········ 129

第四节　结论启示 ································· 130
一、战略变革的赋能化 ··························· 130
二、战略变革的后向化 ··························· 131

第五节　本章小结 ································· 134

第四章　企业家认知及自我效能感对变革过程的影响研究 ································· 136

第一节　理论分析和研究假设 ························ 136
一、企业家认知与战略变革过程 ···················· 136
二、组织认同的调节作用 ·························· 139
三、社会资本的调节作用 ·························· 140

第二节　研究设计 ································· 144
一、模型构建 ·································· 144

二、问卷设计 ··· 145
　　三、变量测量 ··· 147
　　四、控制变量的测量 ··· 150

第三节　数据收集 ··· 150
　　一、样本来源 ··· 150
　　二、数据收集过程 ··· 152

第四节　数据分析与假设检验 ··· 154
　　一、信度与效度分析 ··· 154
　　二、描述性统计分析与相关分析 ·································· 160
　　三、共同方法偏差分析 ··· 162
　　四、多重共线性分析 ··· 164
　　五、假设验证 ··· 166
　　六、主效应检验 ·· 166
　　七、稳健性检验 ·· 181
　　八、改变被解释变量量化方式的稳健性分析 ·················· 190

第五节　实证结果及讨论 ·· 194

第六节　本章小结 ··· 197

第五章　复杂环境下转型赋能与战略变革的影响研究 ······ 199

第一节　研究设计 ··· 199
　　一、研究的总体思路 ··· 199
　　二、案例样本选择 ··· 200

三、资料收集 ································· 200

第二节　复杂环境下转型赋能与战略变革的访谈编码过程 ························ 202

一、访谈开放式编码 ························· 202

二、访谈主轴式编码 ························· 206

三、访谈选择式编码 ························· 216

第三节　复杂环境下战略变革的研究发现 ············ 218

一、复杂环境形成"大变局" ················· 218

二、复杂环境下的机会 ····················· 218

第四节　复杂环境下战略变革的结论启示 ············ 220

一、赋能者应重视"变量生态"的合力 ············ 220

二、受赋者应重视赋能生态的平衡 ············· 221

三、赋能双方应重视赋能的目的 ·············· 222

第五节　本章小结 ···························· 223

第六章　结论与展望 ···························· 224

第一节　研究发现 ···························· 224

第二节　研究贡献 ···························· 225

一、理论贡献 ···························· 225

二、实践意义 ···························· 226

第三节　结论与展望 ·························· 227

参考文献 ·· 229

附　　录 ·· 238

　　附录一：基于扎根理论的战略变革过程案例研究的
　　　　　　补充资料 ·· 238

　　附录二：主效应及调节效应调研问卷 ·· 241

　　附录三：实证结果展示（部分） ·· 246

第一章

绪　论

第一节　研究背景与意义

一、研究背景

近年来，国内外企业的外部环境逐渐表现出易变、不确定、复杂和模糊等特征。这种突变环境对企业战略变革提出新挑战，也极易造成企业内部变革发起者与实施者的分歧和冲突。Bouée（2013）用VUCA来表达企业经营环境的突变特征。

（1）易变性（Volatility）。针对变化动力来说，催生环境变化的因素越来越容易改变。现代技术特别是移动互联、大数据、云计算等现代信息技术的发展速度越来越快，已经给传统制造业的资源配置、经营管理、商业模式、产品形态等带来深刻的变革。

（2）不确定性（Uncertainty）。就环境变化结果来说，越来越难以预测，表现出高度不确定性。全球经济的震荡等现象层出不穷，也都以颠覆性方式推动新的产业变革。

（3）复杂性（Complexity）。就变化的广度和深度来说，环境变得越来越复杂。从中国经济发展现状来看，经济结构不断优化升级，发展动力从要素驱动、投资驱动转向创新驱动。当前我国经济正处于"三期叠加"的特定阶段，企业经营环境正在发生着全方位、多层次的变化。

（4）模糊性（Ambiguity）。伴随环境易变性、复杂性和不确定性，有些人对环境的认知也变得越来越模糊。正如埃里克·莱斯在《精益创业》中所描述的（埃里克·莱斯，2012），已经无法准确预测分析企业经营，面对模糊的市场环境，只能进行逐步的市场测试和产品迭代。

当今时代以"突变式颠覆"为特征（Downes和Nunes，2013），企业迎来的挑战已不限于"无可参考的战略、无法抑制的成长和无可阻挡的研发"（王钦和赵剑波，2014）。这种突变环境既对企业战略变革提出了新挑战，也对企业认知逻辑产生了强烈冲击，新的认知逻辑、平台经济、社群经济、共享经济等正在更新经营观念。

此外，突变环境与企业变革认知和信念冲突。事实上，这种易变的、不确定的、复杂的和模糊的突变环境必然要求企业启动全面的变革管理。中国企业升级发展根本就是依靠变革和创新，只有进行战略变革、实施创新驱动才能突破目前经营困境，掌握企业发展主动权。然而，在突变的外部环境中，企业战略变革往往不是简单的战略更新和调整（Strategic Renewal）（方琳，2017），而是一种根本性的转换（Strategic Turnaround），它会对企业现有认知逻辑产生强烈冲击（徐二明和谢广营，2016）。在这种情境下，企业作为变革发起者与实施者的共同体，极易产生变革认知与变革信念的冲突。我们常常看到，那些具有创新精神、冒险意识、敢于领先行动的企业家，如果作为企业变革发起者，其变革认知与信念往往难以转化成为组织新的认知范式；企业家的变革信念并不能简单唤起组织集体共同的认知与信念。在战略变革过程中，由于企业家、高管、员工所担任的角色及思维方式的不同，认知差异也难免存在，组织中的认知冲突是常态（陈家昌和赵澄谋，2016）。

在战略变革过程中，那些对变革不认同和对组织变革合法性怀疑的成员，可能会做出不利于企业战略变革的行为，成为变革的一个重要阻碍因素。在突变环境中，一个快速有效的战略变革的成功实施，往往是与组织共同信念和集体认知的形成相联系的。事实上，在突变环境下，快速行动是影响战略变革的关键因素，在快速变化环境中做决策的速度越快，企业绩效越好（Eisenhardt，1989）。因此，企业作为一个组织如何解读环境的变化？企业家作为变革的发起者和实施者，他们的认知和信念是如何影响战略变革发起和实施的？现有企业又是如何形成变革信念，克服困难并成功实施战略变革、实现转型升级的？这些问题已成为当前企业战略变革研究的重要课题之一。

海尔在互联网时代的战略变革实践已引起全世界范围的关注，在2015年11月的第七届德鲁克全球论坛（维也纳）上，张瑞敏（海尔集团董事局名誉主席兼CEO）成为唯一受邀参会并作演讲的中国企业家。当众多欧美企业家听完张瑞敏关于互联网时代海尔管理模式的"三个转型"的演讲，绝大多数企业家认为海尔此次有前瞻性的战略变革代表了管理实践的未来。在拉里·唐斯（《大爆炸式创新》作者）看来，海尔的创客非常有雄心、有张力（拉里·唐斯和保罗·纽恩斯，2014）。在杰里米·里夫金（《第三次工业革命》作者）看来，海尔则是一个全球领先的"实验者"和"先驱"，实施如此超前和彻底的战略变革，或将创造全世界的管理新模式，让中国模式领先全球（杰里米·里夫金，2014）。被誉为"管理思想界的奥斯卡"Thinkers50为张瑞敏颁发"最佳理念实践奖"也是最好的例证。Thinkers50创始人斯图尔特·克雷纳（2015）认为，以往我们只能从发达国家的企业实践中获取理论启发，现在我们已经认识到，即便是在全球范围内,海尔的战略变革也称得上是最领先的,因此张瑞敏获奖可以说实至名归。海尔以"人的价值第一"为理念,给予创客三权(决策权、用人权、分配权),激发了创客们持续创新、创业的热情,同时去中间层(碌碌无为的中层管理者),把企业改造成网状节点组织(扁平组织),要比很多西方企业更加开放,使企业和员工更加自由和更加有活力。

众所周知,企业管理认知是战略变革的核心,因此,海尔目前正在进行的以"人单合一"双赢模式为核心的战略变革,是在对内外部环境认知和应对的基础上,在不断学习、实践和交流的过程中完成了战略变革的实施。海尔对于变革存在着主动性和预见性,其能够就外部变化提前主动做出调整。总而言之,对海尔战略变革过程的剖析不仅可以为海尔未来的战略变革找出可复制的模式,也可以为许多企业转型升级提供一种可借鉴的范式。

目前,国内外学者已经对动态环境下的战略变革问题展开研究,具体包括动态环境中环境变化速率、环境不可预测性、环境资源丰富性与可获得性等(Teece 和 Pisano,1997);组织动态能力和动态环境战略变革决策(Teece 和 Pisano,1997;Eisenhardt,1989,2000);组织变革认知和个人变革认知冲突(陈家昌和赵澄谋,2016;周晓东,2016)。从战略变革发起到实施是一个统一行动的过程。有学者指出,认知冲突是影响组织行为的重要因素。从变革发起到变革实施,实际上是一个从企业家认知向组织认知转变的过程,只有当组织形成对变革一致的认知的时候,集体才能表现出有效的改革行动。周建、张双鹏和刘常建(2015)指出,变革发起和实施的冲突不只涉及认知因素,还包括组织层面因素,而组织信念被认为是影响组织成员的重要因素。但学术界鲜有学者开展对战略变革中组织变革认知和信念形成,以及变革认知和信念对于战略变革发起和实施影响等研究

（周晓东，2016）。

近年来，从认知视角解决战略变革问题已经成为战略管理的主流视角，如 AMR（*Academy of Management Review*，《美国管理学会评论》）将战略和战略管理中的社会认知视角确定为 2017 年特别议题。认知视角改变了将战略发起、实施与企业家认知分离的理论状况。目前对企业家认知的热点研究主要聚焦于企业家认知对企业战略绩效、企业动态能力、商业模式的选择等后果变量的影响（Helfat，2015）。企业家的认知是企业行为的边界，它决定了企业追求和获取竞争优势的能力（Levinthal，2012）。Buyi 等（2011）认为，管理者的认知是企业竞争优势的来源。这种心智模式上的差异被认为能够解释为什么管理者和企业选择不同的战略并在竞争中获得不同程度的成功。Laamanen 和 Wallin（2009）研究了管理认知对动态能力的影响，发现管理者的远见会影响公司竞争力的塑造。Chanda（2015）认为，管理者的思想是管理者与环境互动的重要影响因素。Bergman（2015）指出企业家的态度、信念等对组织管理过程有着深远的影响，主导逻辑与创新活动是交互影响的。Helfat（2015）提出 CEO 的外部社会网络会影响其认知，主要体现在对战略模式的认知和机会识别中的企业家自我效能感，从而会影响战略柔性和企业绩效。

当前国内针对企业家认知的理论研究尚处于起步阶段。杨林（2010）认为，在企业战略变革过程中，企业家是主要的发起者和主导者，作为企业战略性资源的企业家认知会对企业战略变革产生直接影响。苏敬勤和崔淼（2011）认为，企业家认知资源的异质性会对管理创新决策产生影响。周小虎等（2014）认为，所谓创业认知（企业家认知）是企业家对商机、风险资金和企业成长等关键的创业问题进行评估、判断与决策的知识结构。此外，包佳妮等（2017）还从心理学角度出发，尝试揭开企业家认知的心理学机制问题。他们通过案例研究发现，企业家认知会受到积极情绪的影响，积极情绪会影响企业家认知并最终影响变革的结果。

目前国外对海尔战略变革的研究仍处在极度缺乏的状态，且仅限于引述案例加以列举，缺乏较为深度的研究（王钦，2014），国内关于海尔战略变革的理论研究数量明显变多，但主要集中于局部介绍，如章凯等（2014）以海尔自主经营体管理为研究对象，深入探讨了组织—员工目标系统性融合的策略。张小宁等（2015）认为，在网络化战略阶段，海尔提出"人单合一"的双赢模式推动了企业的战略变革，改变了现有的组织惯例，以形成新的组织能力，而组织惯例的改变能够倒逼变革的执行和实施。王水莲和刘莎莎（2016）则基于扎根理论，以动态视角，纵观海尔自建立以来多年的商业模式演进过程，探讨了商业模式演进机理这一问题。韩沐野（2017）以海尔的平台化变革为例，探索了从传统科层制组织向平台型组织转型的具体演进路径。庄文静（2018）认为，价值观在战略变革过程中有坐标系作用，并在变革的标准、路径和机制等相关维度上通过激发员工动机和行动，调整个人的行动和认知，使组织认知"再适应"，从而使认知变革高效和快速。赵剑波（2014）认为，管理认知是战略变革的核心，但管理认知并未区分企业家认知或组织认知，也没有对认知和战略变革的互动作用加以量化研究，更没有纵向研究海尔的战略变革过程。

二、研究问题的提出

本书试图解决的问题如下。

一是考察海尔基于创客赋能的战略变革是什么、如何展开、变革效果如何，以及该变革过程的影响因子或变量是什么，因子或变量之间的关系假设是什么。

二是基于企业家认知的三个视角，研究通过赋能影响企业家认知及其对战略变革过程产生何种影响，同时探索除了企业家认知变量，是否还有其他调节变量、中介变量，各变量如何影响战略变革过程。

三是从传统大型企业转型视角，验证海尔战略变革经验作为我国大型传统企业转型的一种路径或模式的假设，揭示了中国大企业战略变革的行为过程和路径，既丰富了战略变革认知理论，也为中国传统企业的转型升级提供实践模式。

三、研究意义

从理论视角来看，首先，变革研究学者已经关注到战略变革的过程性，且呼吁变革过程的研究要与变革内容和所处情境相结合，强调变革研究要具有系统性和整体性思维。西方战略变革的过程性研究对我国开展变革研究具有重要的借鉴意义，但变革对象多以西方环境下的企业为主，中国传统大型企业是中国时代发展下的产物，无法直接照搬西方情境下的战略变革。其次，随着中国发展进程的加快，学术界也逐渐关注中国情境下战略变革的过程性和情景化，但多从变革内容出发对变革过程进行剖析，王凤彬等（2018）基于"五行"观研究由海尔变革中的情境、观念、模式、制度和人性五要素构成的动态演化系统，阐释了企业内生性变革的机理。综观中国大企业战略变革过程和路径理论研究，整体仍呈现出样本不多、前瞻性不高、研究深度不够的研究现状（温馨等，2016）。最后，企业战略变革从发起到实施，是决策者与实施者变革认知构建与交互影响的过程。然而，现有战略变革研究对企业家认知的关注度不够，仍缺乏对企业家赋能影响企业家认知的战略变革的实证研究。此外，已有学者提出战略变革是我国企业转型升级的重要途径，并将战略变革与转型升级联系起来，分析两者的相互作用（杨林，2016）。综上所述，本书基于赋能影响企业家认知的三个视角，将传统大型企业转型视为整体来研究战略变革过程，验证了战略变革作为我国传统大型企业转型的一种可行路径或模式的假设，同时研究了企业家认知、企业家自我效能感、组织认同、社会资本参与的战略变革过程综合传导的作用框架，拓展了中国情境下战略变革理论的一般性，丰富了赋能理论、企业家认知视角理论和战略变革理论。

从现实角度来看，尤其在移动互联网时代下的社群经济发展、全球经济复苏乏力，国内供给侧改革、"中国制造2025"、制造业强国等国家战略引导下，中国的传统大型企业面临高效、科学、长远战略变革的迫切需求，也缺少针对传统制造业转型升级和高质量发展的可借鉴模式或路径。海尔战略变革的目标就探索出了一个适用于互联网时代的管理模式，即在新的环境下，如何抓住第三次企业战略变革的机遇，将用户需求和企业员工连接在一起，成功使企业向智能制造完美转型，为传统制造业转型升级树立标杆（张瑞敏，2017）。海尔作为全国7个企业示范基地之一，成为获得国拨资金最多的单位和"最符合国家双创精神的示范基地"。本书从企业家认知的理论角度出发，揭示了中国大型企业的战略变革过程和路径，进一步探讨了传统大型企业的战略变革模式在中国转型升级背景下的重要角色，试图提供一种可借鉴的战略变革过程和可选的转型路径。

第二节 国内外研究现状

一、创客赋能的相关研究

（一）创客概念的界定

Chris Anderson（2012）认为创客泛指创造东西的人，也可理解为把想法、创意转化为产品的一类人。Dale Dougherty（2012）根据创客经验、技能的不同将创客分为零基础的创客、有一定基础并进一步学习的创客和具备丰富经验而建立创客社区或组织的创客三种类型。徐思彦等（2014）认为创客是借助网络资源和3D打印机等新型工具制造有趣、独特的科技产品的群体。黄紫微等（2016）认为创客是致力于将创意转化为产品的人。综合国内外学者的观点和海尔的战略变革实践，本书认为创客指的是善于将想法、创意转化为实际产品或者行动的人、企业员工、高层团队或企业家。鉴于本书采用广义的企业家认知概念，即定义为那些拥有变革精神的个体，不仅包括企业高层管理者，也包括那些拥有变革精神的普通员工，由此本书将创客的概念内涵等同于企业家。

（二）赋能概念的界定

目前，学者们尚未对赋能的定义达成共识。赋能的概念源于组织管理理论领域人力资源管理中的授权赋能的概念（孙新波等，2020）。Eylon（1998）将授权赋能定义为授予企业员工额外权力，将其作为组织主动自上向下由集权向分权过渡的过程。孙新波和苏钟海

(2020)指出赋能的定义因不同的赋能主体而不同，他们拓展赋能的概念，将数据赋能定义为通过创新数据的使用场景及技能和方法实现数据价值的过程。孙新波等（2020）在区分赋能、使能与赋权三个概念后，强调赋能的关注点在赋能主体自身，更加强调赋能对象的主动性。在综合以上研究的基础上，本书将赋能定义为通过各种技术、技能和方法以提升主体（创客）的能力，进而实现创造价值。

（三）赋能的国内外研究现状

回顾目前的理论综述，对于赋能，按照客体的不同可分为两个视角。一是赋能给员工。企业将本属于高层的权力完全或部分下放（Mainiero，1986），使员工获取更多的决策权、参与权、自主权，具体操作上通常将赋能细化为结构赋能、领导赋能与心理赋能三个维度（孙春玲、张华、李贺和宋红，2014）。二是赋能给顾客。企业通过采取一系列举措让顾客拥有更多的选择权、参与权、主动权（Yuksel、Milne和Miller，2016），鼓励和引导顾客参与产品的研发、设计、营销等过程，以增加产品上市后的成功率。信息爆炸的互联网时代不仅给顾客带来了挑选产品的便利，也增加了顾客主动参与产品从创意到制造再到营销的机会，这种现象也倒逼企业在生产经营过程中必须保持对顾客的迅速响应（Acar和Puntoni，2016）。企业应更广泛、更深入地为顾客定制个性化服务（Prentice、Han和Li，2016），甚至让顾客决定或参与产品的设计、研发、制造，该种良性互动举措最终会给企业和顾客双方带来共赢。移动互联网加速了顾客自我中心时代的来临，此时的顾客拥有更自由的表达、更广泛的渠道，进而影响网络粉丝和企业战略变革活动，企业可以在社交平台上或社群网络中直接与顾客沟通交互、达成交易并迅速交付，或者通过平台和圈内"达人"直接共享相关资源，这帮助或倒逼企业提高产品体验，从而实现双赢多赢（Halliday，2016）。孙中伟（2013）认为，赋能强调行动者的能力，赋权强调赋予某种资格。刘晓莉、项国鹏和钭帅令（2021）从众创空间赋能视角，研究了创业导向和创业机会开发对新创企业绩效的影响机制。结果表明，众创空间赋能的差异性调节作用，提示新创企业应选择与自身相匹配的众创空间。

上述理论或是对授权过程和内容加以分析、拓展、丰富、调整，或是考虑改善企业及员工的关系，或是使员工在组织中得到权力及能力支持，但现实中仍停留在雇佣关系基础上，均未能深入涉及互联网时代下企业家认知视角的战略变革，即企业如何通过战略变革实现组织成员（创客）的全要素、全流程、全生命周期的赋能，使之影响企业家认知并与顾客最佳体验两者合一且持续迭代升级，获取持续的竞争优势。这正是本书所要做的尝试性、探索性的工作。

二、企业家认知的相关研究

（一）企业家认知的概念界定

美国心理学会心理学术语词汇表（2009年）给出了认知的定义：认识的过程包括参加、记住和推理。牛津大学出版社出版的《心理学词典》将认知定义为：①涉及获取和处理信息的心理活动；②一项知识或信念。在认知科学中，这是一个多学科领域，既包括人工智能，也包括认知心理学（Luger，1994）。正如前面的定义所表明的，认知包含两个含义：①心理活动（也称为心理过程或心理操作）；②心理结构（或表征）（Helfat 和 Peteraf，2015）。

Hambrick 和 Mason（1984）首次提出企业家认知不仅能决定企业的战略竞争力，也能深刻影响企业的经营决策。之后越来越多的战略管理者投入企业家认知的研究中并取得了可喜成绩。

由于认知内涵的双重性，目前学术界关于企业家认知内涵的研究主要分为静态观（强调认知具有的知识结构）和动态观（强调分析认知的过程）两个方面进行分析。从静态观角度看，企业家认知反映了组织的战略决策者在进行战略评估、选择和决策制定时所具备和应用的知识结构（黄晓芬和彭正银，2018），具有路径依赖的特征（Helfat 和 Peteraf，2015）。从动态观角度看，企业家认知是指企业家通过自身的意识活动来对外部知识进行认识，并做出相应行为反应的过程，具体包括企业家获取保留及处理特定信息等过程（Cho 和 Hambrick，2006），聚焦于信息的搜寻和筛选。这两类观点对认知属性的认识有本质差异，前者强调认知的自然属性，而后者强调管理认知的社会属性。还有学者整合了静态观和动态观进行整合性定义，如 Gaverti 和 Levinthal（2000）认为，企业家认知是具有一定认知结构的企业家基于战略环境和条件下的现实决策需要，使之能够针对特定外部信息从信念和心智模式上去处理问题。徐国华（2008）主张，企业家认知是企业家在与企业内外部相关人员互动过程中形成的一种结构化的框架或体系。

关于企业家认知的范围，现有的研究有两种理解：一种是狭义的理解，将其局限于高管团队成员或者 CEO 的认知；一种是广义的理解，将这个概念定义为那些拥有变革精神的个体的认知，不仅包括企业高层管理者，也包括那些拥有变革精神的普通员工的认知。本书采用广义的理解，沿用 Mitchell（2002）的定义。

（二）企业家认知的维度

关于企业家认知的维度，国内外学者依据不同的标准进行了划分。

（1）Ginsberg 和 Venkatraman（1995）、Kuvaas（2002）等学者的研究结果基本一致，即企业家通过急迫性、可控性估算来辨别、区分其所处的环境压力。Scott Julian、Joseph Ofori-Dankwa 和 Rebort Justis（2010）通过对上述企业家认知方式的测量，针对餐饮行业的案例研究显示，急迫性估算是指企业家认识到如果不针对利益攸关方采取反馈行动就必须付出的成本，这种主观感觉的成本越高，企业家所做出的决策就越快、越彻底。急迫性认知的影响因素包括企业家信念、地位、认知时长、有效期等。可控性估算是指企业家针对特定外部环境、决策条件及战略目标压力所做出的是否可控的主观估算（Dutton 和 Duncan，1987）。可控性认知映射了企业家在应对特定环境和条件时具有何种程度的乐观和自信。

（2）Nadkarni 和 Narayanan（2008）等将企业家认知结构分为知识结构集中性和知识结构复杂性两个变量。前者从企业家知识的聚集程度视角，认为企业家认知是由少数几个核心概念组成，这少数几个核心概念决定了企业家的决策风格和有效性。核心概念的成因和差异因企业家的知识背景、实践经验、社会资本、行为习惯的不同而不同。后者从个体知识结构的多样化和关联化视角，认为企业家认知结构越复杂，反映了企业家的思维越发散，也就使其对环境和决策条件的变化越敏感，因而更能有效做出战略反馈。

（3）Nadkarni 和 Barr（2008）等学者则从企业家对战略环境的认知是关注焦点还是注重因果逻辑的视角开展了卓有成效的研究。前者（关注焦点）反映了企业家针对特定战略环境重点关注哪个具体的焦点概念；后者（因果逻辑）反映了企业家更注重战略环境与企业战略等要素之间的互动和因果逻辑。在企业战略决策中，企业家可以通过关注焦点来准确定位和筛选其心智中重要且紧迫的问题，并及时做出有效的战略行动和信息反馈。企业家也可通过注重厘清战略环境和企业战略等因素间的因果逻辑迅速而正确地做出战略决策，以取得更好的效果。

（4）Mitchell（2000）则从另一个截然不同的维度对企业家认知展开研究，其创造性地把企业家认知划分为安排认知、意愿认知和能力认知三个维度。三个维度的内涵因企业类型、企业性质和企业规模等因素不同而呈现不同的侧重，由此决定了其相关战略变革过程和内容的差异。

安排认知是企业家在特定战略环境和决策条件下为实现企业最终目标或获取持续竞争优势、战略机会所必需或能够支配的关系、资源等知识结构。回顾理论发现，企业家安排认知包括但不限于四类：一是契约保护，如企业关于针对特定专利、版权、特许经营、排他协议及其他有助于形成竞争壁垒的机制安排；二是网络搭建，如基于企业家社会资本的有效且难以模仿的资源网络构建和动态优化机制安排；三是资源调配，如构建利于实现战略目标的至关重要的独特的人才、资本及其他资源的一系列安排；四是技能独有化，如在上述契约保护、网络搭建、资源调配的基础上识别对用户体验来说是独有的、差异化的、有效的技能的持续获取。可以得出，安排认知的稳定性和全面性决定了企业的机制和流程等战略因素。

意愿认知是企业家认同企业愿景、目标、文化并承诺愿意全力以赴实现企业战略的认知结构和心智模式。综合国内外相关理论，意愿认知包括但不限于三类：一是发现并获取战略机会，如针对战略环境趋势的持续研究和精准把握，战略性新业态、新模式、新技术的前瞻性跟踪和创造性理解及人才和思想的开放性、前瞻性、纵深性探索和转化；二是承诺程度，如针对战略目标实现应该持有的信念、承担多少义务和多大风险的意愿及其程度；三是机会评估，如企业家对相关战略机会的大小、实现可能性、获取或失去机会的成本的评估认知。较之普通员工，企业家更有能力发现并获取战略机会，实现战略机会的概率也更高，对战略机会的评估也更客观和有效。同时，具有高意愿认知的企业家能够通过降低战略环境的不确定性来降低战略决策风险。即企业家的意愿认知决定了企业家对战略机会相关信息的加工能力和战略决策水平。

能力认知是企业家在特定战略环境和决策条件下为达成企业最终目标或获取持续竞争优势和战略机会所必需的专业知识、价值观等的认知。综合国内外相关理论，企业家能力认知包括但不限于三类：一是洞察能力，如对战略环境变化及决策条件的评估、战略目标实现的困难和可能的评估、战略方案选择和实施中各战略要素系统性影响的评估；二是场景模拟，如企业家针对战略和环境匹配的组合场景的模拟及应对方案和可能结果的模拟能力；三是机会变现，如企业家基于对环境和决策条件的认知，判断怎样才能实现资源和机会的最优匹配，以捕捉和转化战略机会，改善企业战略优势。可见，能力认知决定了企业家独特的能力，具备高能力认知的企业家更能够迅速而准确地评估战略环境变化和战略机会嬗变，也更能够迅速而准确地做出战略决策并获得团队成员和用户的支持。

在国内研究方面，丁华仙（2001）提出了信息型、关系型和技术型的企业家认知模式。陈素娥（2016）认为，企业家认知包括信息获取、认知倾向、智慧技能和认知策略四个方面。陈静和刘元元（2017）研究得出，创新倾向、关注焦点和信息获取是企业家认知的组成因素。邓新明（2019）认为，管理者对环境的认知分为集中性认知和复杂性认知。

综上所述，本书将从企业家安排认知、意愿认知、能力认知三个方面开展其对企业战略变革过程的影响机制研究。

（三）关于企业家认知的国内外研究现状

虽然环境客观存在，但战略决策者会依据自身认知对信息进行收集、处理和判断（吴小节、陈晓纯、彭韵妍和汪秀琼，2019），从静态观和动态观的角度探讨企业家认知与企业战略行动的关系也成为目前研究的主流方法。静态观认为，企业家认知是其自身能力、经验、心智模式、知识结构的反映，这些因素是战略决策者在制定和做出战略行为时的基础性因素（Helfat，2003）。Walsh 和 Carlston（2003）认为，认知结构有利于战略决策者对信息的收集、处理和应用，进而推动科学有效的战略行为的制定。尚航标、李卫宁和蓝海林（2013）将认知模式整体特征划分为管理认知集中性和管理认知复杂性，探讨了集中性和复杂性与企业战略反应及战略柔性的关系。杨林等（2016）的研究显示，企业家安排认知对战略变革发起具有直接正向影响的作用；而企业家意愿认知则是经由企业家社会资本、组织认同和相关组合间接影响企业战略变革的发起和实施；企业家能力认知则通过社会化和外显化间接影响企业战略变革的发起和实施。邓新明（2019）认为，管理者对环境的认知分为集中性认知和复杂性认知，这些认知特征会影响管理者的注意力，进而影响企业的战略决策与变革。除此之外，陈素娥（2016）还提出，企业家具有不同的认知倾向，即企业家在获取信息和做出战略决策时是否或者多大程度上受到了企业家已有的成功经验、思维和行动倾向的影响。研究表明，积极的企业家认知倾向将获得熟悉、乐观的回想和记忆，令其有自信和有意愿付出精力和智慧去发起、实施战略变革并取得良好的效果。而消极的企业家认知倾向则会引发陌生、悲观的回想和记忆，令其产生疑惑、恐惧和逃避情绪，进而显著降低企业战略变革的发起和实施的效果。

动态观多基于注意力配置和环境信息处理的视角，分析企业家认知对战略变革的制定和实施的作用机制。Liu 等（2013）的研究指出，企业战略决策者对企业内外部环境的关注程度不同，企业战略决策者对外部环境中的机遇和威胁的认识程度也会影响其对关键信息的搜寻。陈素娥（2016）的研究表明，企业家认知决定了企业在特定战略环境和决策条件下的战略变革能否获得预期效果，其中企业家的信息感知和处理能力是企业家认知和战略变革实施的中介变量。信息感知和处理能力反映了企业家在特定战略环境和时间限制下如何取得或取得多少外部输入的信息，以及如何解释、重新编码的处理方式。输入信息包括隐性信息和显性信息。隐性信息代表企业家对企业及所处的战略环境的理性认知，可以看作决定企业持续获取竞争优势和捕捉战略机会的特有资源。显性信息则是企业家对自身及团队成员经验、专业知识、学习能力、价值观、思维方式和行为习惯的感性认知。两种信息互相影响并在特定条件下相互转化和补充，从而大大提升或者降低企业家的信息感知和处理能力，而这又决定了企业战略变革的实施效果。周晓东（2006）提供了企业战略变革中的高管认知过程模型，并认为企业战略变革中的高管认知结构决定了其战略变革的价值观和潜在假设及两者之间的逻辑，价值观极大影响了企业高管对实现战略目标的感知和认定，而潜在假设则极大影响了高管对实现战略变革目标的认知。Tarakci 等（2014）等研究认为企业在变革过程中，企业家信念随着变革发起和实施的推进也会有不同程度的调整，即企业家信念和战略变革相互影响。

可以看出，无论是动态观还是静态观，研究主要聚焦于企业家认知对企业战略变革的直接效应的探索，但是邓新明等（2021）也指出，企业家认知仅仅是企业家意识层面的内容，这种意识能否转化成企业层面的战略行动仍然受到许多情境因素的影响，探究企业家认知对战略变革影响的边界条件也成为社会认知理论在战略变革研究中的重要议题。

企业家认知并不是一成不变的，外部环境中的变化及变化所带来的影响会不断地内化到企业家认知框架中。静态观认为战略决策者的两类自然属性对变革认知有重要影响。一类是战略决策者的心理特征（知识禀赋、认知风格、认知偏好、决策方式等）。尹剑峰、叶广宇和黄胜（2021）认为，由于企业家在教育背景、工作经历、思维方式、性格特征及对企业生存发展理念等方面存在差异性，形成了企业家们各自相对独特的认知风格；周小虎等（2014）还从心理学研究出发，尝试揭开企业家认知的心理学机制问题。他们通过案例研究发现，企业家认知会受到积极情绪的影响，并最终影响变革的结果。另一类是战略决策者的构成特征（高管团队异质性、高管团队社会资本）。动态观认为企业家认知受企业战略决策者、利益相关者的影响。烙印理论指出，在特定的环境中会存在敏感期，在敏感期内焦点主体会形成适应该环境的印记，这些印记具有惯性，会对焦点主体产生持续性影响（Marquis 和 Tilcsik, 2013；杜勇、谢瑾和陈建英, 2019），进而影响焦点主体的认知和决策。杜勇等（2018）研究发现，CEO 在海外学习或工作会使其具有特殊的印记，这种印记会影响其认知和能力。

基于上述分析来看，企业家认知对战略变革的推动作用已经得到学术界的普遍认可，且大部分学者从企业家认知的不同划分维度和认知对战略变革的影响进行了研究，但已有研究更多关注企业家认知对战略变革的直接影响，忽视了情境因素的影响，这影响了研究结论的可靠性。因此，有必要结合不同的情境对企业家认知与战略变革的关系进行研究。

三、企业家自我效能感的相关研究

(一)企业家自我效能感的概念界定

自我效能感最早由美国心理学家 Albert Bandura(1977)提出,是社会认知理论中的核心概念。Albert Bandura 认为,自我效能感是个体基于对自我的认知,对自身所能够完成或实现某种既定任务或目标的能力所进行的预测和判断,并非测量个体的客观能力。即使个体已经具备了从事某项活动的较高的技能水平,如果他认为自己的能力不足以胜任,那么自我效能感水平仍然很低。自我效能感是个体认知能动性的基础,直接影响着个体的思维、动机与行为选择。基于此观点,学者们相继展开了研究,不断将该理论进行深化。学者们认为,由于各领域所需的能力和技能不同,不同领域的自我效能感自然也有所差异。探讨自我效能感应该与具体的研究情境相结合。由此,学者们提出了企业家自我效能感的概念。

Boyd 和 Vozikis(1994)首次提出企业家自我效能感的概念,他们认为企业家(创业)自我效能感是个体对于完成企业家任务或成功扮演企业家角色的信念和信心。Gist(1992)认为企业家自我效能感是企业家关于自己能够有效完成企业家活动并取得成功的信念。Luthans 和 Ibrayeva(2007)认为企业家自我效能感是企业家的信念和自信,是企业家对其能力能够在多大程度上影响所处环境并通过采取相应行动取得成功的自信。Luthans(2008)的研究显示,企业家自我效能感是企业家个体在成长中表现出来的积极心理状态,即企业家自我效能感属于心理资本范畴,心理资本显著影响了个体的实际行为。

国内学者对企业家自我效能感也进行了探索,陆昌勤等(2001)

提出了管理者自我效能感的概念,认为管理者自我效能感是管理者对自己能否利用所拥有的技能和能力去完成管理工作的自信程度。李阳(2020)通过总结已有的研究后指出,企业家自我效能感是企业家是否可以很好地胜任企业家这一职位,顺利达到其职位所要求的工作内容的信念强度。

从上述定义可以看出,国内外学者都认同企业家自我效能感是企业家的一种信念和自信。本书沿用 Boyd 和 Vozikis(1994)所提出的定义,将企业家自我效能感视为个体对其成功扮演企业家角色及完成企业家任务的信念强度。

(二)企业家自我效能感的测量

Bandura(1997)认为,自我效能感应该集中在特定的情境和活动领域,对自我效能感的测量越具体,自我效能感在特定任务研究结果中发挥的预测作用越好。回顾已有的研究,目前对企业家自我效能感的测量主要采用问卷测量法,但是在测量维度划分方面存在差异。企业家自我效能感的测量维度如表 1-1 所示。

表 1-1 企业家自我效能感的测量维度

研究者	维度	量表
Chen 等(1998)	创新、营销、管理、风险承担、财务控制	5 个维度,22 个题项
Anna 等(1999)	机会识别、正式计划、经营管理、人事能力	4 个维度,12 个题项
De Noble 等(1999)	创新环境、机会识别和产品开发、资源获取、目标确立、人际网络、冒险精神	6 个维度,23 个题项
Forber(2005)	营销、管理、冒险能力、财务能力	4 个维度,15 个题项

续表

研究者	维度	量表
Zhao（2005）	整体量表（无子维度）	1个维度，4个题项
Kolvereid 和 Isaksen（2006）	机会识别、投资关联性、冒险、经营管理	4个维度，18个题项
Barbosa 等（2007）	投资者关系效能、新企业管理效能、不确定容忍效能、机会识别效能	4个维度，18个题项
McGee 等（2009）	搜索、规划、编组、实施（人员）、实施（财务）	5个维度，19个题项
Barakat 等（2014）	创新、财务价值、团队合作、产品开发、启动流程、领导力、创造力	7个维度，7个题项

资料来源：本书作者整理。

（三）关于企业家自我效能感的国内外研究现状

自我效能感也是战略变革研究的重要概念。战略变革关乎企业的价值创造和存续发展，其具有极大的不确定性和风险性，可能会使企业面临"不变等死，一变找死"的窘境。从这个角度来看，实施变革要求企业家具备发起变革的魄力和信心。自我效能感作为个体思维、动机和行为的预测变量，在战略变革研究中占据重要地位。综合现有的研究分析来看，可以从个人和企业两个层面分析企业家自我效能感的影响。

个人层面主要包括创业意向、态度反应、行为选择。在创业意向方面，大多数学者认为企业家自我效能感影响了对他们处理特定情况（感知行为控制）的看法，他们依据计划行为理论的检验发现，企业家自我效能感与创业意向之间存在很强的正相关关系（Hockerts，2017）。在态度反应方面，Shane 等（2003）认为，自我效能感高的企业家可能在更长的时间内付出更多的努力，坚持克服困难，为了完成任务制订更好的计划和策略。Engel等（2014）发现自我效能感高的企业家更有可能把握机会，并在面临不确定性风险时采用有效逻辑。自我效能感高的企业家对于自己能够克服变革、转型等困难更有信心（陈莹和周小虎，2017）。在行为选择方面，企业家自我效能感也被证明与坚持、机会识别、目标承诺和财务投资等相关（Newman等，2018）。

企业层面主要包括战略变革和企业绩效。在战略变革方面，企业家自我效能感影响战略变革的因素包括变革型领导行为、集体效能感、变革绩效（陈莹和周小虎，2017），以及战略变革倾向、战略变革类型、战略变革速度（李阳，2020）。在企业绩效方面，先前的研究表明企业家的自我效能感与企业绩效的经典衡量标准之间存在正相关关系，包括主观绩效感知、增长和创新（Newman等，2018）。

企业家自我效能感具有一定的动态性，越来越多的研究已经证实了其前因变量，包括工作经验、教育和培训、榜样和导师、个体差异、公司特征及文化和制度环境等（Newman等，2018）。在调查企业家自我效能感的前因时，大多数研究人员借鉴了社会认知理论，以突出企业家自我效能感发展的途径。这些途径包括掌握经验、替代学习、社会说服和对一个人生理状态的判断（情感状态途径）。在工作经验方面，Lee等（2016）认为，建立或经营企业的经验会激发企业家的自我效能感，因为它提供了掌握经验和替代学习的机会。教育和培训方面的研究对象主要是本科生和研究生，Abaho等（2015）发现成功企业家在培训中的讲义、课堂演示等都影响了学员的自我效能感。与未接受培训的对照组相比，旨在提高参与者情绪能力的培训干预措施也会产生更高水平的企业家自我效能感（Hodzic、Ripoll、Lira和Zenasni，2015）。作者认为这可能是由于培训提高了他们的积极性，这是Bandura（2012）强调的四种自我效能发展途径之一。在导师和榜样方面,榜样不仅提供替代学习(即向他人学习)的机会,而且还能使个人更有信心追求创业生涯(BarNir、Watson 和 Hutchins,2011),通过向榜样学习如何应对挑战和压力,个人能够更好地制定应对挑战的策略并保持积极的状态(Newman 等,2019)。Huyghe 和 Knockaert(2015)发现大学中榜样的存在与潜在学术企业家的自我效能感呈正相关关系。个体层面最受关注的差异是性别,多数研究表明男性比女性更具有企业家自我效能感(Newman 等,2018),女性的刻板印象会影响其企业家自我效能感(Sweida 和 Reichard,2013)。但也有一些研究表明企业家自我效能感在个体层面无显著差异(Mueller 和 Dato-On,2008)。其他的个体差异还包括冒险偏好、认知风格、创业热情等(Newman 等,2018)。在宏观因素层面,Snell、Sok 和 Danaher(2015)发现公司的营销能力与企业家的自我效能感之间存在正相关关系。他们认为,营销能力增强了企业家的信心,使他们能够在创业过程中应对挑战。Hopp 和 Stephan(2012)发现基于绩效的文化规范和社会环境与个人的企业家自我效能感呈正相关关系。他们认为,企业家自我效能感高源于对个人在基于绩效的文化(社会说服路径)中的创业表现的更高期望,以及在社会环境中更多的替代学习机会。

四、战略变革行为的相关研究

(一)战略变革发起和实施的概念界定

经典的企业战略管理理论通常将战略执行(实施)视为战略形成和制定(战略发起)后的一个相对独立的阶段,比较注重对战略变革发起阶段的战略形成和战略制定的分析和阐述,包括竞争环境分析、企业内部环境分析、战略方案的选择和制定等,而对战略执行和实施的理论分析相对笼统,现有理论也逐步认识到战略实施对战略变革成功的重要作用,并逐步转向对战略实施的现状和影响因素的研究(薛云奎等,2005)。

国内学者薛云奎等(2005)强调现有学者已经对战略发起阶段的战略制定进行了充分的研究,其过程涉及分析竞争环境、企业自身特征,以及战略方案拟定、方案评估和确认等步骤,只有少数的研究就战略实施进行了概括性的描述和分析。他们将战略实施定义为企业为实现战略目标而进行的计划、行动和控制过程。它由多个相互关联的步骤组成:战略制定、战略澄清、战略沟通、目标分解、计划制订、资源分配、战略行动、绩效反馈、奖惩激励和学习调整。企业能否有效实施既定战略,取决于其战略执行能力,即在战略执行过程中,综合运用各种资源和机制实现战略目标的能力。由此,本书提出战略力的三大构成要素:共识、协调和控制。于斌和冯林(2007)认为战略制定和战略实施是一种相辅相成的关系。战略制定依赖于将企业内部资源和外部环境整合,而战略实施则依赖于企业对内部资源的整合。他们将战略实施定义为一个过程,这一过程的目的是实现企业的战略目标。具体来看,战略实施要求企业将日常经营的动态过程与企业战略所要求的各项管理任务相融合。

国外学者Herrmann和Nadkarni(2014)将CEO管理战略变革的过程分为两个阶段:发起和实施。战略变革的发起被定义为企业现有战略的内容和范围因环境变化而发生的不连续的变化,包含建立对变革需求的认知,以及做出变革的决定。战略变革的实施则是指组织需要在结构、过程、沟通和激励系统方面对战略发起支持性变革,以实施和完成已启动的战略变革。本书遵循该划分类型的定义,将战略变革发起定义为"企业因环境变化而对现有战略的内容和范围进行非连续的调整的初始活动",将战略变革实施定义为"为实施和完成已启动的战略变革而对组织结构、过程、沟通和激励系统进行的支持性变革"。

(二) 关于战略变革发起和实施的国内外研究现状

战略变革的发起被认为是企业适应环境变化的理性化过程，由此对战略变革发起的前因研究主要分为两个方面。

一方面涉及环境的外部变化而触发战略变革发起的先决条件。现有研究已经表明了环境中的当地竞争、监管变革及技术变革等是战略变革发起的先决条件。例如，环境的变化会对组织的生存构成威胁，Audia 等（2000）提出离散的或激进的环境变化触发组织进行适应性的变革。Monteiro 和 Pianna（2012）则探讨了制度环境变化的作用。他们认为在某些情况下，制度变化促使管理者适应和寻求新的方式，而这反过来又成为未来发展的基础。国内学者刘海潮和李垣（2008）则指出相对竞争压力等产业环境因素而言，宏观经济因素在我国企业战略变化过程中发挥着更重要的作用，并且竞争压力会通过组织战略变革影响组织绩效。缑倩雯和蔡宁（2015）则从制度逻辑的角度论述了中国企业所面临的独特制度环境及其多样性，指出国家逻辑、市场逻辑和社会公益逻辑构成了企业认知和行为的外部制度和文化根源，并构建了多重制度逻辑影响下的企业环境战略分析框架，强调社会公益逻辑的兴起是组织战略变革活动增加的根本原因。

另一方面影响组织变革发起的因素涉及组织内部资源和能力。相关研究涉及组织身份、组织文化、高管认知及高管人格特质等。Brown 和 Starkey（2000）认为，企业受到自我防御的保护，在需要变革的环境中，自我防御会产生功能失调的影响。Kraatz 和 Zajac

（2001）考察了历史资源禀赋和能力如何在复杂环境中影响战略变革及其结果，就资源对战略变革的可能影响提出了四种不同的观点，通过使用来自单一行业的大量纵向数据检验四种不同观点的预测能力。结果表明，拥有更多历史价值资源的组织不太可能进行适应性战略变革（战略变革发起），但这种资源驱动的不愿意变革倾向于对绩效产生良性甚至有益的影响。国内学者李卫宁和李莉（2015）聚焦于绩效下滑的企业情境，探讨了TMT（科技、媒体和通信）特征、战略变革与绩效改善之间的关系。杨林和俞安平（2016）认为在企业战略变革前瞻性的形塑与实现过程中，企业家认知和知识创造过程是关键性的前置变量因素，对组织的战略变革发起发挥差异性的影响机理和效应。整体而言，企业家认知对战略变革前瞻性具有直接影响，知识创造过程存在部分中介效应。吴建祖和龚敏（2018）则分析探讨了CEO自恋对企业战略变革的影响及其内在机制。结果表明，CEO自恋程度越高，企业战略变革发起的强度就越大；CEO自恋程度越高，CEO对创新、冒险、超前行动问题和计划的关注度也会越高，即CEO的创业关注度越高；CEO创业注意力在一定程度上中介了CEO自恋对企业战略变革强度的影响。郭秋云、李南和彭灿（2019）则从组织文化导向的角度，构建了双元领导与战略变革的影响过程模型，并探讨了环境动态性在双元领导与战略变革（发起）关系中的调节作用。

过程学派的研究强调，战略变革的绩效、效果与战略变革的实施息息相关，战略变革的有效实施需要组织结构、过程、沟通和激励系统的支持性变革，以实施和完成已启动的战略变革。具有高潜力的创造性和创新性战略变革如果实施不当，最终也会失败并给公司带来业绩损失。有效的实施可以通过最大限度地减少阻力、获得必要的组织支持以推动战略变革的进度，并允许有效利用现有资源及时完成战略变革，从而提高战略变革的适应性并减少其破坏性影响。然而，不恰当的实施会引发冲突、阻力、延迟和低效的资源分配，从而损害适应性优势并使战略变革中断。因此，战略变革实施是绩效结果的主要驱动力。一些研究表明，首席执行官在决定战略变革实施的绩效影响方面发挥着作用。Greiner 和 Bhambri（1989）的研究结果表明，那些建立了一定结构并传达了对未来明确的、积极的愿景的首席执行官能够调动必要的资源和支持来确保实施的成功。Fiss 和 Zajac（2006）发现，首席执行官如何制定并向关键利益相关者传达战略变革决定了这些变革后的股票情况。Herrmann 和 Nadkarni（2014）描述了首席执行官的人格影响了战略变革发起和实施中的效果。首席执行官的一些大五人格特质，即外向性和开放性仅影响启动阶段，有些特质则同时影响启动和实施的效果（情绪稳定性和宜人性），而责任心这一特质在启动和有效实施阶段有重要的影响。这些结果表明，首席执行官的大五人格特质在管理战略变革中扮演着双重角色，显示了启动战略变革所需的首席执行官特质与提高战略变革实施绩效所需的特质之间的差异。综上所述，这些研究表明，首席执行官可能在决定战略变革实施的绩效影响方面发挥关键的作用。

五、组织认同的相关研究

（一）组织认同的概念界定

Ashforth 和 Mael（1989）将社会认同的思想引入组织研究中，并提出了组织认同的概念，之后组织认同得到快速发展。由于不同学者对组织认同的解读视角不同，组织认同的定义也有所差异。马剑（2020）通过对现有的文献进行总结分析后认为，目前组织认同的概念主要从情感视角、认知视角和社会学视角进行了定义。

一是从情感视角上来定义。O'Reilly 和 Chatman（1986）认为组织认同是指个体出于对组织吸引和预期，进而保持在情感上的某种自我定义。Rousseau（1998）认为组织认同是人在情感上和深层结构上的一种感知，个体将自己与组织看作一个不能割裂开来的整体，自己的发展与组织的发展共荣共损。二是从认知视角上来定义。Ashforth 和 Mael（1989）把组织认同看作个体对自身与组织的一致性或从属于组织的感知。张新忆和陈同扬（2018）认为，当个体将自己视为组织内不可缺少的一部分，把自我认知和组织成员的身份联系起来，这种自我认知与组织之间的联系就是组织认同。三是从社会学视角上来定义。Tajfel（1978）认为组织认同反映了对成员身份及在此基础上产生的情感归属。

从上述定义可以看出，不论从哪种视角进行定义，组织认同都包含两个核心内容，将特定组织成员身份特征纳入自我身份概念，以及对组织具有情感联系。本书采用上述 Ashforth 和 Mael（1989）的定义，该定义在目前的研究中使用范围最广，接受度也较高。

（二）组织认同的维度和测量

由于学者们对组织认同的定义不同，也形成了不同的测量和测量工具，从表 1-2 来看，大多数学者关注到了组织身份认知这一核心维度，归属性和情感性也是国外学者较多考虑的维度。国内学者王彦斌（2005）对转型时期我国企业职工组织认同进行实证分析，借助阿尔德福的生存、交往和成长核心需要的划分逻辑，将组织认同分为心理和行为两个方面，并进一步划分为生存性组织认同、归属性组织认同、成功性组织认同三个维度。孙健敏和姜铠丰（2009）基于中国情境，从传统文化、经济制度和现实状况三个方面进行综合分析，进一步拓展了组织认同的内涵。

表 1-2 组织认同的测量

研究者	维度	量表
Mael 和 Ashforth（1992）	认知	1 个维度，6 个题项
Karasawa（1991）	组织身份、他人认同	2 个维度，6 个题项
Cheney 和 Tompkins（1987）	相似性、忠诚、成员身份	3 个维度，25 个题项
王彦斌（2005）	生存性组织认同、归属性组织认同、成功性组织认同	3 个维度，12 个题项
Dick 等（2004）	认知性、情感性、评价性、行为性	4 个维度，30 个题项
孙健敏和姜铠丰（2009）	组织的归属感、组织吸引力、成员相似性、个体与组织的一致性、个体身份感知、组织参与、感恩与效忠、人际关系、契约关系	9 个维度，无题项

资料来源：李阳（2020）和 Newman 等（2018）。

（三）组织认同的国内外研究现状

组织认同一直是组织研究的重点话题，其在组织行为、战略变革、财务管理等方面具有重要的作用。在战略变革研究中，学者们认为，战略变革所带来的剧烈改变会对组织身份产生威胁，组织需要重新回答"作为组织，我们是谁"的问题。战略变革引发的身份变化导致组织认同对变革活动产生影响。组织认同在战略变革研究中主要集中在以下几个方面。

第一，组织认同与变革态度。一部分的研究认为，战略变革给组织成员带来极大的不确定性，组织身份有助于他们感知和体验到连续性和一致性，进而减少他们的不确定性感。当战略变革威胁组织身份时，个体会倾向于维持其组织身份。因此，较高的组织认同会引起组织成员的抗拒情绪，以及离职、降低工作承诺等抗拒行为（Van Dijk 和 Van Dick，2009），提高变革阻力，加大变革困难（Van Knippenberg 等，2006）。Venus 等（2019）基于组织认同理论研究发现，当领导者表示在变革中组织的身份将保持连续时，员工更有可能支持变革。Sasaki 等（2020）研究得出，合理使用愿景、使命、企业哲学、核心价值观等战略身份声明可以建立组织身份的连续感，推动战略变革的顺利实施。但也有一些学者持相反的态度，认为组织认同代表着个体对组织的一种归属依恋感，有助于推动战略变革的实施。Van Knippenberg 等（2006）基于变革的不同导向，发现组织认同度高的人更感兴趣的是变革是否得到了公平的实施，他们重视参与变革的机会；相比之下，组织认同度低的员工对变革结果更感兴趣。Specht 等（2017）研究发现，具有高度组织认同感的变革推动者可以通过参与、承诺、沟通及提供未来身份等方式推动变革实施。Turgut 和 Neuhaus（2020）认为，组织认同能够有效缓解个体的变革，抵制性格所产生的负面影响。

第二，战略变革过程中的组织认同变化。学者们认为，组织认同往往是战略变革的阻力来源，组织认同的变化必然涉及相应的认知转换，研究更多集中于战略并购或者剥离情境。Clark 等（2010）发现，在重大的组织间变革（如合并）情境下，意义构建和意义给赋是身份变化过程中的重要子过程，"过渡身份"是重要的意义给赋形式，影响成员的意义构建活动，进而推动组织成员从现有的组织认同迈向新的组织认同。Wei 和 Clegg（2018）根据社会认同理论，首先确定了组织获得支配地位后组织认同的不同作用，这是发展整合方法的先决条件。另外，他们进一步研究了新组织身份与组织地位、组织认同的关系。他们得出的结论是，当收购后存在较高的组织支配地位时，目标公司将完全失去其组织身份。相反地，目标公司与收购方合作开发整合方法,当组织优势较低时,权力赢家会主导整合。

第三,战略变革过程中组织认同的提升。尽管战略变革前后身份的连续性或一致性有助于组织认同,但变革往往是不连续的,必须寻找可能减少不确定性的其他原因。一些学者关注个体特征的前因,如组织成员的年龄和任期、连续感、正义感、感知组织身份和感知外部声望(Wei 和 Clegg,2018;Elstak,2015)。Giessner(2011)发现,战略合并可以使不确定性减少,从而促进组织认同。Specht 等(2017)认为,受激励的变革推动者在变革实施过程中可能会经历高水平的组织认同。周文成等(2020)认为,如果员工所拥有的变革认知比较积极,那么其对组织的认同程度也会较高。

从已有的研究可以看出,现有研究主要"基于文化、结构、实践或行为的变革可能被视为对基于组织认同或组织定义特征的员工自我意识持续性的威胁"这一前提,聚焦于员工层面展开探讨,并取得了显著的成效。但仍存在以下不足:第一,组织认同对于战略变革是动力还是阻力仍存在争议;第二,忽视了对企业家组织认同的关注,仍需进一步探究企业家组织认同在战略变革中的影响。

六、社会资本的相关研究

(一)社会资本的概念界定

社会资本这一概念最早由 Hanifan 提出,后续一大批学者从不同视角对社会资本进行了概念界定(赵晶和郭海,2014)。Coleman(1988)从社会功能的角度把社会资本看作嵌入社会结构中的一种关系资源。Narayan 和 Pritchett(1999)认为"资本"是一种积累的东西,它有助于更高的收入或更好的结果。他们通过描述一个企业的发展过程提出社会资本通过促进更大的合作来获得更好的结果，这些结果包括：社会资本的增加可以改善政府管理；增加社区合作，并解决当地的"共同财产"问题；加强个人之间的联系，加速创新的传播；提高信息的数量和质量，降低交易成本；汇集风险，允许家庭从事风险更大、回报更高的活动。他们的研究有助于我们对社会资本可能带来的有利方面的探讨。Burt（1992）将社会资本定义为：朋友、同事和一般的联系人，通过他们有机会使用其他形式的资本。这种对社会资本的定义结合了对社会资本在哪里（与朋友、同事和一般的联系人）和它可以用来完成什么（获得使用其他形式资本的机会）两个方面。Portes（1995）则从社会资本是什么和在哪里发生这两个方面对社会资本加以定义，即个人凭借其在网络或更广泛的社会结构中（在哪里）的成员资格控制稀缺资源的能力（是什么）。Nahapiet 和 Ghoshal（1998）将社会资本定义为"嵌入个人或社会单位所拥有的关系网络中，通过该网络获得并从中获得的实际和潜在资源的总和"。Tsai 和 Ghoshal（1998）将社会资本分为结构资本、认知资本和关系资本，也就是说，社会资本不仅包括社会关系，还包括规范和价值观。Putnam（2000）从社会组织的角度将社会资本定义为社会组织的特征，具有信任和参与两个方面。Adler 和 Kwon（2002）认为社会资本可以被广泛地理解为企业家从关系中提取和利用资源以实现预期结果的能力，其核心是对社会关系的投资可以使个人和团体产生善意，这些善意可以被激发出来实现某些目标。Shipilow 和 Danis（2006）首次提出了高管团队社会资本的概念，即高管团队成员利用建立在规范、信任和期望等基础上的社会关系网络摄取和交换资源的能力。

中国社会资本理论的发展主要遵循西方学者的研究思路。边燕杰和丘海雄（2000）提出社会资本是行动主体与社会的联系及通过这种联系摄取稀缺资源的能力。他们强调企业作为经济活动的主体，不是孤立的行动个体，而是与经济领域的各方面发生种种联系的企业网络上的纽结。周小虎和陈传明（2004）将企业的社会资本定义为那些能够被企业所控制的、有利于企业实现其目标的嵌入企业网络结构中显在的和潜在的资源集合。蒋春燕和赵曙明（2006）将社会资本广泛定义为社会成员从各种不同的社会结构中获得的利益。耿新和张体勤（2010）将企业家社会资本定义为"存在于由个人拥有的关系网络中，通过这些关系网络获得，并从这些关系网络中衍生出来的现实和潜在的资源总和"，即为"网络+资源"。赵晶和郭海（2014）基于国外研究的定义，将社会资本定义为受正式和非正式制度影响，公司实际控制人可直接或间接控制的，有利于实现个人意图的社会关系网络，它是协调、控制、稳固公司内外各种关系的重要工具。在社会连带划分基础上，综合考虑网络内部结构发挥作用的条件，即关系维度和认知维度的影响。游家兴和邹雨菲（2014）认为社会资本蕴含在关系网络之中，表现为通过关系网络借用资源的能力，是现实的或潜在的资源集合体，是继物质资本、人力资本、文化资本之外的另一项重要资本。古家军和王行思（2016）认为 TMT 内部社会资本是指高管团队成员对建立和维护相互联系的内部社会关系网络的资源投入及在其间交换资源的机会、意愿和能力。

（二）社会资本的维度划分

回顾文献，我们发现社会资本有如下分类。Putnam（2000）将社会资本分为两种表现形式：桥梁和纽带。弱纽带即为个人从几乎没有情感支持的松散联系中获得新的、有用的资源，如信息或观点。桥梁对应的则是具有牢固联系的个人之间存在着的联系，依赖个人加强情感上的关系；它通过持续的互惠来提供相互的情感或实质性支持。

最为常见的分类是 Nahapiet 和 Ghoshal（1998），以及 Tsai 和 Ghoshal（1998）的分类，他们将其分为三个维度：结构资本、关系资本和认知资本。结构资本是指个人之间的联系。关系资本是植根于持续人际关系中的资产。当个人对集体有强烈的认同感并信任集体中的其他人时，它就会产生。认知资本是指在集体中提供共同解释和集体愿景的资本。学者们认为社会资本的三个维度是相互关联的（Tsai 和 Ghoshal，1998）。先前的研究发现，频繁的社会互动使人们能够与他人分享信息和共同观点，从而建立相互信任和义务（关系资本）（Van Den Hooff 和 Huysman，2009）。另外，学者们也认为，频繁的人际互动可以增进合作伙伴之间的共同理解，而共同愿景将促进共同行为标准的发展，并增加信任（Wang 和 Chiang，2009）。从这些观点来看，结构资本和认知资本被认为是影响关系资本的因素，而结构资本也积极影响认知资本。一些研究提供了实证证据，支持结构资本和认知资本是关系资本的前因（Wang 和 Chiang，2009）。此外，Van Den Hooff 和 Huysman（2009）对结构资本和认知资本之间的联系进行了实证检验。

国内学者边燕杰和邱海雄（2000）从社会资本理论的角度，将社会资本概括为三类，即企业的纵向联系、横向联系和社会联系。企业的纵向联系是指企业与上级领导机关、当地政府部门及下属企业、部门的联系。强调联系的取向主要是向上的，目的是从"上边"获得和摄取稀缺资源。企业的横向联系指的是企业与其他企业的联系。这种联系的形式是多样的，如可以是业务关系、协作关系、借贷关系、控股关系等。企业经营者非经济的社会交往和联系是企业及其经营者的社会联系，这也是企业的社会资本。耿新和张体勤（2010）在借鉴以往研究成果的基础上，将企业家社会资本的概念操作化为三个维度：①企业家商业社会资本，主要指企业家与其他企业高层管理者通过社会网络关系所形成的社会资本，其为企业家提供了来自组织之外的、有助于企业克服环境不确定性所需的资源、信息和知识，而这些资源、信息和知识对组织当前和未来的竞争优势又有着深刻的影响；②企业家制度社会资本，主要是指企业家个人与各级政府官员、银行或其他行政管理机构人员所建立起的关系网络；③企业家技术社会资本，主要是指企业家与其他企业技术人员、高校和科研机构的行业技术专家及技术中介机构人员的私人社会关系，用以获取组织技术创新或市场拓展所需的资源知识和信息。

（三）关于战略变革中的社会资本的研究现状

20世纪80年代以来，对社会资本的研究稳步增加。相关研究考察了社会资本对新创企业绩效（Bosma等，2004）、创新（De Carolis、Litzky和Eddleston，2009）、企业战略举措绩效（Lechner、Frankenberger和Floyd，2010）、众筹（Colombo、Franzonih和Rossi-Lamastra，2015）、网络资本（Anderson和Jack，2002）等的影响。由于社会资本概念的复杂性，其定义也并未统一，涉及多个视角（经济学和政治学）、维度（水平、频率、同质性）和水平（个体和群体）。

延续不同的研究流派，企业家社会资本在战略变革研究中的具体作用表征和机制也不同。"功能主义"中社会资本主要指向的是社会交往对象背后的资源，通过对企业家与社会网络成员关系中信任、规范、期望、义务等要素的讨论，探讨企业家与不同社会成员交往对其行为的影响。而遵循"结构主义"则是将社会资本等同于个体社会网络的特定构型，通过对企业家社会网络规模、密度、异质性等特性指标的研究探讨其对企业战略变革的影响。

在"功能主义"研究中，学者往往将社会资本作为一种资源。许侃和张力（2015）在探究观念和流程变革、社会网络遗忘对自主创新行为的影响时，将社会资本作为调节变量，结果表明社会网络遗忘对自主创新行为的负面影响独立于过去积累的社会资本水平。陈丽兰（2015）则从内部社会资本的研究视角探讨团队内部社会资本在变革领导和项目绩效之间的中介作用。陈璐、柏帅皎和王月梅（2016）则探讨了变革型领导对团队创造力的调节作用，结果表明在变革型领导下，团队学习行为的作用机制对于拥有较高社会资本的团队更为强大。换言之，变革型领导通过团队学习行为传递的效应大小，会在具有不同社会资本水平的团队中产生差异。盛宇华和朱赛林（2021）则通过聚焦于董事会中的独立董事这一背景探讨了社会资本对战略变革的影响。陈庆江、王月苗和王彦萌（2021）将社会资本应用至数字创新领域，探讨了高管团队的社会资本在数字技术应用方面对企业创新赋能过程中的作用及不同维度社会资本的差异化影响和内在机理。

在"结构主义"研究中，学者探讨了不同的网络结构特征的影响。Dhanaraj 和 Lyles（2004）将社会资本的概念引入国际合资企业情境中，探讨了经理之间的关系嵌入如何影响企业知识的转移（隐性和显性），结果显示了联系、信任及共享价值观和系统在隐性知识转移中的重要性。这些知识也是企业探索式创新和开发式创新的基础。在此基础上，张伟年和陈传明（2014）探讨了企业家网络中心性对企业创新战略选择的影响，结果表明企业家不同网络中心性对不同创新战略选择有促进作用，且变革型领导风格对企业家社会资本与创新战略选择关系有调节作用。张伟年（2015）则在相关研究成果表明企业家的社会资本对创新战略选择是重要的影响因素基础上，从企业家的网络中心性视角，通过对科技型企业的实证研究来探索两者的关系，并进一步探索领导风格这一情境因素的调节作用。研究结论表明，企业家的网络中心性显著影响创新战略选择，且领导风格对其有重要的调节作用。

第三节 研究内容与方法

一、研究内容

本书围绕"企业家认知视角的战略变革过程"这一研究主题,拟在文献回顾基础上,根据战略变革、企业家认知等理论框架展开研究,并通过定量和定性方法对该理论框架进行逐步探索和验证。

本书先在文献回顾的基础上,厘清战略变革、企业家认知的内涵及其相互关系,考察国内外关于海尔战略变革的理论研究现状和问题;然后,采用实证和案例研究的方法揭示海尔战略变革过程及其企业家认知在此过程中的传导机制,包括量表、样本的选择等。章节结构如下。

第一章为绪论,主要描述本书的实践背景和理论背景,提出本书的核心研究问题,聚焦该问题的研究结论对战略变革和企业家认知等相关理论和中国情境下的大企业战略变革实践有何意义;明确研究内容及使用的案例和定量研究方法,制定研究的技术路线;通过对核心概念的文献回顾,阐述相关构念的内涵、维度划分及研究现状;描述研究的创新点。

第二章为理论基础,考察战略变革过程和企业家认知等相关理论的现状和问题并探索研究的前沿,明确研究的理论基础。将重心放在明确社会认知理论、战略变革理论、组织认同理论和社会资本理论上,包括社会认知理论的主要内容及其在战略变革中的应用,如企业家认知的概念内涵、企业家认知与战略变革过程的关系等,进而厘清其内在联系;战略变革理论的起源和主要流派、主要进展(内外动因、影响因素、类型及层次)、战略变革相关理论(战略柔性、动态战略、战略创新)、战略变革过程的不同视角(理性视角、学习视角、认知视角、复杂科学视角、协同演化视角);组织认同理论的核心概念如自我效能感,以及其在战略变革中的研究应用;社会资本理论的主要内容和相关应用。本章进一步明确要研究的问题和其相关理论、实践局限。

第三章为案例研究(定性研究),阐明为什么选择以海尔的创客赋能战略转型变革为研究对象,进行单案例归纳研究。先从企业家认知的三个视角纵向考察海尔战略变革的过程细节,采用访谈、数据三角验证构建中国情境下传统大企业创客赋能 WISE 战略变革模型。然后,从理论上确定基于"赋能后向化"的战略变革方向,指出企业家认知在此过程中的重要性和有效性,从实践效果上(企业内部)通过实际绩效和社会反馈(企业外部)验证该变革模式的可行性,从而探索中国情境下传统大企业基于创客赋能的战略变革过程及企业家认知在其中作用的假设模型。

第四章为实证研究(定量研究),针对上述案例的假设模型,以案例中海尔生态圈中的众多企业家创客为样本,测量上述模型中的变量。然后是实证研究设计,包括量表的选取、样本来源、调研方法、分析方法、研究过程设计。最后为统计分析,针对实证设计后的研究方案的实施,获取相应数据,并进行描述性统计、信度和效度检验、结构方程模型验证。

第五章为对策建议,通过对目前企业经营面临的新挑战和新机遇进行分析,基于海尔创客的变革案例,剖析了 WISE 创客赋能模型如何产生作用,并针对赋能者、受赋者及双方给出变革的建议。

第六章为实证结果与展望,针对实证结果及讨论,提出相关的结论,明确本书的创新点及研究局限,并对未来进行展望。

二、研究方法

本书主要采用文献研究法、案例研究法、归纳演绎法、问卷调查法和统计计量法。

第一，文献研究法。文献研究法重点体现在文献回顾和理论基础方法部分，也散见于本书其他部分。本书通过南京理工大学图书馆、CNKI、Google 学术等进行文献搜索和整理工作。本书对创客赋能、企业家认知、企业家自我效能感、社会资本、组织认同、社会认知理论、战略变革理论等进行了系统的分析和整理，梳理了研究的发展现状和理论基础，为理论构建奠定了文献基础。

第二，案例研究法。本书选择以海尔的创客赋能战略变革为研究对象，严格依据案例研究的基本范式，利用 Eisenhardt（1989）提出的案例构建理论的方法进行研究，案例构建理论包含"启动、案例选择、研究工具和程序设计、进入现场、数据分析、形成假设、文献对比、结束研究"过程。具体内容如下。

启动。在启动案例研究时，首先确定研究问题，本书的研究问题就是中国情境下传统大型企业基于创客赋能的战略变革的过程和路径及企业家认知的交互机制是怎样的？在此过程中最为关键的要素或步骤是什么？

案例选择。案例选择是案例研究中的重要一环，研究者需要根据研究问题进行研究设计与案例选择。根据 Eisenhardt（1989）理论抽样的观点，由于本书所研究的内容具有一定的特殊性，因此，我们选择极端情景和极端类型的案例。由于中国情境下传统大型企业的战略变革的过程和路径有一定差异，本书拟分析的层次包含纵向价值链（研发、制造、营销、服务等）、横向内容（生态、平台、创客等）、综合视角（方向、战略、机制、工具等），因此本书所采取的是单案例多层次分析设计。

研究工具和程序设计。本书采用进入现场收集数据的方法。一是组建多成员的研究团队，一方面有利于增强结论的可信度，另一方面增加了发现新理论的可能性。二是通过多种数据收集方法，拟收集的数据包括四个部分：与战略变革企业的创始人（或联合创始人）及其核心成员的初次访谈；和创始人（或联合创始人）及其核心成员的半结构式访谈；针对团队发放问卷调查；二手资料的收集与整理，包括趋势分析、模式案例和会议资料等。通过三角证据有助于避免同源方差、降低主观性，从而提高可信度。

进入现场。运用案例构建理论的一个显著特点是数据收集和数据分析通常是重叠进行的（Eisenhardt，1989）。研究者需要根据在现场的观察记录现场笔记。写下现场所发生的一切，而不是只挑选记录那些看起来似乎重要的事物，对访谈内容的转译也适用该原则。在此阶段，数据收集和数据分析重叠交替进行，这种交替有助于研究者发现涌现的主题，有助于研究者修正数据收集方法。

数据分析。数据分析是通过案例研究构建理论的核心，同时是最难又最不易言表的一步。数据分析通常包含对案例内容的详细描述，这对于新见解的产生非常重要。详细阐述案例有助于作者处理海量数据。

形成假设。形成假设的第一步是提炼构念，这个过程类似于假设检验研究中用多个指标建立对某个构念的测量。第二步是建立构念间的关系。

文献对话。将形成的构念、理论和假设与现有文献进行比较，包括有什么相同之处、矛盾之处及原因是什么。将案例研究形成的理论和现有文献相联系，有助于提高由案例研究构建的内部效度、普适性和理论水平。

结束研究。何时停止理论和数据的反复比较取决于饱和度。当进一步完善理论的可能性达到最小时,表明对该理论的研究达到了饱和,应停止对理论和数据的比较。

第三,归纳演绎法。归纳演绎法应用于本书的案例分析和假设推导部分,依据归纳演绎法的基本要求和基本范式,归纳整理了访谈资料和理论基础,进而通过理论演绎构建研究模型,包括创客赋能模型(WISE)、企业家认知和企业家自我效能感对战略变革过程的交互影响模型等。

第四,问卷调查法。本书的实证分析部分运用问卷调查的方法进行数据收集工作,遵循了严格的问卷设计原则,依靠国内外研究的成熟量表,经过严格的"翻译—回译"程序,在预调研后进行修改完善等工作,编制本书所用的调查问卷。在正式调研过程中,本书遵守了规范的调研程序,向受试者清晰阐述了研究的目的和用途,严格控制了问卷过程中的其他干扰,保障了调研过程的程序性和规范性。

第五,统计计量法。本书借助 SPSS、STATA 等统计软件进行问卷数据的处理和分析工作。严格依据数据处理和分析的流程,采用了描述性统计分析、信度和效度分析、共同方法偏差检验、多重共线性检验、回归分析、稳健性检验等分析方法,确保了数据处理的科学性和研究结论的稳健性。

三、研究思路与技术路线

本书综合应用社会学、管理学、统计学等相关理论,依照"发现问题—理论综述—案例剖析—实证研究—结论评述"的路线,利用综合分析数据(包括但不限于公开数据、第三方数据、企业内刊、会议纪要等)、实地调研访谈、现场会议研讨等方法展开研究,主要按以下六个步骤进行研究。

第一,问题的提出。包括研究的实践、理论背景,从中国传统企业战略变革实践和转型需求视角,分析其战略变革过程模式,再从战略变革过程相关理论、企业家认知相关理论及两者关系分析理论前沿和不足,提出问题与研究的理论和实践意义,随后明确研究内容和相关案例研究方法及定量研究方法,量表的选用与改进及技术路线和创新点。

第二,理论基础。针对国内外相关理论进行聚焦回顾,特别是企业家认知、战略变革过程、企业家自我效能感、社会资本、组织认同等理论,考察企业战略变革过程、企业家认知相关理论的研究现状及进展,明确界定相关概念,特别是文中涉及的创客、赋能等概念,确定研究基点。

第三,案例探索。针对海尔战略变革过程,确定研究和数据收集方法,采用单案例研究中国情境下传统大型制造企业战略变革的典型做法,探讨企业家认知、企业战略变革是什么和为什么企业家认知会影响企业战略变革的问题,并使用纵横综合归纳等方法进行假设推导和模型构建。

第四,实证验证。依据探索性案例得到理论模型和假设,开展定量研究,对企业家认知是怎样对企业战略变革过程产生影响的问题进行相关性统计分析和实证研究设计。

第五,案例探究。基于探索性案例和实证验证的结果,再次考察企业战略变革在充满不确定性和复杂性的外部环境下受到的挑战和机遇,企业在面临新技术突破、新平台载体、新生态检验等新变化时如何将转型赋能与战略变革相结合,进一步验证了基于中国特色情境中企业家认知视角的战略变革过程。

第六,研究结论与展望。针对实证结果及讨论,获得研究结论,并进一步展望。

具体流程如图 1-1 所示。

所用理论	研究步骤	研究方法
	1. 问题的提出 ➢ 研究背景 ➢ 研究的理论和实践意义 ➢ 研究内容和方法	• 文献研究 • 小组讨论
• 社会认知理论 • 战略变革理论 • 组织认同理论 • 社会资本理论	**2. 理论基础** 内涵：创客赋能、企业家认知、战略变革过程、企业家自我效能感、社会资本、组织认同 维度或测量：选择适合本研究的维度划分或测量方式	• 文献综述 • 概念对比 • 理论演绎
• 扎根理论 • 探索案例研究相关理论	**3. 案例探索** 海尔战略变革 ➢ 研究方法和样本选择 ➢ 资料收集方法 ➢ 研究的信效度处理	• 田野调查 • 半结构式访谈 • 会议观摩 • 一二手数据结合
• 统计学理论 • 结构方程理论	**4. 实证验证** 针对海尔生态平台上的347家小微创客（含非海尔小微） ➢ 假设推导与模型提出 ➢ 测量 ➢ 样本选择 ➢ 研究方案 ➢ 统计分析	• 描述性统计 • 信度分析 • 效度分析 • 验证性因子分析 • 结构方程 • 回归分析
• 案例研究理论 • 社会认知理论 • 战略变革理论	**5. 案例探究** ➢ 外部环境的双刃剑 ➢ 环境动荡下的战略变革 ➢ 转型赋能与战略变革的相互作用	• 田野调查 • 半结构式访谈 • 会议观摩 • 一二手数据结合
	6. 研究结论与展望 ➢ 结果与讨论 ➢ 研究结论 ➢ 研究不足与展望	

图 1-1　具体流程

资料来源：本书作者整理。

第四节 本书的创新点

本书的主要创新点如下。

第一,研究视角独特。本书从企业内部视角、企业家认知视角和企业生态视角,以海尔创客赋能战略变革案例为研究对象,揭示了企业内战略变革发生过程的内在微观机制。目前的战略变革研究往往立足于企业整体视角,将变革视为一次性活动,致力于探索变革的前因,但从企业内部视角的自主变革过程却鲜有研究。本书通过对海尔创客赋能战略变革的案例开展探索性研究,进一步挖掘了海尔如何通过创客赋能推动其自主变革、自主发展,从理论上阐明了企业持续发展的动力来源。本书提出了方向(Where)、驱动(Irritation)、战略驱动(Strategy)、体验驱动(Experience)四要素的创客赋能模型(以下简称 WISE 模型),为中国新时代情境下的传统大型企业战略变革实践提供了一种可借鉴模式框架,利用 WISE 模型简化了研究的方向性路径,解决了赋能的步骤和工具的问题。此外,本书的研究视角既包括海尔内部创客,也包括生态创客,从而避免单一案例研究带来诸多弊病。

第二,研究对象创新。本书收集海尔创客赋能进而转型发展的第一手案例资料,探索了传统大型企业如何通过员工赋能推动其战略变革。已有的战略变革研究主要关注企业的 CEO 或者高管团队的作用,聚焦于组织层面解决如何推动战略变革的问题,员工往往作为变革被动的接受者,鲜有文献将具有无限潜力的员工当作变革的发起者而对战略变革进行研究。本书将创客定义为那些拥有变革精神的个体,不仅包括企业高层管理者,也包括那些拥有变革精神的普通员工。在海尔平台生态中的领域主、平台主、小微主既是员工又是创客,作为研究对象,他们能够对传统大型企业战略转型变革过程进行深入剖析,多角度揭示了企业如何将创客赋能与战略变革相结合,强调了企业内部普通个体在战略变革过程中的重要性,对战略变革的研究起到深化作用。

第三,研究方法创新。本书通过案例探索和实证验证双重检验方法,多角度地探索了海尔创客赋能战略变革的作用机理,同时也进一步验证了企业家认知与企业家自我效能感交互作用对战略变革过程的影响。本书通过对海尔创客赋能战略变革的探索性案例分析,将战略变革划分为战略变革的发起和实施两阶段进行分析和检验,丰富了战略变革过程的理论研究。本书实证检验了企业家认知与企业家自我效能感交互作用对战略变革过程的影响,并且验证了社会资本和组织认同在其中的调节作用,丰富了战略变革的前因研究。

第四,研究结论创新。本书既提出了创客赋能 WISE 模型和创客赋能后向演进 TE 模型,又实证研究了企业家认知和战略变革过程的作用机理,还提出新启示,为大企业变革提供理论指导,并对"赋能""创客""星系组织"等概念及内涵进行拓展或探索。

第二章
理论基础

第一节 社会认知理论

一、社会认知理论的主要内容

社会认知理论最早可以追溯到1947年Bruner提出的社会知觉概念，由Bandura（1986）基于社会学习理论首次正式提出。传统的心理动力学研究认为，个体的内驱力和冲动是个体行为的主要决定因素，忽视了外部环境的刺激作用。而激进的行为主义则认为，个体的行动完全是由环境因素诱发和驱动的，即环境决定行为。社会认知理论强调个体既不仅由内部力量驱动，也不单单被外部环境控制，人类活动是环境、个体、行为三者之间彼此交互作用的结果。其中，个体的认知在信息处理和行为决策过程中扮演重要角色。基于这一理论，人既是环境的塑造者，也是环境作用的产物（左玉涵和谢小云，2017）。社会认知理论突破了个体因素或环境因素单一影响个体行为的局限，主要内容包括三元交互决定论、自我效能感和观察学习。

三元交互决定论是社会认知理论最核心的内容。Bandura（2001）认为，环境、个体、行为互为决定因素。环境因素包括强加的环境、选择的环境和构建的环境三类（Bandura，1997），三者对个体的要求也逐渐提升。个体因素包括认知、期望、情感、自我评价等。行为体现了个体的行动特点和行为逻辑。在三元因果关系中，环境、个体、行为彼此间相互作用，没有固定的模式。在该模型中，环境因素与个体因素相互作用。强加的物理环境和社会结构环境无关乎个体的喜好，个体无法控制这类环境。选择的环境与强加的环境不同，一般情况下环境中所蕴含的机遇和挑战是潜在的，直到个体选择后，环境的功效才逐渐被激活，因此，潜在环境能否被利用取决于人的选择和行为。个体因素与行为相互影响，因为个体具有激励、指导和调节自我行为的能力，行为的后果又会反过来影响个体的思维、认知和情绪等。环境与行为相互影响，个体的行为在如何影响环境中起着主导作用，环境又反过来影响个体的情绪、反应和行为。

自我效能感是社会认知理论的核心概念。Bandura（1977）认为，自我效能感是个体基于对自我的认知，对自身所能够完成或实现某种既定任务或既定目标的能力所进行的预测和判断。自我效能感是个体认知能动性的基础，直接影响着个体的思维、动机与行为选择。自我效能感并非测量个体的客观能力，即使个体已经具备了从事某项活动的较高的技能水平，如果他认为自己的能力不足以胜任，那么自我效能感水平仍然很低。自我效能感主要来源于实践成败的经验、替代性经验、言语劝导、身心状态（Bandura，2001）。由于各领域所需的能力和技能不同，不同领域的自我效能感自然也有所差异。探讨自我效能感应该与具体的研究情境相结合。

观察学习也是社会认知力量的重要组成部分。个体不仅可以从直接经验中获取，也可以通过模仿获取间接经验，提高知识和技能水平。Bandura认为通过个体的行为反应而获得的学习是亲历学习，间接学习（观察学习）是指观察者将有关示范原型的行为结构和环境事件的信息以符号的形式表象化，进而内化于自身，形成相应行为的内部指导，并进一步转化为外显化行为。观察学习可以分为注意过程、保持过程、复制过程和动机过程四个子过程。亲历学习和间接学习都属于个体的信息加工过程。

二、社会认知理论在战略变革中的应用

社会认知理论已经成为战略管理领域的基础理论，被应用于战略管理研究的各个方面。早在1997年Rajagopalan和Spreitzer就通过回顾战略变革研究文献，将战略变革归纳为理性视角、学习视角和认知视角三种。理性视角的研究认为，为获取良好绩效，企业战略变革应当与内外部环境相匹配。但是，人是有限理性的，在面临相同的环境时，企业为什么会表现出迥然不同的战略反应？这一问题从理性视角无法很好地解释。社会认知理论弥补了这一不足（张明等，2020）。社会认知理论试图阐释那些与企业战略变革相关联的明显无组织的、相异的现象是否会受到一些潜在的认知观念的影响（杨林，2016）。其中，企业家认知在战略变革中的重要性是研究的重点。企业家认知是链接内外部环境与战略变革的桥梁，是战略行为的理论基础。由于企业家有着不同的成长经历、工作经历、思维模式等，其认知水平也不同（杨林和俞安平，2016），对企业战略变革也具有不同的影响。

由于社会认知理论强调了能力和信息处理、信息吸收、信息使用的重要性，因此在战略变革领域常用于探究企业家、管理者或管理团队的信息处理和信息使用对战略行为的影响。其中，一部分学者认为认知特征影响了企业家、管理者或管理团队对信息的获取和处理，进而影响到战略活动。比如，Nadkarni和Barr（2008）等学者则从企业家对战略环境的认知是关注焦点还是注重因果逻辑的

视角开展了卓有成效的研究。前者（关注焦点）反映了企业家针对特定战略环境重点关注哪个具体的焦点概念；后者（因果逻辑）反映了企业家更注重战略环境与企业战略等要素之间的互动和因果逻辑。在现实决策中，企业家可以通过关注焦点来准确定位和筛选其心智中重要而且紧迫的问题，并及时做出有效的战略行动和信息反馈。企业家也可通过厘清战略环境和企业战略等因素间的因果逻辑而迅速、正确地做出战略决策，以取得尽可能优化的战略方案和效果。尚航标和李卫宁（2015）指出，战略决策团队的认知偏好对企业生存和发展具有决定性的影响和作用，战略决策团队的认知偏好可以划分为问题解决模型和自我增强模型两种类型。问题解决模型的出发点是针对具体问题的解题之道。在该模式下，为完成组织绩效目标可能更改现有管理认知的战略焦点与战略逻辑，很少依赖现有的战略逻辑。自我增强模型的出发点是自我保护，秉持该模型战略决策团队将会自我证明，以维护现有地位作为战略决策的目标，从而容易忽视那些和现有管理认知不一致或相悖的信息。问题解决模型的构建过程会推动企业战略变革，实现企业战略和环境的动态匹配，而自我增强模型的构建过程使企业战略保持刚性，使企业战略背离环境变化（尚航标、李卫宁和黄培伦，2016）。汪国银和陈传明（2021）指出，战略认知图式越复杂，战略环境扫描的范围越大，获取的环境信息越全面、客观；战略认知图式的强度越高，认知结构中知识单元之间的主次关系越清晰、结构越合理，进而影响战略决策。周键等（2021）研究发现，创业认知提供了创业者选择性关注的标尺、选择性解释的方式及行动选择的准则，配置认知和意愿认知会对战略多样性产生积极影响，而能力认知对战略多样性的影响并不显著。

还有一些学者致力于揭示企业家、管理者或管理团队战略制定或战略决策的认知过程。这部分研究更多是基于注意力配置的差异或不同主体间的互动过程。比如，罗瑾琏等（2018）基于扫描—解释—行动三阶段的逻辑框架指出，管理者对竞争需求的注意力配置，影响其悖论应对策略选择。具体来讲，当管理者对竞争需求的注意力配置不平衡时，将采取分离型应对策略；但当注意力配置均衡时，管理者的应对策略不确定。不同的注意力分配模式影响了管理者的悖论感知，进而影响管理者悖论应对策略的选择。徐天舒和李东（2021）通过对苏宁电器10年的战略制定进行研究，揭示了中高层如何就关键战略理念达成一致的黑箱，企业最高决策层和中高执行层通过右脑直觉思维模式驱动和左脑理性思维模式驱动形成关键战略理念来推动公司战略决策的内部合法化进程，极大提升了战略决策的质量和可执行性。Guiette 和 Vandenbempt（2013）认为战略变革执行包含团队心智模式的变化。影响团队心智模式动态性的因素包含任务相关因素和团队相关因素。其中，团队相关因素包括组织认同的转变、思想世界的交叉理解程度。

目前，关于如何在战略变革中实现团队间协调工作的认知机制还鲜有人知。Murase、Carter 和 Dechurch（2014）指出，领导团队的战略性沟通可能是重要的调节变量。他们提出多团队交互心智模型，将其作为一个促进多团队间协调的机制。该模型包含了关于团队活动的知识认知结构。数据检验结果显示，领导的多团队交互心智模型准确地通过战略沟通转移给团队，该机制通过提高追随者心智模型的准确性促进了团队间的协调。该研究强调了领导对组织认知的重要性，他们能够使小规模、独立的团队变得更加强大。

第二节 战略变革理论

一、战略变革理论的主要内容

（一）起源及学派

战略变革理论兴起于20世纪50年代，并以Ansoff、Anderews和Rumelt的设计学派和计划学派为代表。Ansoff最早在其1965年的《公司战略》中提出战略变革就是企业对所要生产的产品和服务的市场的选择，以及两者的重新组合，并在1979年的《战略管理论》中，基于战略制定过程的视角，重新定义了企业战略变革，即战略变革是企业体系及其相关组织结构的调整。Rumelt（1974）在《战略、结构与绩效》中第一次解释了战略变革理论。Minzberg（1987）则把战略直接划分为战略内容和战略过程，并由此详细阐述了战略变革的概念及其对应的框架。随后，Rajagopalan、Spreitzer（1997）认为战略变革可以划分为过程学派和内容学派。其中，前者将研究的重点聚焦在企业战略变革实施中组织管理者的角色及流程机制，后者将研究的重点聚焦于企业战略变革的因果逻辑与所取得的绩效的相互影响机理，并在此研究基础上设计了战略变革过程和内容综合模型。此模型既重视战略变革的因果逻辑，又导入变革行为和认知因素。本节将重点从战略变革过程和内容的整合理论模型及其思想展开研究。

（二）概念内涵

战略变革的内涵至今没有一个广为公认的界定，现有的研究中还存在诸多类似概念，包括战略转换（Strategic Turnaround）、战略转变（Strategic Transition）、战略调整（Strategic Adjustment）、战略更新（Strategic Renewal）、战略创新（Strategic Innovation）、战略变化（Strategic Change）等。虽然学者在概念的统一上存在分歧，但是普遍认为战略变革的范围十分广泛。如 Agarwal 和 Helfat（2009）认为战略更新（Strategic Renewal）包含了更新或替代组织的属性的过程、内容和结果，这种更新或替代对组织的长期发展有显著的影响。他们认为战略更新是战略变革的一种，战略变革可以包含更新和替代，但并不是必需的。

在20世纪70年代美国经济衰退时期，Hofer 和 Schendel（1978）提出了战略转换（Strategic Turnaround）的思想。他们的研究成果显示，战略转换是成功解决企业绩效持续恶化的有效途径之一。他们认为运营（低效率）和战略（与竞争对手相比弱势）是影响企业衰退的核心问题，并且当错误判断企业业绩下降的原因时，转换战略也可能失败。Van de Ven 和 Poole（1995）提出，战略调整是企业为适应外界环境变化所做的全新的、彻底的包括战略形式、战略性质、战略姿态的调整，这样的调整明确表达了企业要通过内部资源的调配达到组织的最终目标。Hamel（1978）认为战略创新能重构现存产业模式，能够为顾客创造新价值，使竞争对手步调不合，并且能为股东获取新的财富。Porter（1990）认为存在两种创新：一种是战略创新，即打破现行的产业规则；另一种是运营创新，通过创新方法提高效率。所以在他看来，战略创新更加宏观，旨在创造新的运营空间。和 Porter 的思想一致，Constantinos Markide（1997）认为，战略创新要求打破产业游戏规则与思考新的方式来竞争，认为企业可以出其不意地重新定义自己的业务。其对30多个击败产业龙头的企业案例进行深入研究，得出的结论是，那些企业成功的秘诀就是使用了战略创新。即他们都采用了截然不同的方式参与产业的竞争，从而改变了产业的竞争法则。

Gioia和Chittipeddi（1991）认为战略变革包含了组织成员尝试改变现有的思考方式和行动方式。换言之，战略变革包含了组织成员企图通过改变现有认知模式和行动模式以帮助企业发现并利用重要的机会规避企业外部环境的威胁。为了研究创始人和高管团队在战略变革中的角色分工及其影响，Gioia和Chittipeddi（1991）发现战略变革发起包括四个阶段，即展望阶段、信号阶段、重新展望阶段和强化阶段，而CEO在这些阶段中扮演了意义构建和意义给赋的角色。CEO必须先感知组织的内外部环境，然后重塑组织观念（通过意义构建实现）。在CEO或者高管团队做这项工作之后，组织变革的抽象展望传播给了利益相关者（通过意义给赋实现）。

Barr、Stimpert和Huff（1992）通过案例研究调查了心智模式的变化与组织行为改变的关系。通过分析来自美国铁路的纵向数据，他们发现战略变革不是取决于组织对新情境的关注，而是取决于组织将环境的变化与企业战略相联系的能力及随着时间的推移提高这种联系的能力。高层管理者的心智模式必须与不断变化的环境保持同步。如果管理者不能在环境发生重大变化时改变他们的管理理念，那么他们很可能会将企业推入加速衰退的深渊。而那些能够很好管理自己行为的管理者，则很可能会赢得组织变革的胜利。

相比于国外研究，国内战略变革的研究还处于理论解释性引入和起步探索阶段。项国鹏和陈传明（2003）将战略变革定义为"企业为了获取可持续竞争优势，根据所处的外部环境或内部情况中已经发生或预测会发生和想要使其发生的变化，秉承环境—战略—组织三者之间的动态协调性原则，涉及企业组织各要素同步支持性变化，改变企业战略内容的发起、实施、可持续化的系统性过程"。陈传明（2006）的研究显示，战略变革从内容上包含企业目标、执行方法的变革，从过程上既发生在战略发起阶段，也发生在战略选择阶段和实施阶段。冯海龙（2007）则提出企业战略变革是企业依据内外部环境和资源条件在企业发展的不同阶段各有差异，针对企业的战略内容（包括企业愿景、目标、定位、理念等）及战略模式（包括心智模式、产品和市场盈利模式、分享驱动机制等）做出的调整。冯海龙（2010）的研究认为企业战略变革是企业的组织变革行动，该行动完全或部分否定过去的战略思维与模式，目的是通过动态匹配企业战略和突变环境来维持并提升企业绩效。这种战略变革下的企业定位和理念随时间和环境的不同，其变革程度和模式也存在明显差异。陈琦、冯玉强和刘鲁宁（2018）从公司层面分析，将战略变革定义为企业为应对内外环境变化，获得可持续竞争优势，对自身战略进行调整，使其能够适应环境变化或克服自身危机的动态化战略改变行为。在Oehmichen（2017）的基础上，许强、张力维和杨静（2018）将战略变革定义为企业为了应对复杂的动态环境（内外环境）变化，谋求未来生存与发展，结合自身能力与资源，使企业战略在根本上发生变革的过程。杨勃和刘娟（2020）则在对比战略变革与组织身份变革中指出战略变革是改变组织的战略，具体指改变组织的长远发展方向（如使命和目标），或深刻改变组织的优先选择。肖静华等（2021）认为战略变革是企业为了应对内外部环境的不断变化、维持竞争优势而采取的系统性战略变化。万赫、钟熙和彭秋萍（2021）则认为战略变革是企业对组织目的、优先顺序及目标等进行适用性调整的一种行为，关键战略维度上的资源分配比率变化则是衡量战略变革的重要标准。

最新的研究开始引入了国外的认知视角，但更多的是对国外理论的直接应用及以国内为研究背景进行的验证。关于探索中国情景下基于认知视角的战略变革的原创性研究较少。万晓榆等（2011）使用扎根分析和内容分析技术，通过对某国企的战略变革过程所做的单一案例研究表明，企业战略变革过程的影响因素包括变革认知和与行为相关的两个层面（共9个子范畴），每个层面的子范畴对战略变革过程的影响程度出现明显差异的原因是企业成员的职业角色及战略变革所处的地域环境差异所致。刘鑫和薛有志（2013）应用多元调节回归模型及均值比较的方法，以2000—2009年中国上市公司为样本对上述观点进行了检验。结果表明，即使公司业绩优异，CEO变更依然与公司战略变革显著相关；CEO变更时，公司业绩和前任CEO任期显著地负向调节CEO变更对战略变革的影响。刘新民等（2013）通过定量研究发现，战略变革的重要因素是CEO继任类型的差异，该类型的差异会导致企业组织内赋权的不同，甚至决定了企业组织进行战略变革的程度。高静美（2014）认为作为战略变革的实际发起和推动者还需要认识到意义生成与意义给赋的重要性，提升意义给赋技巧，改进管理方式，提高管理效率。温馨等（2016）的研究揭示了企业组织战略变革过程中的战略选择、资源调整与文化协同的相互影响改变了组织战略变革过程的核心结构和内容，结果是对企业和环境的协同演化起到促进作用。基于对管理者认知的研究，相关学者通过探讨CEO来源解释CEO的认知对组织战略变革的影响。研究发现，相较于离任者，继任的CEO更倾向于战略变革，而外部CEO继任更有可能发起战略变革，但同时也面临外来者劣势的窘境。而尚航标、张烨和李卫宁（2019）证明了外部CEO继任对战略变革的推动作用取决于个人特质和企业环境条件。此外，外部CEO的先前经历影响了他们的认知，造成他们思维模式和独特技能上的系统性差异。总之，战略变革是企业（组织）为获取可持续竞争优势和捕捉战略机会的任何变革认知和过程。

二、战略变革的影响因素

现有的研究表明，环境变量、企业变量、管理者行为和管理者认知会影响战略变革。其中，环境变量包括环境的复杂性、动态性、市场垄断结构及竞争程度、政府及社区的管制范围和程度等因素；企业变量则包括企业存续时间和规模、企业性质和治理结构、企业往年业绩和战略执行效果、企业高管认知等。过去很多关于战略变革与其环境影响因素之间的关系研究结果存在差异。有些研究显示，复杂性可能会扩大企业战略变革的规模，也可能会缩小战略变革的规模，也有研究指出二者没有统计关系（Bantel 和 Wiersema，1993；Boeker 和 Goodstein，1991；Zajac 和 Kraatz，1993）。而对于放松管制的研究，Corsi 等（1991）发现特殊的管制变化和战略变革呈正相关关系，Kelly 等（1991）发现管制放松与企业层面战略变革呈负相关关系。此外，关于企业规模、企业性质、治理结构、企业存续时间等企业变量与战略变革过程之间的关系研究结论也存在冲突。

随着战略变革研究的发展，研究者们逐渐从客观因素对战略变革的影响研究转向对主观因素作用的研究，包括管理者行为和管理者认知。目前，关于管理者行为对战略变革的影响研究有两个观点。一是战略内容变革受战略管理层对企业使命和细化目标（Greiner 和 Bhambri，1989）、企业内部资源的配置及各职能战略（Grinyer 和 McKiernan，1990）、战略举措（包括资产并购和重组）调整的影响。二是战略管理层的行为领域随着战略变革内容丰富程度的加大而大大扩展。企业战略管理者对战略变革的认知反馈、战略变革的形成和实施效果均产生正向影响的原因是其对战略变革过程的积极参与(Lines、Selart、Espedal 和 Johansen，2005)。

管理者行为变量的引入使从原来的理性视角研究逐渐转向了更为主观的研究，同时也体现了人在战略变革中的作用开始得到重视。随后的管理者认知视角则进一步将战略变革与认知心理学结合起来，更加深入探讨了人在战略变革中所起到的决定性作用。此外，管理人员的信念结构变化也会导致企业产生战略性变革(Pettigrew，1987)。

Chenhall 和 Langfield-Smith（2003）的研究认为，即便企业战略变革已经取得较好效果，企业也必须持续改造团队结构以促进成员间的信任和价值分享而非依靠简单的员工合作来提升员工的积极性和创造性，从而持续提高企业绩效。Gioia 和 Chittipeddi（1991）、Greiner 和 Bhambri（1989）认为企业战略管理者与其成员之间的真诚沟通、信念交互、思维惯性对达成战略变革的共识、取得一致承诺起到决定性影响。戴璐等（2016）认为国有企业在推动质量控制与成本管理的改进过程中遇到了来自组织内部的阻力，使变革结果偏离预期，并且自己无法依靠管理方法来解决。白景坤等（2017）认为高管团队异质性的四个维度均对战略变革有显著影响，其中年龄异质性、任期异质性与职业背景异质性对战略变革有显著的正向影响，教育背景异质性对战略变革有显著的负向影响。王凯等（2018）的研究揭示了董事会内部非正式层级强度与公司战略变革之间存在显著的正相关关系，且业绩压力对这一关系具有显著的正向调节作用。宋远方等（2018）认为在动态竞争视角下，在组织变革过程中，人力资源管理部门是影响组织变革效率与质量的关键因素，只有建立推动组织变革的核心管理部门、适当借助人力资源外包业务及提高资源管理部门的战略地位和竞争意识，才能保证创业企业组织变革的效率。张明等（2020）则立足于多视角的战略变革框架，综合环境条件、组织条件、管理者行动和管理者认知条件，通过模糊集定性比较分析（fsQCA）和倾向评分匹配（PSM）方法探索出3种可能引发高程度战略变革的组态，结果表明不同类型的组态诱发的组织绩效间存在差异。综上所述，本书认为战略变革的影响因素包括环境、企业、管理者行为和认知等主客观变量及其交互影响因素。

三、战略变革过程的研究

（一）Ginsberg 的战略变革模型

Ginsberg 和 Grant（1985）从变革压力和变革阻力之间的博弈角度探讨了战略变革的发生机制。如图 2-1 所示，模型的主要思想包括以下几方面。①外部环境和内部环境的改变既可能是变革压力的来源，也可能是变革阻力的来源。外部环境的改变（如客户价值或竞争动态的转变）及内部环境的改变（如组织结果或管理技能的改变）可能通过提供企业与经济环境不匹配的反馈来产生变革的压力。这种不匹配反过来会降低现有战略的有效性，并增加参与新战略的可能性。某些外部和内部环境的改变也可能对采取新战略的意愿和能力有消极影响，由此可能增加变革的阻力。②持久不变的内部状态和不断变化的外部状态均给企业战略变革带来相应的变革压力和变革阻力。③变革的压力和阻力带来的交互影响作用促进了组织整体战略变革。④战略变革带来的组织绩效也是战略变革压力和阻力的一种反馈。组织变革绩效可以提供反馈，验证执行的战略是否有效。

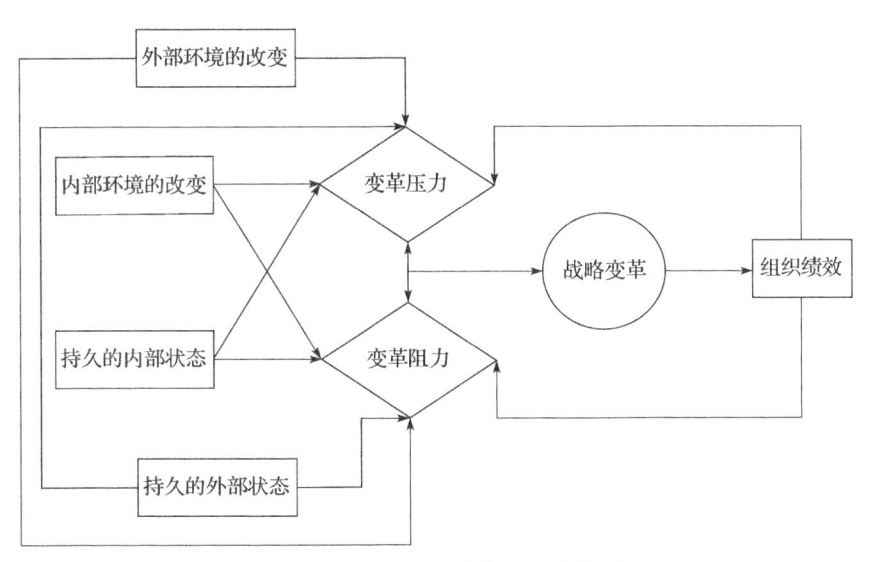

图 2-1　Ginsberg 的战略变革模型

资料来源：Ginsberg 和 Grant(1985)。

（二）Rajagopalan 和 Spreitzer 的综合战略变革模型

基于对战略变革的理论回顾，Rajagopalan 和 Spreitzer（1997）共同拟合了战略变革行为和认知的综合模型。在传统的理性视角下，战略变革必须匹配企业外部和内部情景的需求。企业要想获得成功则必须匹配战略变革与企业环境及组织情景。但是，当战略变革无法匹配情景的需求或者没有带来积极的组织绩效时（财务绩效或非财务绩效），从理性视角上无法提供更多的解释。这个视角不利于研究为什么会有不适应的结果及企业应该如何提高自己的适应性和反应能力。学习视角和认知视角则补充了理性视角，它们帮助解释了为什么在相似情景下企业会做出不同的回应（因为不同的认知和行为），以及企业如何使他们适应性反应的效益（通过针对环境或组织的不同的管理措施）最大化。Rajagopalan 和 Spreitzer 的综合战略变革模型如图 2-2 所示。

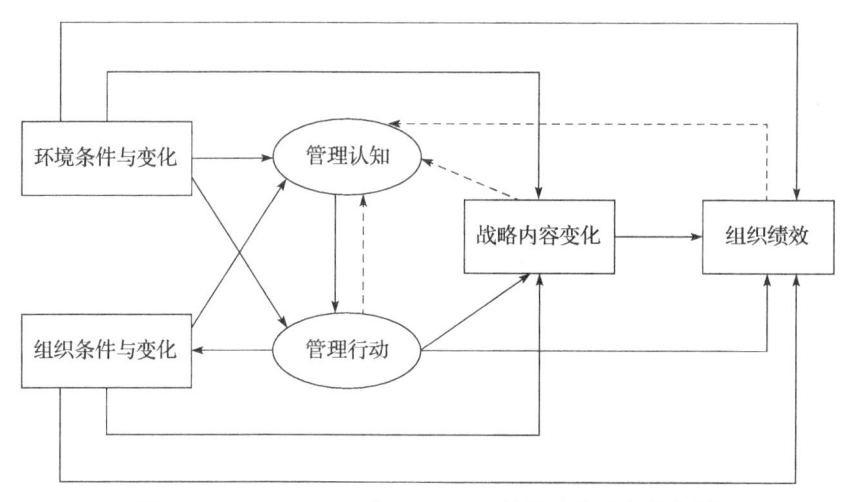

图 2-2　Rajagopalan 和 Spreitzer 的综合战略变革模型

资料来源：Rajagopalan 和 Spreitzer(1997)。

(三) 周长辉的战略变革过程模型

国内学者周长辉 (2005) 认为，中国的战略变革背景、现实条件和行为变现与国外不尽相同，甚至大相径庭，直接照搬国外的战略变革理论和经验，未必能解决中国企业的战略变革问题，甚至适得其反。周长辉通过对五矿集团的战略变革历程研究，总结了中国情景下大型国有企业战略变革过程。周长辉指出，战略变革从本质上不存在东西方之分，五矿集团的战略变革过程存在多个与西方战略变革模型相近或相似之处，并认为在中国情景下，企业的战略现实环境和条件的差异决定了保持良好沟通、良好匹配和持续动态调整的战略就是中国企业最好的战略。

从国外和国内战略变革过程的研究比较中可见国内对战略变革过程的研究尚处于初级阶段，仅从理性视角探索战略变革过程，关于基于学习和认知视角的战略变革过程，还有待进一步结合中国情景进行探索研究。虽然周长辉通过案例研究得出的变革模型与国外早期的理性视角下的战略变革过程类似，但是基于学习和认知视角下的战略变革过程涉及更多人的特点，可能融入更多的文化差异，因此，其他视角下中国企业战略变革过程是否与西方类似还不能够妄下定论。周长辉战略变革过程模型如图2-3所示。

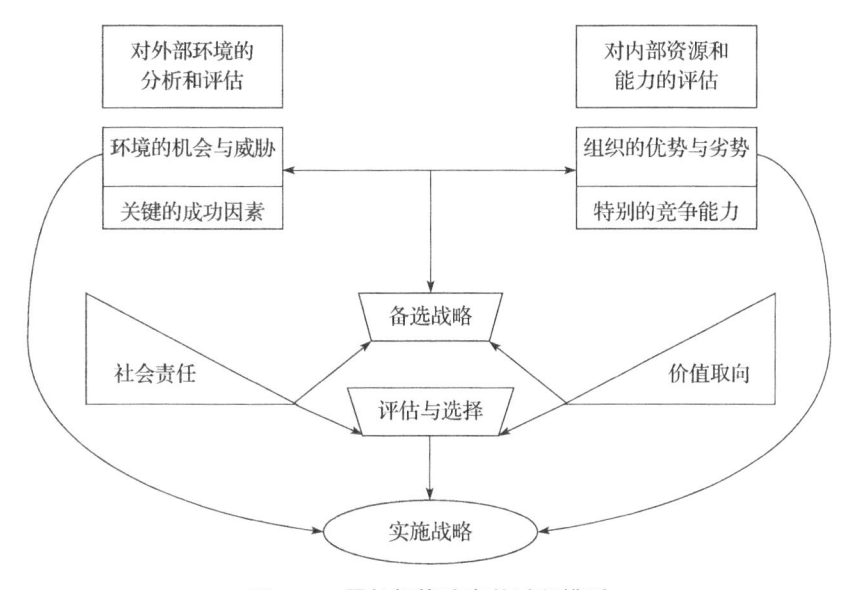

图 2-3　周长辉战略变革过程模型

资料来源：周长辉（2005）。

（四）王钦的价值观引领的战略变革过程模型

王钦等（2014）认为价值观是组织战略变革的基本坐标系，对我们的认知产生重要的影响和作用，会在变革标准、路径和机制三个维度上发挥引领作用，通过激发行动，促进行动结果和认知之间的调整，加快组织认知的再适应过程，能够实现快速、有效的认知变革。而其中意义建构是价值观引领作用发挥的重要途径。在意义建构过程中，自下而上的倒逼作用有利于促进管理的中间层对变革认知的提升，解决战略变革实施过程中的"中层障碍"问题。伴随着战略变革的实施，价值观的引领作用最终表现为用户资源、组织内资源和组织间资源的再组合。但是王钦也指出对于意义建构过程中个体认知向组织认知的转化过程研究还有待进一步深入。王钦的价值观引领的战略变革过程模型如图2-4所示。

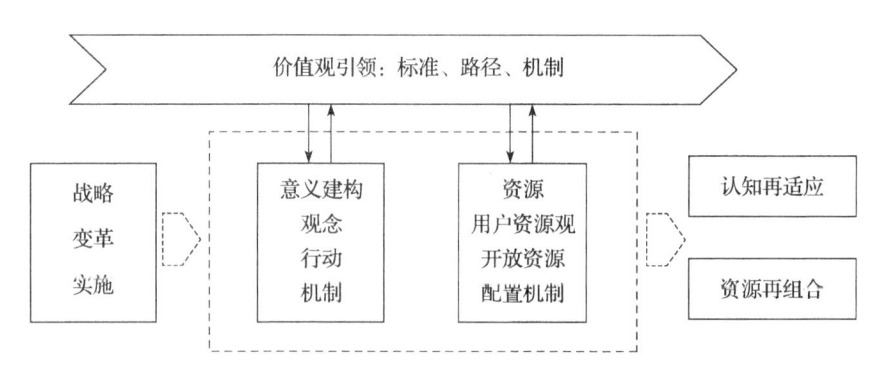

图2-4 王钦的价值观引领的战略变革过程模型

资料来源：王钦等（2014）。

（五）许强的复合基础观视角下的战略变革模型

许强等（2018）则基于复合基础观视角，运用复合式提供、复合式竞争和复合式能力组成的复合式战略分析框架解释后发企业的战略特点和变革过程。研究结果表明：在后发企业的追赶过程中，其复合战略的发展经历了一个动态的演变过程。复合型产品由多品种、多功能产品向综合型产品转变；复合竞争由高质量、低价格向低成本、差异化，再到差异化、高附加值转变；复合能力最初是技术模仿创新，然后发展为技术研发创新，最后发展为互补性资产创新。复合战略的迭代发展，从以边缘赶超为导向，再到以创新升级为导向，最后到以一体化整合为导向。

后发企业实施战略变革的关键是运用复合战略，形成独特的发展路径。企业可以根据不同情况灵活选择相应的复合策略。通过整合内外部公共资源，逐步扩大自身资源和提高自身能力，进而构建复合优势，最终提升后发企业的整体业绩。其中，复合式提供和复合式竞争可以相互转化和加强。复合式能力驱动和支撑两者的实施，抓住复合机遇，创造性地整合利用内外部公共资源。许强的复合基础观视角下的战略变革模型如图2-5所示。

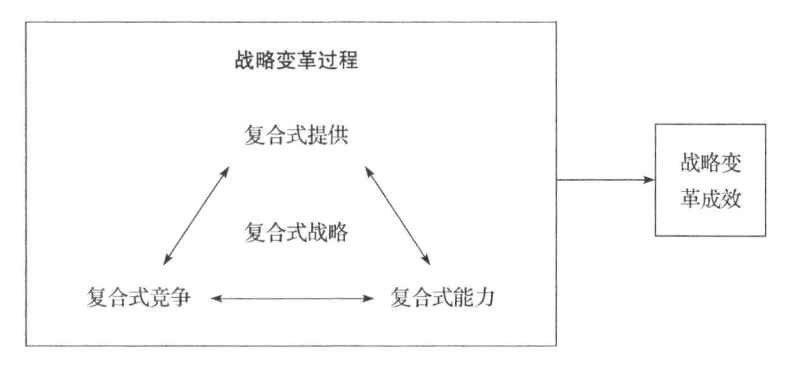

图2-5 许强的复合基础观视角下的战略变革模型

资料来源：许强等（2018）。

第三节 组织认同理论

一、组织认同理论在战略变革中的应用

目前组织认同理论已经被广泛应用于战略变革研究，并取得了大量有价值的结果。

组织认同理论指出个体努力保持和提升他们的自尊及自我概念，因此研究重点关注变革能够塑造更好的自己。这部分的研究主要证明愿景可以作为环境线索，触发关于集体未来的自我叙述的发展。

Stam（2014）认为，当有一个激励人心的组织变革愿景时，组织内的员工可以将信息从愿景沟通转化为一个集体的未来形象，并在心理上对这个形象进行实验。最终，他们可以将图像（和愿景）内在化，通过这种方式，追随者将愿景与他们的自我概念联系起来，从而变成个体的变革愿景追求。

组织认同理论认为组织身份会影响个体的自我概念，而个体具有努力保持自我概念的需求。依据这一假设，学者们集中探讨维持身份连续的策略，以提升员工的变革态度。Stam等（2020）主张领导者能够影响员工的身份连续性，通过维持愿景连续性可以提升员工的集体连续性感知，这是一种有效的鼓励追随者采取变革支持行动的机制。Sasaki等（2020）认为，战略制定者在建立变革时的连续感时采用了三种话语策略：阐释，即将历史声明的部分内容转换为新的内容；再生，即在检索和利用历史文献的基础上形成新的陈述；解耦，即允许历史声明与目前声明的共存。

组织认同理论也承认组织认同具有动态性，变革中组织身份应该被视为持久的还是更具变革性的，这也是目前研究的重点议题。杨勃和刘娟（2020）认为，组织身份变革与战略变革既有差异又有内在的逻辑关联，组织身份是组织最为核心、独特和持久的特征，如果一种特征并不是定义组织本质属性的，改变这一特征将不会导致组织身份发生改变。只有对"我们是谁"（组织的本质属性）的共同认知和理解进行变革时，组织身份变革和战略变革才是同一的。一些学者主张维持身份的连续性是重要的（Sasaki等，2020；Stam等，2019），如Clark等（2010）主张在战略并购中可以实施"过渡身份"的概念，以缓解并购前后身份的巨大差异，构建起连续感。但也有学者认为变革必然要对组织身份进行变革。Chreim（2002）认为，在变革过程中组织认同会成为变革的阻碍，这就需要管理层采取沟通策略，目的是诱导组织成员对以前组织身份属性的不认同，并对新的组织身份进行重新认同。领导者可以采用分离策略，即强调过去的组织属性缺乏吸引力，以及这些属性与成员当前的目标和成功要求缺乏兼容性。冯海龙（2021）认为，组织身份是组织战略的重要构成元素，组织身份差异和组织战略变革具有本体上的一致性。

二、组织认同理论的主要内容

组织认同理论是由对认同感的研究延伸而来，是社会认同理论的扩展。社会认同理论认为，群体成员的身份在不同程度上是自我定义的。对一个个体而言，其身份是多层次的，不仅有个体身份，还有群体身份、组织身份、国家身份。关于自我分类和社会认同的研究描述了自我不仅可以用独特的、个性化的特征来定义，使个体与他人区分开来，还可以扩展到群体特征。这种以"我们"而不是"我"的自我概念，以社会成员身份作为参照，被称为社会认同。社会认同反映了个体被集体定义的程度，意味着自我和群体心理融合，进而使个体将自我与群体中的其他成员视为相似，将群体的特定融入自我定义（Van Knippenberg 和 Sleebos，2006）。之后，社会认同被应用于组织研究，Albert 和 Whetten（1985）将个体层面的身份认知推广到组织层面，并将组织身份定义为组织成员共同建构和理解的组织核心，具有独特和持久的特征（杨勃和刘娟，2020）。Ashforth 和 Mael（1989）认为，个体将组织成员身份特征纳入自我身份概念的程度反映了个体的组织认同。组织认同反映了个体与组织的心理融合。

组织认同的研究结果显示，组织认同具有以下重要影响。第一，个体倾向于选择和执行与其组织身份相一致的活动，并倾向于维护其组织身份和所属组织。第二，个体的组织认同对组织具有明显的积极影响，如凝聚力、变革支持、利他主义等。第三，随着个体的组织认同度增加，与其他组织相比，组织的价值、理念、实践等都会更加积极、鲜明（杨杰，2017）。

第四节 社会资本理论

一、社会资本理论的主要内容

社会资本理论被广泛地应用于理解和解释社会学、政治学、教育学及管理学等学科的各种现象（Chang 和 Hsu，2016；Hitt 和 Duane，2002；Huang，2016；McElroy 等，2006）。人们通过社会互动和与他人的联系，在不同层面（个体、群体和组织层面）获得有形和无形资源。社会资本理论的中心前提是，关系网络是社区成员的关键资源，有利于成员与社区联系（Chen 和 Lovvorn，2011；Hitt 和 Duane，2002）。该理论的主要思想是，社会资本资源嵌入相互联系的个体、群体或民族的社会网络中，并且可以通过社会关系网络去获得。探讨的根本理论问题是社会资本如何帮助个人使集体行动成为可能。

社会资本的概念最初出现在社会学关于建立强大的家庭和地方社区的研究中。此后，经济学家、政治学家和管理学家都对该概念进行了广泛且复杂的界定。Coleman（1990）将社会资本定义为创造价值并促进个人行为的社会化的任何方面。在管理领域，Leana 和 Van Buren（1999）将社会资本定义为反映企业内部社会关系特征的资源。他们认为，当组织成员有共同目标并建立信任时，社会资本就会实现。Putnam（1995）将社会资本定义为社会组织中的资源，包括关系网络和成员之间的信任。Nahapiet和Ghoshal（1998）将社会资本定义为个体或社会单元可以从关系网络（个体或社会单元是其组成部分）中可以获得的来自关系网络的实际和潜在资源的总和。由于人们用许多不同且独立的来源研究社会资本，因此，社会资本存在各种各样的含义和解释。许多研究人员试图界定它们的边界，争论哪种方法更好。一些研究人员认为社会资本是个体的财产；另外一些研究人员认为这是个体及其社会关系的财产；其他一些研究人员认为社会资本属于群体；还有一些研究人员认为它属于群体、政治团体、社区和民族。

二、社会资本理论的应用研究

社会资本理论已被广泛应用于各种环境中，并聚焦于组织环境。社会资本通常被认为对个人和组织都有积极的影响。

对个人而言，社会资本可以鼓励组织中的员工与同事分享他们的知识（Chumg等，2016）；帮助员工实现职业成功（Seibert等，2001），即社会资本提供了获取信息、资源和职业赞助的途径，这些信息、资源和职业赞助是职业成功的关键。Seibert等（2001）研究了职业发展中社会资本和福利之间的联系，结果表明，在更高的组织级别上有更多联系的员工能够更好地获得组织信息和职业赞助，这反过来会带来更高的工资和晋升等福利。基于此，社会资本理论提出内部关系网络是员工的宝贵资源。与他人关系密切的员工更容易获得与工作相关的资源（如辅导、关键信息），他们的工作绩效往往比其他人更好。这可能是因为员工在与领导保持积极关系的环境中感到安全，从而能够更好地专注于工作。而在探讨企业家个人行为绩效，即自我激励行动的前因时，Grichnik（2014）等学者认为结构性的社会嵌入和关系性的社会嵌入都会对创业者的自我激励行动产生积极的影响，因为社交网络能使人们获得有关如何以占优条件获取必要资源的相关知识，提供获取信息的渠道。除此之外，企业家的社会资本还使他们能够从网络合作伙伴那里调动必要的，甚至是稀缺的资源，进而促进创业资源管理活动的顺利开展。

对组织或团队而言，社会资本理论认为具有良好内部关系网络的组织受益于自由交流、亲密互动、资源交换和团队合作绩效的提高（Seibert 等，2001）。已有研究证明，以开放多样性和促进社会互动为特征的关系环境有助于实现有效的知识共享，而在人际关系中实践和展示与个人相关的能力的领导者将对创造和培养这样的环境产生积极影响。因此，Swanson（2020）基于社会资本理论在领导者的个人相关能力与员工知识共享行为之间建立联系，并表明外派总经理的领导能力对员工之间的知识共享及员工的工作绩效产生积极影响。国内学者陈璐、柏帅皎和王月梅（2016）将社会资本理论应用至高管的领导行为和团队之中，并将其作为边界条件以探讨变革领导力对高管团队创造力的作用机制，结果表明社会资本较高的团队将更能通过团队学习吸收变革型领导带来的好处。万倩雯、卫田和刘杰（2019）则将社会资本理论应用至社会创业情境，通过关注企业社会创业家与金字塔底层个体间的合作关系拓展了社会资本理论应用的情境，展现了他们之间从建立、发展到最终的制度化合作关系的演变过程，并指出社会资本是企业经济效益目标与当地社会价值之间的桥梁。

除了应用于组织内部环境，社会资本理论还被应用于在线社交网络，即信任、社会互动和共享价值决定了用户在使用 Meta 粉丝页面时的意图（Lin 和 Lu，2011），这表明该理论可以解释社交网络在离线和在线环境中的影响。具体应用而言，社会资本可以创造用户的满意度和忠诚度（Chen等，2017）。Teng（2018）将社会资本理论应用于解释用户和信息系统忠诚度之间的关系研究，证明社会资本有助于提升用户对信息系统的忠诚。社会资本理论还可以应用在解释不包括社会资本成分的关系中。例如，社会资本理论被用来解释互惠规范和共享语言，鼓励用户为社区生成内容（Yang和Li，2016），该研究框架中并没有明确纳入社会资本的成分。在众多的不同应用领域研究中，也有学者指出现有研究存在过度引用社会资本概念的问题，需注意社会资本理论的应用边界及在中国情境下应用的适用性（朱天义，2015）。同时也有学者展开关系的双面性研究。刘宇璟等（2019）在探讨转型经济背景下的战略制定的研究中，基于社会资本理论深入探讨了不同类型的管理关系在创业战略实施过程中发挥的异质性作用。

综上所述，社会资本理论已被广泛地应用于组织管理的研究中。虽然其在个人层面和组织层面都被探讨，但在个人层面还未深入探究其对个人认知与其行动是否存在边界的调节作用；而在组织层面，具体到变革情境时，还有待挖掘其是否会对战略变革具体的发起和实施结果产生影响，毕竟目前还存在对其定义的争议及测量是否过度简化的质疑，这些问题都有待解决。

第五节　社会资本供应链的运营优化策略与管理模型

本研究的目的是优化社会资本供应链的战略和运营层。为了实现这一目标，本研究在考虑供应链多方面的基础上，建立了混合整数非线性规划模型和自适应遗传算法（GA）设计的供应链，并优化了供应链的最低成本。基于自适应遗传算法，求解模型，得到最优供应链设计方案。

一是外包业务活动。通常，当企业规模达到一定程度时，如果企业试图通过内部资源完成所有业务，容易使自己陷入困境。因此，具有一定规模的企业可以考虑将某些业务托付于第三方外包公司，如采购、物流、客户服务等，从而精简业务，将重心放在核心业务上。

二是建立良好沟通。零售商与供应商或制造商之间进行良好、透明的沟通至关重要，因为这可确保及时满足其需求，顺利完成目标任务。如果企业接触多个供应商，那么这一点更为重要，因为您需要与每个供应商建立良好的沟通联系。

三是整合管理软件。优化供应链流程需要企业所有业务统一步调协同工作。一些工作管理软件可以整合企业的不同部门，使销售、库存和财务等系统都能够有效地相互协作。这些软件还可以集中式访问数据库中其他相关数据，从而简化业务流程。

四是用多渠道方法。高效的库存管理对于电商时代的供应链至关重要，因此可以采用多渠道方法构建响应式供应链，将需求快速有效地传达给供应商。另外，多渠道方法可以协助企业预测趋势及提前规划业务。

五是需求保持一致。及时了解客户想要什么及他们何时需要，可以让客户的库存保持在适当的水平。分析客户的销售数据以判断未来的需求和趋势，这些可以有效提高客户的库存管理水平，增强抗风险能力。

六是高效物流管理。高效的物流管理可以降低运输成本，从而以最优惠的价格将订单发送给客户。客户可能选择第三方物流和仓储来优化供应链。同时，企业需要适当地管理内部资源，确认员工、系统及投资的技术是否都与公司发展的步调协同。

一组产品通过供应商、制造商、配送中心（DC）及最终的客户群进行设计和制造，形成供应链。制造商负责产品的整体设计和生产，供应商根据制造商的需求提供零件或中间零件的设计和生产。每个生产制造商根据客户要求完成产品设计、生产和销售。然而，由于制造商自身的生产条件，单个制造商不可能生产出足够的产品来满足市场需求，因此需要不同的制造商完成生产。目前的全球制造实践是，一个产品的多个制造商属于同一企业，而供应商和配送中心则不属于同一企业。

第六节 本章小结

综上所述，国内外鲜有基于如何影响企业家认知的战略变革过程的纵向研究，尤其是中国情境下的企业战略变革过程研究更是缺乏理论上可依据的指导和实践中可借鉴的模式。然而，更为缺乏的是在当下"制造强国"国家战略下的针对中国传统大型企业转型升级的战略变革过程范式。目前对影响企业战略变革过程的因素研究缺乏企业家认知、企业家自我效能感、社会资本、组织认同的综合视角，探讨中国企业家认知对战略变革过程的作用机理。这正是本书的研究问题和目标所在。

本书认为战略变革是企业（组织）为获取可持续竞争优势和捕捉战略机会的任何变革认知和过程，其内涵应该包括战略转换（Strategic Turnaround）、战略转变（Strategic Transition）、战略调整（Strategic Adjustment）、战略更新（Strategic Renewal）、战略创新（Strategic Innovation）、战略变化（Strategic Change）等概念。同时将战略变革过程分为变革发起和实施两个阶段，以战略变革整合理论模型的思想为线索展开研究。

　　本章提出，企业家认知是具有一定认知结构的企业家基于战略环境和条件下的现实决策需要，从信念和心智模式上处理特定外部信息的意识活动。企业家是指那些拥有变革精神的个体，不仅包括企业高层管理者，也包括那些拥有变革精神的普通员工。本书从企业家的安排认知、意愿认知、能力认知三个方面开展其对企业战略变革过程的影响机制研究。

　　明确"创客""赋能"的概念。创客指的是善于将想法、创意转化为实际产品或者行动的人、企业员工、高层团队或企业家。赋能指的是通过赋予组织成员（创客）以权力、资源、机会等全要素，通过方向、驱动、战略、体验等全流程参与，从成员（创客）创意开始到产品服务再到用户体验迭代升级的全生命周期的相关使能行为和策略。

第三章
基于扎根理论的战略变革案例分析

本章选择归纳性案例研究方法,深入探索通过创客赋能影响其(创客企业家)认知,进而影响企业战略变革的微观过程,有以下两个原因。

一是案例研究的目的,适合解决是什么和如何的问题,本章致力于描述企业战略变革的微观过程是什么,以及在此过程中如何影响企业家认知过程的机理,适合采用基于案例分析的定性理论研究方法(Yin,1994)。

二是采用案例研究方法,多维度构建因果证据链,可以提高研究的内在效度。

第一节 研究设计

一、研究的总体思路

根据 Robert Yin(2014)的观点,案例研究法通过所选择的一个案例来说明问题,用收集到的资料分析事件间的逻辑关系,并用归纳或者解释的方式得到知识。首先，对案例发展过程的相关资料进行整理，重点关注其中的细节，尽可能挖掘现象背后的本源，并列举出缺少的资料；其次，针对缺失材料展开结构化访谈，对访谈获得的原始材料进行整理，并分析材料中隐藏的主题、特征，以及主题间的内在关联，使访谈资料能够全面、有序地呈现出来；最后，结合外部新闻、媒体等数据对案例企业的战略变革过程进行填补。本章遵照程序化扎根理论方法的要求，对客观材料和访谈资料进行规范整理和分析，通过"打散""重组""浓缩"等方式，以获取有价值的信息，尽可能清楚、细致、全面地将其呈现出来。

第一，进行案例样本选择。本章基于中国国情，结合研究主题"战略变革"选择案例研究对象，并根据对案例的了解，从受访者的职位、所属领域等不同角度确定具体访谈对象，拟定访谈提纲。第二，开展资料收集，包括以参与者身份获取的战略变革案例资料、借助网络等渠道对战略变革相关二手资料（如当地出台的制度政策、新闻报道等）进行收集，以及访谈获取的一手资料。第三，开展资料分析。资料分析中最重要的一步就是对资料进行逐级编码，整理好访谈资料后借助于开放式编码对原始材料进行初次编码，根据研究目标提炼初步范畴；通过主轴式编码发现众多数据间的关系，对范畴进行组合分析，形成主范畴；最后通过选择式编码对主范畴进行概括和凝练，提炼出以战略变革为研究主题的核心范畴。同时，开展信效度保障检验，以尽量排除主观性带来的错误，形成最终的理论模型。

其中，为了减少同源偏差及个人主观性可能造成的片面性（毛基业和张霞，2008），本章采取如下改善措施。一是预编码，即在准备正式编码前，四位研究人员先针对资料数据预编码进行比对，目的是提高研究人员对相关构念理解的准确性，若发现编码一致率低于90%就不能进行正式编码，同源数据表达的意思如果相同或相似，则记为一条条目。二是在正式编码过程中，针对资料数据实施一级编码，然后采用文献穿梭实施概念化编码。三是辩护分析，当存在对编码意见不一致时，"正反双方"进行辩护讨论，直至达成一致。四是回访确认，即针对仍存在意见模糊不清或自相矛盾的编码，指定研究员回访被调研人以验证或确认并进行纠正或改善。

通过上述思路和步骤，将案例研究产生的后果用于后续研究的问卷调查和理论假设的提出，并进一步通过实证分析加以验证。

二、案例样本选择

海尔是一家全球领先的美好生活和数字化转型解决方案服务商，旗下白色家电业务连续九年蝉联全球白色家电第一品牌。海尔创立于1984年。在张瑞敏"没有成功的企业，只有时代的企业"的企业管理思想和经营哲学指引下，海尔顺应时代发展潮流，连续实施战略转型，历经名牌战略阶段、多元化战略阶段、国际化战略阶段、全球化品牌战略阶段和网络化战略阶段，从管理和技术落后，负债147万元的集体小厂发展成为物联网时代的生态型企业。2019年，海尔实现全球营业额2900亿元，全球利税总额首次突破311亿元。海尔在全球拥有10大研发中心、24个工业园、121个制造工厂、66个营销中心。海尔拥有海尔、卡萨帝、GEA、斐雪派克、亚科雅、卡迪、统帅等智能家电品牌；日日顺、海融易、COSMOPlat（Cloud of Smart Manufacture Mperation Plat，智能制造云平台）、大顺逛等物联网服务品牌；海尔兄弟等文化创意品牌。海尔全球化品牌矩阵紧紧围绕"智家定制"（智慧家庭定制美好生活）的战略原点高效协同，向全球不同国家和市场的用户输出食联生态、衣联生态、住居生态、互娱生态等价值交互平台，满足个性化家居服务方案的需求。结合对海尔集团的了解，本书选择海尔战略变革实践作为案例和实证研究，其原因如下。

一是研究对象选择应符合 Eisenhardt（1989）提出的聚焦原则和极化类型原则。聚焦原则体现在集中注意力探索企业战略变革过程。极化类型原则体现在海尔作为一家年销售额超过千亿元的传统大型企业，通过历次战略变革均取得良好的社会、经济效益，并得到国家充分肯定和大力支持，如 2015 年科技部授予海尔"国家首批专业化众创空间"，2016 年国务院批准海尔为"全国双创示范基地"，在 2019 年全国十大"双跨"工业互联网平台名单中，海尔 COSMOPlat 排名第一位。一个人的智慧是有限的，但把所有人的智慧汇聚起来就有无限可能，就能迸发出难以想象的力量，就像大江、小河、小溪汇入大海一样，形成波澜壮阔的景象。海尔早已是一家知名企业，希望继续紧跟时代步伐，不停地学习、创新，成为大企业"双创"的标杆。案例企业的这些特性有利于充分地探索企业在特定情境下战略变革的内部动力机制，进而增加研究结果的严谨性和一般性（Eisenhardt 和 Graebner，2007）。

二是选取的案例企业具有较强的典型性和特殊性，符合 Pettigrew（1990）挑选案例企业的标准。海尔作为当前中国情境下传统大型制造企业成功转型的典范具有代表性。海尔在互联网时代下的战略变革始于 2005 年 9 月的"人单合一"双赢模式的提出，至今已有 10 多年，商业模式较为成熟，其战略变革的良好效果又具有特殊性。同时，海尔已经由制造产品的企业发展成孵化创客的平台，现拥有 5 大业务生态平台："智家定制"白电转型平台，聚焦电器到网器到网站的转型，通过社群平台、互联工厂、智慧生活平台等，以超前迭代为支点，成为物联网时代智慧家庭的引领者；"海创汇"投资孵化平台，聚焦打造用户生态圈和平台诚信品牌，通过建立社群交互生态圈，实现在场景商务平台的物联网模式引领；"盈康一生"金融控股平台，聚焦社群经济，以"金管家"和"产业投行"为切入点，通过链接、重构、共创、共享，打造产业金融共创共赢生态圈，发挥"产业金融平台"在互联网金融中的引领作用；"产城创"地产产业平台，探索智慧社区生活服务的物联网模式引领；"海尔兄弟"文化产业平台，探索互联网时代"内容＋社群＋电商"价值交互模式的引领。行业环境的突变引起企业家认知的巨变，后者又影响企业战略变革过程，这种典型性和特殊性使研究过程清晰可见。

三是研究的持续性较高，能更好地提高研究的全面性和深度（Yin，1994）。笔者自 2007 年至今，作为主要参与者实践和见证了海尔战略变革过程和路径，更能从局中人角度加以深度阐述，提出对策和解决方案。

三、资料收集

（一）数据来源及收集方式

Eden 和 Huxham（1996）认为多渠道获取的多角度数据证据能够提高研究的可靠性和有效性。本书在企业数据、构念关系和现有理论之间进行反复迭代和比较，探索构念之间的关系并形成稳健的证据链，试图发掘潜在的理论规律，并与原有文献进行比较。

数据收集采用多来源：一是通过正式渠道积累数据，我从 2007 年开始通过企业档案、内刊、会议纪要等有侧重、持续地收集战略变革的相关数据；二是采用半结构性访谈、参加例会等方式获取实时性数据；三是通过外部媒体、论文、第三方调研咨询公司等外部渠道收集回溯性数据，以尽可能保持信息来源的多重性。此外，为减少信息偏差，本书遵循数据的三角证据，将半结构化访谈、档案资料和会议观摩的信息进行相互验证。

（二）现场访谈和观察数据

Pettigrew 等（2001）指出，在企业战略变革的研究中，确立研究者和研究对象的合作共赢的信任关系非常重要。本研究尽量搭建这种信任关系，例如主动提供行业趋势分析、对手动态研究、优质标的公司战略机会分析等对研究对象显然有吸引力的无附加条件的资源服务，同时强调与其同一目标并体现设身处地地为之服务，坚持坦诚和有益的访谈和研究，建立了良好的"共享共研"合作关系和工作氛围。本研究从 2017 年至 2020 年开展三次正式现场调研，为确保访谈对象的代表性（体现变革过程的人员和职能各个层面）、覆盖性（尽量全覆盖各类创客企业家，包括领域、平台、小微三类）、便利性（力求访谈对象的方便和稳定），主要访谈对象有 10 位，包括 5 位企业家小微主（含联合创始人创客）、3 位平台主、2 位领域主。访谈信息汇总如表 3-1 所示。同时收集 2007 年以来国家及地方政府针对传统大型企业战略变革等企业发展方面的相关政策文件作为访谈资料的补充。

表 3-1 访谈信息汇总

编号	任职身份	所属领域	访谈内容	访谈次数	访谈用时
F01	小微主	冰吧	小微主认知，战略变革过程，赋能需求	3	180
F02	小微主	双创中心	小微主认知，战略变革过程，赋能需求	2	135
F03	小微主	血联网	小微主认知，战略变革过程，赋能需求	1	105
F04	小微主	智慧社区	小微主认知，战略变革过程，赋能需求	2	110

续表

编号	任职身份	所属领域	访谈内容	访谈次数	访谈用时
F05	小微主	海尔兄弟	小微主认知，战略变革过程，赋能需求	1	50
F06	平台主	衣联网	平台主认知，战略变革过程，如何支持小微	3	180
F07	平台主	集团战略	平台主认知，战略变革过程，如何支持小微	3	190
F08	平台主	大共享	平台主认知，战略变革过程，如何支持小微	1	120
F09	领域主	智家定制	领域主认知，战略变革过程，如何支持平台或小微	3	360
F10	领域主	海创汇	领域主认知，战略变革过程，如何支持平台或小微	3	270

数据来源：本书作者整理。

本研究整合实时性数据、回溯性数据，探索企业家认知在战略变革过程中的作用及其机理，通过4位参与访谈的研究员同时编码，从而搭建证据链。案例数据来源及其编码如表3-2所示。

表3-2 案例数据来源及其编码

案例企业生态	数据来源	数据性质	数量	数据编码
海尔	正式访谈（面谈）	实时性数据	22	F1～F10
	现场参与	实时性数据	10	F11
	非正式访谈（电话、邮件、微信等）	实时性数据	69	F12
	企业内部文档	回溯性数据	301	S1
	企业外部信息（官网、报道、行评等）	回溯性数据	446	S2

数据来源：本书作者整理。

四、信度和效度保障

为提高研究的信度和效度，根据 Yin（1994）的案例研究建议，采取以下措施。

一是在每次正式调研前必须制订详细计划并求助于该研究领域内的教授及专家进行指导。

二是通过多源数据及三角验证，建立丰富、稳定的证据链，以核对证据的有效性和真实性。

三是针对构念的不同理解，须通过多人多次辩护和挑战，直至达成一致。

四是注重在数据、构念、范畴及已有理论间反复求证，以使数据和理论匹配。

在案例数据和信息收集过程中，鉴于研究者可能存在信息和数据偏好及被研究者的回答可能存在主观性，综合参考了 Yin（1994）、Eisenhardt（1989）等学者的研究成果，试图使用多种方法尽量规避这一影响，例如每次调研前都制订详细计划、针对研究构念举行专家研讨达成一致意见、在构念和文献间反复论证、注重访谈纪要和被访谈者确定理解和表达清晰准确，访谈纪要和企业内部刊物、会议纪要、第三方数据等相互印证，以提高研究的信度和效度。

第二节 数据资料的分析过程

一、开放式编码

开放式编码是采取逐字逐句的方式，给予任何可以编码的句子概念化标签，以便于从收集到的最原始的资料中发现初始概念、归类概念范畴。在编码过程中，研究团队对初始数据分析后得到的初始概念较多且有交叉现象，有必要进行处理（陈慧茹等，2016），因此我们剔除了频次少于两次的初始概念（雷善玉等，2014），最终确定45个范畴。开放式编码过程举例详见附录，开放式编码范畴化如表3-3所示。

表 3-3 开放式编码范畴化

编号	初始范畴（开放编码）	原始代表性语句（初始概念）	条目数	数据来源
1	方向赋能	小微主需要及时了解时代、行业、需求、模式等内外部变革必要性并需要统一的变革用语	33	F1、F2、F3、F4、F6、F7、F8、F10、F11、F12、S1、S2
2	驱动赋能	小微企业实施战略之前必须"全员对赌"和"即时显示"	31	F1、F2、F3、F4、F11、F12、S1、S2
3	战略赋能	小微企业战略目标的实现最终取决于平台协同和生态共享等资源支持	23	F1、F2、F3、F4、F5、F6、F11、F12、S1、S2
4	用户赋能	小微企业战略落地离不开最终用户的触点交互和持续迭代	26	F1、F2、F4、F6、F11、F12、S1、S2
5	机会发现	企业发展在于能踏上时代的节拍（抓住机会）	41	F1、F3、F4、F5、F6、F11、F12、S1、S2
6	承诺程度	企业发展在于企业家坚持通过对赌按单聚散（完不成退出）	32	F1、F2、F3、F4、F11、F12、S1、S2
7	机会评估	企业发展在于企业家坚持通过使用共赢增值表评估成功的可能性（分享测算）	30	F1、F3、F4、F6、F11、F12、S1、S2
8	契约保护	集团（赋能者）能通过对赌协议保证企业家分享增值	21	F1、F2、F4、F6、F11、F12、S1、S2
9	网络搭建	集团（赋能者）能通过共享生态保证企业家提升搭建网络能力	32	F1、F2、F6、F7、F11、F12、S1、S2
10	资源配置	集团（赋能者）能通过共用平台提升企业家资源配置能力	11	F1、F3、F9、F11、F12、S1、S2

续表

编号	初始范畴（开放编码）	原始代表性语句（初始概念）	条目数	数据来源
11	技能独有化	集团（赋能者）能通过品牌背书保证小微企业提升差异化能力	27	F2、F3、F5、F6、F6、F9、F10、F11、F12、S1、S2
12	洞察能力	小微企业能通过集团的举措有效获取外部环境对战略目标的影响评估	21	F1、F2、F4、F6、F11、F12、S1、S2
13	场景能力	小微企业能通过集团的举措构建"将发生何种变革"的应对能力	18	F1、F2、F4、F6、F11、F12、S1、S2
14	机会变现	小微企业能通过集团的举措提升自身资源和战略机会的最优匹配能力	18	F2、F3、F4、F11、F12、S1、S2
15	发现新机会	小微企业可发现新产品及新服务机会	19	F1、F7、F8、F11、F12、S1、S2
16	识别新市场	小微企业可识别当前业务增长潜力的新市场	16	F1、F3、F4、F11、F12、S1、S2
17	及时投放	小微企业可及时将新产品的概念投放市场	17	F1、F9、F10、F11、F12、S1、S2
18	人人当老板	小微企业可营造一种工作环境，让员工做自己的老板	26	F2、F3、F4、F6、F11、F12、S1、S2
19	尝试新事物	小微企业可营造一种工作环境，激励员工尝试新事物	17	F1、F5、F6、F11、F12、S1、S2
20	激励主动	小微企业使员工对自己的想法及决定采取主动且负责的态度	19	F7、F8、F9、F10、F11、F12、S1、S2
21	潜在好关系	小微企业可和潜在投资者建立良好关系	18	F1、F5、F7、F11、F12、S1、S2
22	核心好关系	小微企业可与给企业带来资本的核心人员建立好关系	18	F2、F3、F8、F9、F11、F12、S1、S2
23	识别好金主	小微企业可识别投资所需的优质潜在资金来源	11	F5、F8、F10、F11、F12、S1、S2
24	压力能抗住	小微企业在持续压力下可保持高效工作	18	F1、F2、F3、F11、F12、S1、S2

续表

编号	初始范畴（开放编码）	原始代表性语句（初始概念）	条目数	数据来源
25	变故能承受	小微企业可承受商业环境中突发的变故	19	F1、F2、F4、F6、F11、F12、S1、S2
26	逆境能坚持	小微企业在逆境中能坚持不懈	17	F5、F6、F9、F11、F12、S1、S2
27	可获得核心	小微企业可招聘及培养核心价值员工	18	F2、F3、F8、F11、F12、S1、S2
28	可补充核心	小微企业可拟定权变方案以补充重要技术人员	13	F1、F3、F6、F11、F12、S1、S2
29	可构建团队	小微企业可确定且构建管理团队	14	F5、F6、F7、F11、F12、S1、S2
30	在上级领导机构任职过	小微企业家曾在上级领导机构及政府部门任过职	9	F1、F3、F9、F11、F12、S1、S2
31	和上级关系好	小微企业家与上级领导机构或政府部门人员关系密切	8	F1、F3、F8、F11、F12、S1、S2
32	和行政关系好	小微企业家与工商税务及银行等行政职能机构人员关系密切	10	F3、F9、F11、F12、S1、S2
33	"血源"网络好	小微企业家自身和亲属社交及联系较广泛	11	F6、F8、F10、F11、F12、S1、S2
34	"地源"网络好	小微企业家自身和老乡及朋友的社交及联系较广泛	16	F7、F9、F11、F12、S1、S2
35	"学源"网络好	小微企业家自身和老师、同学及校友的社交及联系较广泛	11	F1、F3、F4、F11、F12、S1、S2
36	同行关系好	小微企业家与同行企业的管理者来往密切	17	F1、F2、F3、F6、F11、F12、S1、S2
37	供商关系好	小微企业家与供应商关系良好	18	F5、F6、F7、F11、F12、S1、S2
38	客商关系好	小微企业家与客户关系良好	13	F1、F2、F4、F11、F12、S1、S2
39	股东关系好	小微企业家能得到股东的支持	17	F1、F3、F4、F11、F12、S1、S2
40	同事关系好	小微企业家与其他管理者互信合作、关系密切	19	F1、F3、F4、F11、F12、S1、S2

续表

编号	初始范畴（开放编码）	原始代表性语句（初始概念）	条目数	数据来源
41	员工关系好	员工支持您的决策，可胜任本职工作，您也信任其工作能力	13	F2、F3、F6、F11、F12、S1、S2
42	互相默契	成员间在工作中的合作关系融洽、默契	11	F2、F3、F7、F11、F12、S1、S2
43	互相帮助	成员在工作中能够互相帮助	19	F1、F5、F10、F11、F12、S1、S2
44	少离职	员工的离职率较低	13	F6、F7、F9、F11、F12、S1、S2
45	共患难	在企业遇到困难时员工愿意与企业共渡难关	19	F3、F10、F11、F12、S1、S2

数据来源：本书作者整理。

二、主轴式编码

主轴式编码是通过发现和建立开放式编码范畴之间的逻辑关系，在不同范畴之间显示其内在相关性，以建立关联。

本研究根据不同范畴在概念和层次上的相互关系及逻辑次序对范畴进行重组归类，共归纳出 5 个范畴。主范畴及其对应的开放式编码如表 3-4 所示。

表 3-4 主范畴及其对应的开放式编码

主范畴	附属范畴	初始范畴（概念）
战略变革	发起	方向赋能、驱动赋能
	实施	战略赋能、用户赋能
企业家认知	意愿认知	机会发现、承诺程度、机会评估
	安排认知	契约保护、网络搭建、资源配置、技能独有化
	能力认知	洞察能力、场景能力、机会变现

续表

主范畴	附属范畴	初始范畴（概念）
企业家自我效能感	开发新产品及市场	发现新机会、识别新市场、及时投放
	营造创新氛围	人人当老板、尝试新事物、激励主动
	与投资者的关系	潜在好关系、核心好关系、识别好金主
	应对挑战	压力能抗住、变故能承受、逆境能坚持
	核心人力开发	可获得核心、可补充核心、可构建团队
社会资本	外部社会资本	在上级领导机构任职过、和上级关系好、和行政关系好、"血源"网络好、"地源"网络好、"学源"网络好
	内部社会资本	同行关系好、供商关系好、客商关系好、股东关系好、同事关系好、员工关系好
组织认同	组织团结	互相默契、互相帮助
	组织忠诚	少离职、共患难

数据来源：本书作者整理。

接下来，将详细分析和阐述主范畴的提炼过程，以及范畴之间的逻辑主线。

（一）企业家认知及其自我效能对变革过程的交互影响

认知是指个体对来自外界的信息经过转换、加工、存储、提取和使用的过程。其受到长时间积累所形成的某种相对固定的思维模式和行为模式的影响。企业家认知是企业家在与企业内外部相关人员互动过程中形成的一种结构化的框架或体系。每一位企业家对企业生存发展的理念存在差异，因此企业家的认知风格呈现出各自的独特性。企业家的创新行为受到创新意愿的支配，而创新意愿来自企业家对信息的认知处理。考察变革案例，企业家认知影响了战略变革发起和实施的全过程。企业家认知的能力视角主要体现在创客赋能战略变革的发起阶段，具有高企业家认知能力的创客表现出更好的市场洞察、场景模拟、机会变现能力，从而更好地认同战略变革方向和签订对赌协议。而意愿视角主要体现在发起与战略实施之间的战略驱动阶段，通过签订对赌协议，并即时显示战略中的"差"，持续妥协和优化，最后统一战略目标和关键任务及最终要达成的效果，在此过程中高意愿的企业家创客更能表现出认同企业愿景、目标、文化，并承诺愿意全力以赴实现企业战略的认知结构和心智模式，也更能减少博弈和内耗，以更积极的态度和行为回应驱动赋能。安排视角则主要体现在战略实施和用户体验阶段，企业家安排认知能力高的创客更能在特定战略环境和决策条件下为达成企业最终目标或获取持续竞争优势和战略机会所必需或能够支配的资源、关系等知识结构。安排认知的稳定性和全面性决定了企业的机制和流程等战略因素。

企业家自我效能感参与了创客赋能战略变革的发起与实施，特别在发起阶段，自我效能越高的创客越能表现出对变革的重视，对变革用语更快、更准确的理解，同时在对赌、即时显示的驱动阶段更容易接受和配合。不仅如此，在小微企业战略的制定、选择、执行中更能积极、开放地争取更优质的资源、平台、生态，以及用户体验的网络触点交互和持续迭代中的协同和支持。值得重视的是，企业家认知和其自我效能在变革过程中并没有表现出单独作用的分离状态和作用先后顺序，换言之，两者存在着巨大的交互影响和作用。

依据上述文献回顾和研究问题，有必要按照对企业家认知来划分能力认知、意愿认知和安排认知三个方面（Mitchell，2000），考察海尔战略变革过程中的解决方案。

1. 能力

能力认知是企业家在特定战略环境和决策条件下为达成企业最终目标或获取持续竞争优势和战略机会所必需的专业知识、工作态度、价值观等的认知。主要包括三类：一是洞察能力，主要是对战略环境变化及决策条件的评估、战略目标的评估等；二是场景模拟，主要是对战略和环境匹配的组合场景的模拟及应对方案和可能产生结果的模拟能力；三是机会变现，主要是企业家基于对环境和决策条件的认知，判断怎样才能实现资源和机会的最优匹配，以捕捉和转化战略机会，改善企业战略优势。

（1）洞察能力视角的战略变革过程。

战略变革的发起首先是让企业家认识到战略变革的必要性，即战略变革的洞察能力。海尔的实践是先从企业所处的社会环境和趋势给予创客指引或帮助其提升相应的洞察能力。

①企业实践面临颠覆式挑战。

一是商业模式的颠覆：从分工式到分布式。分工式经济是由亚当·斯密提出的，其本质就是组织管理采用科层制，生产运作采用流水线。然而，到了21世纪的今天，互联网（包括移动互联网）大大改变了企业和用户信息不对称的格局，媒体变成"所有人对所有人的发布"，由此分工式变成了分布式，出现了"去两化"的趋势，即去中心化和去中介化。去中心化是指每个人都是中心，去中介化是指任何两方通过互联网都可以直接联系。这样一来，企业里的科层制无疑被分布式打破了，企业本身变为互联网上的一个节点，为全网创造价值，同时也拥有全网资源的访问权。在互联网经济里共享才有价值，所以现在企业经营竞争的是拥有多少资源的使用权，而非所有权，企业要与各方打造共创共赢的生态圈。

二是制造模式的颠覆：从大规模生产到大规模定制。大规模生产的理论来源于比较优势理论（英国学者大卫·李嘉图提出）。目前实践的制造分工格局是中国生产了全球大多数冰箱、洗衣机、空调、汽车、手机等产品，堪称"世界工厂"，然而上游原材料，如石油、天然气等生产资源的供给则依靠中东提供，而欧美等发达国家则承担起"消费国"的角色。产品的大规模制造是上一个工业时代的产物，它遵循成本最低和利益最大化的原则，却无法满足用户的个性化需求。但是，在互联网时代用户的话语权放大，用户需求变化更快、更为个性化了，这就倒逼企业的生产运营方式趋向转型为大规模定制，而非传统的大规模制造。

  三是消费模式的颠覆：从产品到体验。在传统经济下，一个标准的产品在送达顾客之前往往需要经过制造商、经销商、分销商、售后物流等环节。但在移动互联网时代，用户体验才是中心，谁能满足用户的个性化需求，用户就会选择谁的产品或解决方案。这对企业造成的直接挑战就是"名牌效应"失效。西方现在产生了一个新词——"换商经济"，即用户选择产品不再完全依靠"名牌效应"，而是将选择标准转换至获取和消费产品过程中所能带来的最佳体验。也就是说，用户体验成为用户选择和更换产品的重要依据，而非传统时代的名牌和广告，消费模式悄然实现从产品品牌识别转换为用户体验识别。

  ②企业管理理论面临颠覆性的挑战。

  网络技术的应用使互联网时代不同于以往任何一个时代，对企业管理带来了诸多颠覆性的挑战。美国企业史学家艾尔弗雷德·钱德勒（A.D.Chandler）提出，通信技术的发展和应用影响到企业组织结构和管理制度的改变。与电报、铁路影响现代企业管理一样，网络通信技术的应用对当前企业组织结构也提出了新的要求。在当下的互联网、物联网时代，爆炸式的数字服务和工业产品以几何级速度传递，传统的金字塔组织显然已无法满足信息和物质的快速传递和共享，这就要求企业必须改变其组织结构。

  "一切问题都源于思维。"互联网对企业管理的影响之所以是颠覆性的，很重要的原因在于互联网塑造了新的生活方式，冲击了人们原先的认知，企业套用已过时的管理思维和管理模式应对新的现实注定会失败。互联网特别是移动互联网改变了原先企业与用户之间信息不对称的局面，用户因此对消费的主导权迅速变大，同时个性化需求也变得日益迫切，所以企业也必须做出相应变革来满足用户日益增长的个性化需求。然而，此时的制造模式仍停留在标准化产品的大规模制造模式上，所以传统的制造理论遭遇颠覆式挑战，必须转型。在零距离的时代，企业需要去两化：去中心化、去中介化。在零距离的情况下，采用科层制管理企业已经逐渐失效，组织必须成为网络组织，同时，自组织逐渐取代他组织或被组织。

因而，企业所要做的不是常规科学范围内的修修补补，而是一场范式革命。当前企业管理正处于新旧范式转换的节点，国际管理学界正探索企业转型之道，以确立新的管理思维和管理模式，如战略管理大师加里·哈默（Gary Hamel）通过其 MLB（管理实验室）平台上的 MIX（在线管理社区）研究"后科层制"组织理论；"量子管理"提出者丹娜·左哈（Danah Zohar）提出传统管理是牛顿范式，而未来的管理模式是量子范式的。

（2）场景模拟视角的战略变革过程。

对战略和环境匹配的组合场景模拟后做出应对方案，以帮助创客理解战略变革发起和构建"将要发生何种变革"的场景模拟能力。

①战略理念变革：从以企业为中心转变为以用户为中心搭建共创共赢生态圈。

企业在管理指导思想层面应树立"用户说了算"的理念，并制定相关配套标准，以便每个人都可以准确把握和执行。同时，激发每个人"抢大目标"的潜力，保障每个人的业务目标不再是由传统意义上的企业领导指派或分解，而是依据每个人特定市场的潜在用户规模和竞争现实自主确定，由此产生的个人收入也不再完全是由传统意义上的领导决定，而是由每个人创造的用户价值来决定。以用户为中心、以战略创新为导向，开创性地把以人为本的管理思想往纵深发展，更加突出个人和自主经营团队的主体地位，推动企业经营活动持续升级，实现企业、员工、用户的共创共赢。

在管理实践层面，彻底抛弃传统管理模式下的科层制，让员工从原来被动的命令执行者转变为平台上的自驱动创客。创客并非局限于企业员工，而是生态圈的概念，即包括自主来到海尔生态圈创业的创客。

②组织变革：从传统串联流程到互联网节点，从封闭到开放。

海尔的组织模式经历了从正三角组织到倒三角，再到平台组织的演变。平台型组织主要有三个变化：第一，串联流程变成并联流程；第二，从封闭到开放，资源可以无障碍进入；第三，没有了信息的上下传递，每个人都变成互联网中的一个节点。

传统时代企业的流程都是串联的，从研发开始一直到制造、销售，没办法直面市场。但是互联网消除了距离，让产销变得网络化，需要将与员工、合作方的博弈关系转为合作共赢的生态圈。在这一体系下必须将串联的流程变成并联的，使所有的各方并联在一起，都要为市场共同创造价值。同时，在生态圈中，各方资源都可以无障碍进入这一平台，实现了整个生态体系的自演进。

在传统企业中，人力部、财务部这些在企业里面称为职能部门，现在在新的战略模式下形成了"两个平台"：一个平台叫共享平台，财务数据、人力资源都共享；另外一个是驱动平台，内部叫"三自平台"，驱动小微企业往前走。现在，"人单合一"双赢模式驱动海尔的组织模式发生了全新的变革，海尔把企业变成一个创业平台，平台上的人都变成创业者，原来的职能部门只能够搭建其中一个平台，从某种意义上企业不是管理者，而是服务员。

③员工变革：从员工到创客。

通过探索"人单合一"双赢模式，实现了员工从被动执行者到主动创业者的转变。目前海尔从原来的科层制转变为现在只有三类人，这三类人是扁平的关系，而不是管辖关系。第一类人是平台主，就是搭建平台让大家在上面创业的；第二类是小微主，所谓小微就是小的创业团队、小的公司，有的可以在工商局注册；第三类就是创客。

这三类人并非互相管辖、互相隶属关系，平台主为小微企业的发展提供信息资源，而海尔正转变为一个更大的数字平台，为所有小微企业的发展提供开放的资源。传统的企业是有边界的，海尔正在探索的就是建立无边界的模式。传统时代是企业内部就形成科层制组织，所有的资源都在企业内部，所有问题都在企业内部解决。现在海尔的"人单合一"双赢模式就是要把企业变成无边界的，实现资本社会化和人力社会化，让"世界就是我的人力资源部"，把全世界最优秀的人员吸纳进来。

④用户变革：从顾客变为用户，构建社群体验生态圈。

传统企业从来不会让用户加入企业内部，用户不可能是企业的成员，但是海尔现在的用户也是企业的成员，或者换句话说，以用户为中心开展各项工作。传统企业的价值创造活动是以购买产品的顾客为中心，现在企业战略变革的目的则是将价值创造活动的中心转变成用户，即直接体验企业产品的消费者。传统的顾客强调一次性交易，而现在的用户则强调全流程、零距离、持续迭代的体验和交互。有些企业甚至直接将用户变为员工，例如大顺逛的微店主就是将传统的消费者转变为通过其人脉直接推销产品的"老板"。通过用户的加入，形成了理想的生态系统，即围绕"一个中心"——用户的个性化需求，企业内外产业链、上下游都围着这个中心共同做研发工作，还要引入外部的一些研发资源、模块商（原来的零部件商）、售后服务等。用户需要什么，这些人能马上来满足、来解决。

⑤薪酬变革：从企业付薪到用户付薪。

传统企业的薪酬制度的本质是职务薪酬，即按照职级职务划定薪酬等级并加以分配，而海尔的"人单酬（即企业的员工和用户体验融合统一后的一系列薪酬体系）"则是依据用户体验的原则和标准，确定员工为用户创造的价值并以此计算个人的最终薪酬。传统的企业核算体系是事后算账，本质上是以股东价值为中心的资本核算体系。海尔的"人单酬"则强调以用户为中心，以用户体验作为原则和标准，确定他们个人的收益，以此来激发员工的创造性和积极性，驱动其直面用户，并不断整合资源去创造高附加值的用户体验，获取企业的市场竞争优势，最终形成用户、员工、企业、资源方等生态圈攸关方共创共赢的良性局面。传统模式的企业付薪，即按照岗位性质定年薪已发生改变，现在是创造了多少市场价值，可以分享超利部分（超过基准利润率）。

从具体转变上来看，主要是四个方面的转变：薪酬的高低由传统企业的"职务酬"转变为现在的"人单酬"；薪酬的激励导向由传统企业的激励"过去的绩效"转变为现在的激励"现在和未来的价值"；薪酬的调整由传统企业的"上易下难"转变为现在的"高单高酬"；薪酬的目标统一性由传统企业的"被动、偏离目标"转变为现在的"主动、同一目标"。

（3）机会匹配视角的战略变革过程。

机会匹配主要是帮助创客如何实现资源和机会的最优匹配，以捕捉和转化战略机会，提高企业战略优势。以海尔的网络化战略阶段为例，本书阐述其如何通过机会和资源、主题和语境让创客明确战略变革的方向，从而提高机会匹配能力。

为紧扣研究的典型性和聚焦原则，本书重点考察海尔的网络化战略阶段，理由有三。

第一，网络化战略阶段作为海尔的战略变革发展的最新阶段，是成熟阶段，同时它也得到市场、社会各界的逐步验证，具有一定的理论启示性。

第二，该阶段的变革最具颠覆性、前瞻性，是创客、小微、赋能概念的大规模创新和实践阶段，有理论创新价值。

第三，该阶段也是全球互联网（移动互联网，Mobile Internet，以下简称 MI）向物联网（万物互联，Internet Of Things，以下简称 IOT）迅速转化时中国迎来新的发展，经济、产业、企业转型急需新动能、新业态、新模式。

始于 2012 年的网络化战略，展示了海尔决定通过战略变革转型为互联网时代的企业，在战略路径上要从组织、观念、人员、模式、要素等切入，由自主经营体组成的倒三角组织架构转型为节点闭环的动态网状组织，又升级为自经体并联平台的生态圈，树立"三无"观念，通过"三化"改造，推进"人人创客"，将"人单合一"双赢模式升级为共创共赢生态圈模式，即打造后电商时代基于用户价值交互的共创共赢生态圈，目的是实现相关各方的共赢增值，接下来明确互联网企业六要素，推进生态圈自演进，实现从传统时代的产品品牌转型到互联网时代的平台品牌，再升级打造物联网时代的生态品牌。

海尔战略变革机会匹配过程如表 3-5 所示。

表 3-5　海尔战略变革机会匹配过程

时间	核心变革	机会匹配
2012 年	升级节点闭环的动态网状组织，转型为"三权"小微	拥有"三权"机会。这一年模式创新的重点就是让每个人成为创新的主体，让每个人成为自己的 CEO。由三类三级自主经营体组成的倒三角组织架构进一步推进，二级变为"资源超市"，明确"资源超市"是为一级事前算赢。之后经营体进一步发展为节点闭环的动态网状组织，逐步探索平台型团队，按单聚散。海尔战略损益表进行了四次升级，以两维点阵推进经营体升级优化。同时在机制上进一步深化，取消"职务酬"，改为"人单酬"，第一次提出了自主经营体升级的目标是成为拥有"三权"的小微

续表

时间	核心变革	机会匹配
2013年	树立"三无"观念，打造自经体并联平台	"共创共享"机会。海尔进入网络化战略元年，确定网络化战略阶段的"三无"理念，即企业无边界（企业边界更加模糊，甚至消失）、管理无领导（员工更加自主，甚至不需要领导）、供应链无尺度（企业和用户的距离更加缩短，甚至为零）。动态网状组织进一步打造，自主经营体升级为按单聚散的利益共同体，又升级为自经体并联平台的生态圈，员工由被动执行者变为主动对接资源，又变为创业者，在海尔平台上开始成立风投机制孵化的小微公司，实现利益相关方共创共享
2014年	"三化"改造，推进"人人创客"	"人人创客"机会。战略推进的主题就是"三化"："企业平台化"是指企业由传统的科层组织转型为网状节点的平台组织；"用户个性化"是指用户的需求由以往的追求标准的"量"转变为追求个性化的"质"；而"员工创客化"是指员工由过去的雇员、执行者转变为创业者、合伙人。"三化"的目的是在"人人创客"时代打造具有个性化的用户体验生态圈
2015年	模式升级，打造共创共赢生态圈	模式升级机会。"人单合一"双赢模式升级为共创共赢生态圈模式，即打造后电商时代基于用户价值交互的共创共赢生态圈，实现相关各方的共赢增值。该生态圈以开放和动态优化为特征，使一流资源无障碍进入并能够自优化、自演进，持续保持共赢增值的竞争优势
2016年	明确互联网企业六要素，推进生态圈自演进	生态圈自演进机会。互联网企业的六要素，主要从战略、组织、员工、用户、薪酬和管理六个方面进行探索，其中战略和组织是决定企业成长的两个变量，员工和用户是决定企业兴衰的两类人，薪酬是企业的驱动力，管理则是为了引领目标实现自演进
2017年	明确四大"共有平台"，打造生态品牌	"共有平台"机会。确定"COSMO工业互联""大顺逛""海创汇""金控"四大"共有平台"，链接一流生态资源，赋能"快递柜""智慧物流""水站"等小平台及其小微，从传统时代的产品品牌转型到互联网时代的平台品牌，再升级，打造物联网时代的生态品牌

续表

时间	核心变革	机会匹配
2018年	提出"三生体系",实现生态圈内增值	从首创性、颠覆性和引领性三个角度对首创递进迭代的生态圈、生态收入、生态品牌的"三生"体系进行了系统阐述。生态品牌的标准就是以用户最佳体验为标准迭代升级增值。按照这个标准,平台首先要满足用户的最佳体验,不断进行用户交互与迭代升级,形成生态系统,最终实现生态圈内利益相关方的增值
2019年	发布新战略阶段:生态品牌战略阶段	在海尔创业35周年暨第六个发展阶段战略主题和第四代企业文化发布仪式上,海尔集团董事局主席、首席执行官张瑞敏与海尔集团前董事局副主席、总裁杨绵绵,以及海尔集团前董事局副主席武克松作为联合创始人共同开启了第六个战略阶段——生态品牌战略阶段。同时启动新的企业文化,海尔精神——诚信生态、共赢进化;海尔作风——人单合一、链群合约
2020年	发布"物联网生态品牌"标准	在第四届人单合一模式国际论坛上全球领先的消费者洞察和策略咨询机构凯度集团携手全球顶级学府牛津大学赛德商学院、海尔重磅发布了《物联网生态品牌白皮书》。这是全球首个关于物联网时代生态品牌建设的白皮书,系统阐述了物联网生态品牌的标准与定义,并对物联网生态品牌的评价标准进行了详细说明,这意味着企业在物联网时代向生态品牌进化今后将有"标"可依
2021年	连续三年全球唯一生态品牌上榜	6月21日,凯度BrandZ™最具价值全球品牌榜在戛纳揭晓,海尔连续三年以全球唯一物联网生态品牌上榜,品牌价值较去年提升41%
2022年	品牌价值逆势增长33%	6月15日,全球品牌数据与分析公司凯度集团发布了"2022年凯度BrandZ™最具价值全球品牌100强"排行榜,腾讯、阿里、华为、海尔等14家中国品牌入选。海尔连续四年作为全球唯一物联网生态品牌蝉联百强,品牌价值逆势增长33%,居全球第63名

资料来源:本书作者整理。

2. 意愿认知

意愿认知是企业家认同企业愿景、目标、文化并承诺愿意全力以赴实现企业战略的认知结构和心智模式。综合国内外相关理论，主要包括三类：一是机会发现，针对战略环境趋势的持续研究和精准把握，是否有决心发起开放性、前瞻性、纵深性探索和转化；二是承诺程度，针对战略目标实现必须持有的信念、承担多少义务和多大风险的意愿及其程度；三是机会评估，对相关战略机会的大小、实现可能性、获取或失去机会的成本的评估认知。

（1）从机会发现视角看战略变革过程。

针对发现机会后是否有决心发起开放性、前瞻性、纵深性探索和转化，是构建创客发现并转化战略机会能力认知的关键。海尔通过例会、考试、奖评等一系列制度，多形式、全渠道、按节奏持续推动创客"反思"海尔和自身变革面临的挑战，以增强创客的自我效能，去积极实现目标。

自1984年创业以来，海尔根据时代变化不断调整发展战略，已经历了名牌战略阶段、多元化战略阶段、国际化战略阶段、全球化品牌战略阶段、网络化战略阶段五个阶段（2012年至今）。海尔和其所属小微企业的战略变革面临三大颠覆性挑战。

第一，在战略上有无勇气从制造产品的企业转型为赋能创客的平台。传统时代企业生产产品，要么成为世界名牌，要么为世界名牌打工。而在互联网时代，要么拥有平台，要么被平台拥有。所以在战略上进行调整需要建成一个有竞争力的平台。

第二，在组织上有无必要从封闭科层制转型为网状节点组织。过去是传统的组织，海尔去中心化、去中介化，将企业变成互联网的一个节点。组织颠覆后，海尔平台上只有三类人：平台主、小微主、创客。他们同一目标、同一薪源，没有岗位层级的高低，只有创造价值的大小。创业小微成为海尔平台上的基本单元，围绕用户需求，连接世界资源，搭建共创共赢的生态圈。海尔不光把每一个员工变成创客，还把每一个创客变成海尔的员工，适合创业的人都可以到海尔的平台上进行创业。

第三，在机制上有无可能从企业付薪转型为用户付薪。原来海尔实行宽带薪酬，企业内部有不同的层级，不同的岗位有不同的薪酬。当时海尔有十级岗位、十四级薪酬。企业以用户为中心后，实行用户付薪。比如"0030"机制，即"0"固定薪酬，"0"费用，"30%"的风险金池。海尔还承诺24小时限时达，超时免单。所以员工获得报酬的多少取决于获得用户价值的多少。

（2）从承诺程度视角看战略变革过程。

针对实现战略目标面对的阻力应该持有的信念、承担多少义务和多大风险的意愿及其程度，在实践中需要某种工具加以固化和操作，例如海尔原创的二维点阵工具。

如图3-1所示，二维点阵包括横轴和纵轴两个维度。横轴是市场竞争力，依据参与市场竞争主体（创客或小微）的自身实际，具体体现不同，如冰箱某型号的市场竞争力、区域物流小微主的市场竞争力、研发竞争力、制造质量竞争力等。当然，该竞争力既是对比所处的行业的竞争力，也是参照自己历史业绩和未来的意愿竞争力。依据行业特性可分为2、4、6、8、10五个子区位，2区位表示市场竞争力达到了行业平均水平；4区位表示市场竞争力达到了行业平均水平的1.2倍；6区位表示市场竞争力达到了行业第一；8区位表示市场竞争力能够行业引领，即表示除了行业第一外，还能够在技术、模式等一个或多个领域持续处于引领地位；10区位表示市场竞争力达到了持续优化阶段，此时的市场竞争力不仅是行业领先，而且能够持续优化和演进，并保持加速的超前状态。纵轴是战略绩效，即实现市场竞争力的驱动机制和具体路径，通过聚焦已确定的市场竞争力，搭建样板来检验路径和模式的有效性，复制样板到全局，最后达到持续引领的目标。依据战略路径所处的阶段可以分为1、2、4、6、8、10六个分区，其中1分区表示已建立样板，部分验证了自己的路径和模式是可行的，这是取得战略绩效的前提，否则做的工作再多也不属于战略绩效，仅仅能拿到基本薪酬，没有资格参与分享。2分区是基础，即表示样板有了可复制的标准、模式和机制，4、6、8、10分区则分别代表样板复制的程度和效果，区位越高代表效果越好，复制成功率和覆盖率越高。

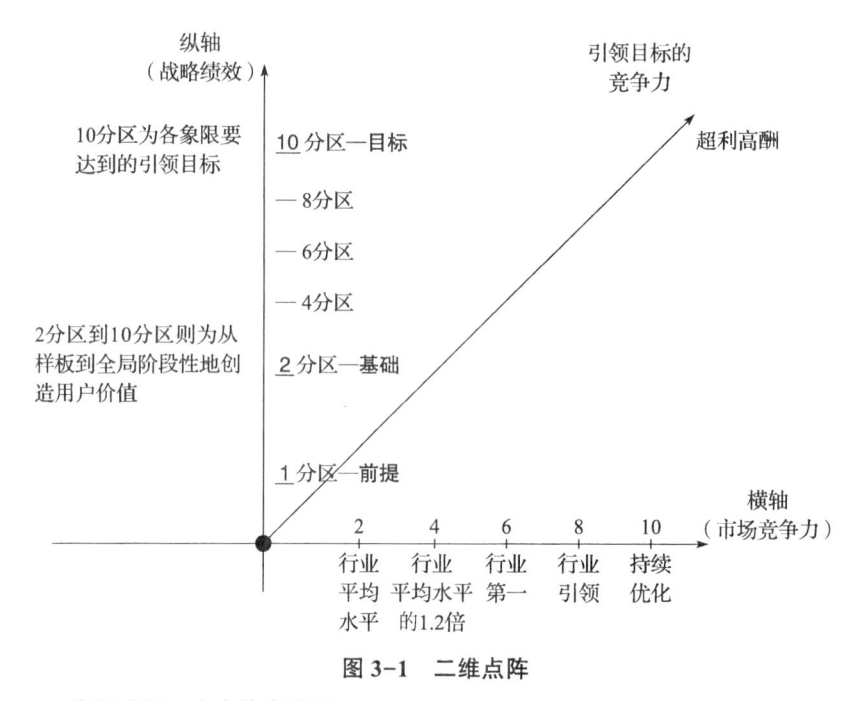

图 3-1 二维点阵

资料来源：本书作者整理。

二维点阵的创新性至少体现在四个方面。

第一，增加了代表战略绩效的纵轴，改变了传统企业战略目标考核本质上的"结果决定论"，强调了战略路径和过程的重要性，区分了哪些举措是属于战略绩效。

第二，以果证因，横轴市场竞争力是结果，而纵轴则是形成结果的原因或行为。也就是说，可以使用横轴的"果"来验证纵轴的"因"的有效性。反之，纵轴的"因"（战略举措、路径和机制）的有效性决定了横轴的"果"（市场竞争力）的大小，两者不仅互相验证，而且互相匹配。

第三，体现抢单机制，即横轴市场竞争力的"单"不再是由传统企业的领导指派或分配，而是员工或小微组织依据所处的市场现实"自主"抢得，客观上激励员工或小微组织主动抢更大的"单"；同时在"抢单"的论证中更体现了"事先算赢"的"预案（达成目标的战略路径和机制保障）、预算（需要投入的成本和资源）、预酬（达成目标后的收益分享）"（以下简称"三预"），论证"三预"的过程也是企业战略目标的统一过程，客观上提高了战略举措的成功率。

第四，目标体系的开放和优化，市场竞争力的战略目标确定改变了传统企业的强调"历史增长"的"同自己比"的方式，引入了市场参与主体所处行业的竞争现实，更加贴近了用户，也更加科学，体现了战略目标制定的开放性。市场竞争力并非静态，依据所处行业的竞争环境的变化和企业总战略的变化而动态、主动地调整，保障了战略目标的自优化和企业竞争优势的自演进（郑子辉等，2017）。

海尔的二维点阵体现了"过程+结果"的结合。传统企业通过做广告就能在市场上获得不错的业绩，企业的财务也不错。但在海尔，任何产品的价值都是在横轴和纵轴交叉匹配后最终确定的，比如一个横轴市场盈利很好的产品，如果纵轴没有体现用户交互，或者用户交互水平很低，其价值也很小。因为二者存在一定的逻辑关系，如果纵轴无法突破，无法实现与用户的持续交互，也不可能因此带来更多的超利分享。

（3）从机会评估视角看战略变革过程。

对相关战略机会的大小、实现可能性、获取或失去机会的成本的评估认知。海尔的实践是构建共赢增值表，其增强每个创客对机会的评估认知以激励其去变革。

传统企业的损益表反映的是收入−费用−成本＝利润，以数字损益为导向，只有冷冰冰的数字，见数不见人。

海尔的战略变革机会为保障员工收益来源于或取决于其创造的用户价值，海尔在持续探索和迭代升级的基础上逐渐形成共赢增值表。如图 3-2 所示，共赢增值表由用户资源、用户增值分享、收入、成本、边际收益 5 个板块组成。其中，用户资源包括全流程参与设计、制造、营销、物流的用户；用户体验迭代的过程和内容；预约预售等相关活动和资源方形成的生态圈。用户增值分享包括利润（由硬件、

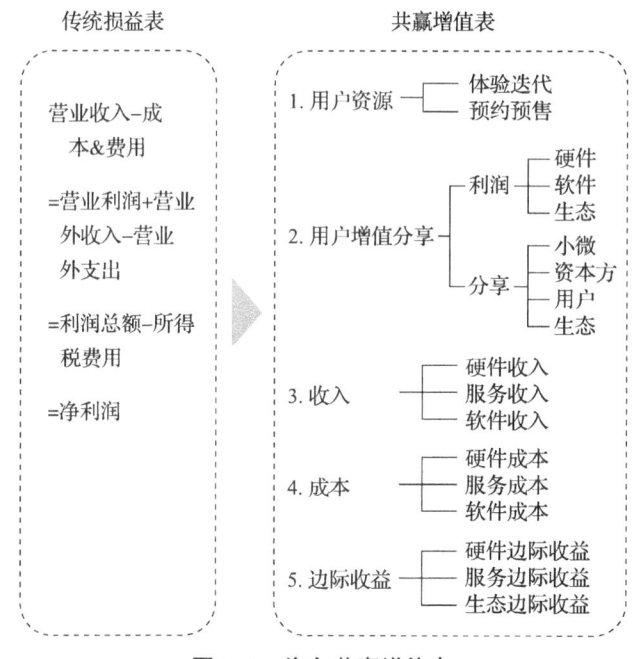

图 3-2　海尔共赢增值表

资料来源：郑子辉等，2017。

软件、生态产生的利润）、增值分享（企业内部小微分享、生态分享、资本方分享、用户分享）。收入包括硬件收入、服务收入、生态收入。成本包括硬件成本、服务成本、软件成本。边际收益包括硬件边际收益、服务边际收益、生态边际收益。

建立共赢增值表的目标是促进创客建立多边市场，打造共创共赢的生态圈平台。与传统损益表以股东价值为核心不同，共赢增值表以用户体验价值为核心，目的是使生态圈中的所有利益相关方共赢增值。共赢增值表是海尔在互联网时代探索的企业新的衡量标准和工具，目前已吸引了传统损益表规则的制定者——美国管理会计协会的关注、认可和研究。

3. 安排认知的战略变革过程

安排认知是企业家在特定战略环境和决策条件下为实现企业最终目标或获取持续竞争优势和战略机会所必需或能够支配的关系、资源等知识结构及安排框架。回顾理论发现，企业家安排认知包括但不限于四类：一是契约保护；二是网络搭建；三是资源调配；四是技能独有化。

（1）从契约保护视角看战略变革过程。

针对海尔创客（包括在海尔生态圈中创业的非海尔创客），通过对赌协议形成竞争壁垒，以构建创客的企业保护能力认知。

对赌协议是海尔平台、小微实现战略目标的核心驱动机制。海尔对赌协议则旨在驱动全体员工转型成为企业的合伙人而非简单的执行者和雇员，其目标是企业与员工共担风险、共享收益。

海尔对赌协议是以小微为基础单位，建立平台和小微之间、小微与员工之间的对赌协议。因为小微拥有分配权，对赌后会依据贡献大小自主决定分配给每个小微成员一定利润，激发大家的积极性和自主性，促进小微持续发展，实现共赢。

对赌协议分为平台与小微的对赌协议、小微与员工的对赌协议。在平台与小微对赌协议中确定的对赌的目标、达成时间及相应分享机制等，由不同小微进行承接并对赌。同时平台与小微的对赌协议和小微与员工的契约相互对比验证，小微契约是员工承诺的前提，员工承诺是小微契约的承接，两者均以二维点阵为纽带、互为因果。

对赌协议需对赌的内容有：拐点（季度）目标、拐点（季度）目标的实施路径、拐点（季度）的价值量化分享。各对赌小微依据自己的里程碑节点，测算出不同阶段拐点的价值量化分享额度。对赌的本质是第一竞争力目标匹配第一竞争力超值分享，即事实创造价值同可供分享的量化资源正相关。海尔对赌协议的现金分享酬包含基本现金酬、拐点酬和分享酬。除此之外，平台与小微实行共享超值利润，称之为超利酬，而平台与资源方、小微与平台、员工与小微间均实行超值利润共享，也就是整个资源生态网内实现共同分享利润，共同达到利益最大化。平台与小微的对赌则按超额数值分为不同梯度，按照梯度不同设定不同的超分享率。

（2）从网络搭建视角看战略变革过程。

海尔通过搭建研发、制造、营销、服务网络生态，实现有效且难以模仿的资源网络构建和动态优化机制，帮助创客提升网络搭建能力。

①研发变革：全球开放创新生态系统。

海尔建立了以全球十大研发中心和HOPE（Haier Open Partnership Ecosystem，以下简称HOPE平台）开放式创新平台为载体，线上线下互动融合的开放式创新生态系统。目前，海尔布局了中国、美国、日本、欧洲、新西兰五大研发中心，并购GEA后，通过整合GEA美国、GEA韩国、GEA上海、GEA印度、GEA墨西哥研发中心，目前共拥有全球十大研发中心。

HOPE是一个全球创新社区，在平台上聚集了各类有技术、有创意、有设计才能的优秀人才，通过专业的洞察、交互、设计等方式，促进创新方案的快速输出，并完成用户的验证，确保输出的创新方案能够满足用户的需求。HOPE平台经过多年的积淀，已经聚集了来自全球40多万名解决方案提供者，通过与全球各类创新平台合作，使平台资源量超过几百万，覆盖从原型设计、技术方案、结构设计、快速模型、小批试制等全产业链的资源，能够快速满足创新转化过程中的各类资源。HOPE平台的目标是对全球一流资源全方位实时监控，目前已监控海尔全产业51个主要方向913个技术领域的30万+全球一流资源。每月交互产生创意超过500个，每年成功孵化创新项目超过200个。HOPE平台的共赢分享机制主要包括以下几个。一是共建专利池。海尔已与美国陶氏、利兹大学等共建专利池，共同纳入的专利数量达到100件以上，联合运营获取专利授权收入。迄今海尔已经和合作伙伴共建了7个专利池，其中两个专利池上升为国家标准。二是模块商参与前端设计，分享超额利润。E公司是一家专注于制冷解决方案的公司，凭借优秀的设计能力，其和海尔一起开发出极受用户欢迎的产品，成功成为海尔供应商。这种模式比传统的模式提高30%的整体产品研发效率，新产品开发时间缩短70%。目前已有超过50%的模块商参与到前端研发过程中，未来海尔所有供应商将全部参与到产品前端研发过程中，实现全流程的交互研发。三是投资孵化。美国某大学孵化出的C公司拥有固态制冷技术模块顶尖技术，并且处于孵化融资阶段。海尔参与该公司前期孵化、融资及技术的产业化，成功孵化出全球首款真正静音的固态制冷酒柜。四是联合实验室，分享成果。海尔与D公司、L公司等成立技术研发联合实验室，双方共同投入基本的运营费用，从各个领域实现技术的开放性，实现双方技术的交互与应用共享，双方共同拥有技术研发的成果，产品上市后共同分享价值。五是成为供应商伙伴并获取收益。海尔具备交互用户、模块化设计、模块化检测、模块化供货四个能力的资源，可享有优先供货权，即优先保障享有70%～100%的供货配额。同时享有6～12个月的反超期。例如S公司参与天樽空调和前端模块的研发，同时具备供货能力，在量产后直接享受80%的模块供货配额。除了以上的分享模式，海尔还通过市场量对赌分享、共同孵化等合作模式，与创新合作伙伴共创共赢。

②制造变革：互联工厂共创共赢生态圈。

海尔智能制造创新模式具体就是打造互联工厂，从传统的大规模制造转变成大规模定制，让用户参与到设计、生产的全流程中，满足互联网时代用户个性化、多样化、高品质的最佳体验。互联工厂的具体做法就是在高精度驱动下提高效率，最终形成一个以用户最佳体验为核心的生态圈。具体体现为：对外是智慧家庭，即由提供单一硬件产品到提供整套智慧生活场景解决方案，从孤立的产品设备转变为可以互联互通信息和数据，甚至能自主计算、人机交互的产品网络，进而让用户有机会和意愿全流程参与产品的体验到改进建议实时反馈，甚至直接参与一些产品的设计和制造，形成用户生态圈，既为用户提供产品解决方案，也获取到了用户的"有效建议甚至资源帮助"，从而达到从单向产品买卖到产品体验的共同迭代的双向共赢；对内是互联工厂，由大规模制造转型为大规模定制，满足用户个性化需求，此时的制造工厂已经转型为以用户全流程最佳体验为核心的、产品不断迭代升级的、共创共享共赢的物理平台和虚拟社群。

互联工厂构建了基于云端的一体化软件共享平台COSMO，通过在其架构上支持大规模定制的众创汇DIY平台，打通从用户交互设计到协同制造，直到用户使用端的全流程活动，集成相关软件系统，包括用户交互、迭代研发、数字营销、智慧供应链、模块采购、智慧物流、智慧服务7个应用软件系统，实现互联工厂资源和信息的横向整合，产业链上下游主动协同。

整个互联工厂打造出一个生生不息的生态系统，通过 U+ 智慧生活的平台、用户交互定制平台、开放创新平台（包括研发、模块商资源平台）、智能制造平台（智慧化生产、智慧物流）来承接，从而使互联工厂生态系统实现用户全流程的实时互联、用户和工厂的零距离、全流程的透明可视。

③营销变革：基于社群交互及虚实融合的 O2O 布局。

传统的制造企业的营销模式是产品从企划研发、原材料采购、制造、成品仓库、物流至区域中心库，到经销商仓库，再由末端物流送至用户家中。然而，海尔对产品的流程定义为"先有买主，再有生产"，所以海尔决定实行零库存，取消了产成品仓库，变大规模生产为定制生产，按用户定制配置式生产交付。海尔旗下的官方微店平台大顺逛通过整合集团开放平台上的工厂、服务、物流及线下 3 万多家海尔专卖店的营销资源，将微商、电商和线下专卖店三"商"完美融合，旨在打造"后电商时代"基于社群交互及虚实融合的 O2O 战略布局，实现人人交互、随时随地交互、随心所愿定制，给用户带来最佳的全流程交互体验；为大众搭建专属的"0 成本创业平台"，提供自主创业良机；为实体专卖店提供转型平台，打造线上线下虚实营销场景。通过经营用户，沉淀粉丝社群，海尔形成多方共创共赢的生态圈（郑子辉等，2017）。目前大顺逛已经覆盖全国 2900 余个网格，实现大家电跨区域销售，除个别偏远地区，大顺逛均能在 72 小时内将产品送至用户家中并进行安装。部分地区已经实现 3 小时极速达。大顺逛微商、电商和店商融合的新商业模式已日趋成熟和稳定，截至目前，已发展微店主 80 余万名，月均销售额过亿元。

④服务变革：从用户零距离服务到场景商务生态圈。

传统家电产品的服务聚焦机制驱动服务商提高用户全流程最佳

体验，检验标准是"0差评""0上门""0维修"。驱动机制的核心是"用户评价付薪到人"，即以用户接受售后服务后的评价反馈为标准决定服务商和"服务兵"（包括海尔服务人员、协作方服务人员、服务创业人员等）的绩效和利益，这不仅倒逼零部件提供商、外协服务商、服务兵转型为利益共同体，从而实现共创共赢，也能提高产品质量和用户体验。

同时，搭建线上智联 U+ 服务网络，抓住用户兴趣点，让用户主动参与产品迭代，线下布局共创共享的物流创业社群，以广覆盖农村水站为交互入口的农村场景商务社群，以快递柜、乐家驿站为依托的人+柜（站）+服务城市场景商务社群，打造以诚信为核心、以社群为基本单元的综合服务品牌，为用户提供全流程、全生命周期的生活场景解决方案。实现从用户零距离的服务到用户场景商务生态圈的升级，从单向服务到跨领域商务，从自有产品服务到社会化服务，从产品服务到生态圈服务。

共创共享的物流创业社群依托四网（即仓储网、配送网、服务网、信息网）融合的核心竞争力，为客户提供供应链一体化服务解决方案，目前已经为家电、家具、卫浴、健身器材及互补行业客户及用户提供全品类、全渠道、全流程、一体化物流服务。从最后一公里送装服务向领先一公里社群交互转型升级，构建起从用户需求出发到用户满意的全流程、多元化物流服务，提升最后一公里解决方案竞争力，按用户场景、用户需求提供有温度的个性化服务，实现"物流＋服务＋场景"商务一体化。基于四网融合核心竞争力，日日顺物流从物流供应链全流程干（专业词汇，意为"干线物流"）、仓、配、最后一公里、增值服务等环节，创新性地定制一体化的居家大件物流解决方案。

农村场景商务社群以诚信为本建立为居家用户提供最佳体验的场景商务平台。目前有四大业务板块，分别是农村水站、健康服务、乐信（全媒体交互中心）和健康产业园。

城市场景商务社群以"小管家＋社群＋场景商务"的模式，建立以用户为中心的"触点网络＋社群生态"的共创平台，主要满足家电、家政、快递和健康食品等四大核心需求。目前城市场景商务社群已经在全国前100个城市建立了3.5万个社区触点网络，拥有专属社区服务的小管家3.6万个。小管家围绕用户的需求与用户进行深入交互，为平台5100多万个用户提供不同的解决方案，打造一个社群共赢生态。

（3）从资源调配视角看战略变革过程。

海尔通过建设工业互联、大顺逛、双创、物联网金融四大共用平台提高利于实现战略目标的至关重要的、独特的资源调配能力。

①建设COSMOPlat工业互联网平台，助力中小企业转型升级。

海尔COSMOPlat（Cloud of Smart Manufacture Mperation Plat，智能制造云平台）定位于全球唯一实现用户终生价值的大规模定制解决方案平台，是可以跨行业、跨领域应用的工业互联网平台，既可以ToB，也可以ToC。COSMOPlat与其他工业互联网平台最大的不同主要体现在两个方面。第一，它不是简单地以机器替换人的高效率，而是"在高精度下的高效率"，能够精准抓住用户需求，由库存生产转型为每台产品都直达用户，构建全流程、全周期、全生态的新工业体系，深化供给侧结构性改革。第二，它更关注在大数据基础上的小数据。COSMOPlat不仅关注工业大数据，更关注用户个性化需求的小数据，实现大规模定制。2017年12月，国际四大标准组织之一的电气与电子工程师协会（IEEE）通过一项建议书，由海尔COSMOPlat牵头制定大规模定制模式的国际标准，这是在与德国、美国、日本等企业解决方案竞争中胜出的。

2018年，COSMOPlat已建成了9大互联工厂，订单交付周期缩短了 50%，生产效率提高了 60%，产品不入库率达 69%。同时平台输出了交互、创新、营销、采购、智造、物流、服务 7 大板块的应用服务，能够帮助解决中小企业转型中存在的缺技术、缺研发、找不到用户等难题，成为新旧动能转换的"播种机"，已经在建陶、家居、农业、服装等 12 个行业，上海、广州、天津等 11 个区域进行复制。2018 年 2 月，国家发展改革委批准 COSMOPlat 成为首个国家级工业互联网示范平台。

2017 年 COSMOPlat 交易额实现 3133 亿元，定制订单量达 4116 万台，是全球最大的大规模定制解决方案平台。COSMOPlat 已聚集了 3.2 亿个用户和 390 多万家企业，链接的智能终端超过 2121 万个，为 3.5 万家企业提供了转型升级增值服务。

②打造大顺逛平台，颠覆电商引领社群经济新模式。

大顺逛颠覆了传统电商的价格交易模式，基于用户交互，打造了后电商时代有情感、有温度、有诚信的共创共赢的社群经济新模式。既可以精准满足用户需求，也能够通过用户个性化需求，倒逼产业创新，带动产业结构升级、服务升级。目前，大顺逛聚合了 20000 多家线下店、80 万个微店主、3 万个用户社群及海尔商城线上店，2017 年平台实现交易额 60 亿元。

③建设国家级双创示范平台，助力中小微企业创新发展。

海尔双创基地是首批国家级双创示范基地，是一个专业、开放、共享的全方位支持创新创业的服务平台，依托海尔的用户资源、管理服务资源、供应链和研发技术资源及海尔品牌的影响力（郑子辉等，2017），为创客提供低成本、便利化、全要素的创业服务，降低创客创业成本，提高创业成功率。目前海尔平台上汇聚了 4325 家创新创业孵化资源、2483 个创业项目，有超过 100 个创业小微年营业收入过亿元，55 个小微引入风投，19 个小微估值过亿元，海尔直接和间接共创造了190多万个就业机会（郑子辉等，2017）。

④搭建物联网金融平台，产融结合服务实体经济。

海尔物联网金融平台即万链平台，为实体产业转型升级、用户美好生活提供金融服务解决方案。以产业金融为例，海尔不是传统的存贷模式，而是将金融作为产业润滑剂，融入实体经济产业链中，带动产业生态重构，实现全产业链的共创共享共赢。目前，海尔已为环保、汽车、医疗、港口、农业、食品等50多条产业链、15万个中小微企业、570万个用户提供金融服务，并在禽蛋、肉鸡和肉牛等领域的产业重构与升级中发挥关键作用（郑子辉等，2017）。

（4）从技能独有化视角看战略变革过程。

技能独有化是指企业通过契约保护、资源调配为用户提供独有的、具有差异化的产品和服务。海尔在变革中通过国际著名理论专家的肯定、跨文化复制取得好效果、跨行业复制得到验证、经济效益和社会效益显著、品牌影响力等帮助创客为用户提供独有的、具有差异化的产品和服务。

①国际著名理论专家的肯定。

全球著名商学院和管理学者，如美国战略管理学者加里·哈默（Gary Hamel，2016）、瑞士创新管理学教授比尔·费舍尔（Bill Fischer，2017）等均承认海尔基于创客赋能的"人单合一"双赢模式不仅是管理模式，而且是社会模式，具有跨文化、跨国界的特性，这是一项具有颠覆性的创新模式。Thinkers 50思想实验室（中国）在中国的首个研究基地便选择了海尔。Thinkers 50联合创始人、《管理百年》的作者斯图尔特·克雷纳提出海尔模式让德鲁克思想在中国得到了验证。加拿大西安大略大学毅伟商学院《毅伟商业期刊》的编辑托马斯·沃森认为，海尔模式是比硅谷模式更好的模式。哈佛大学调研"人单合一"双赢模式在GEA的落地，提出海尔模式终结了继承人制度。

②跨文化复制取得好效果。

"人单合一"双赢模式走出国门，复制到海尔并购的日本三洋、新西兰的斐雪派克、GE家电等企业中，都产生了很好的效果。海尔将通过"沙拉式"的多元文化融合体系持续推进"人单合一"双赢模式的国际化。

比如日本三洋年功序列制——员工对企业忠诚，向心力强，但和用户之间有防火墙，制约了年轻人岗位提升空间，通过海尔"人单合一"双赢模式让员工听命于市场，人人创客，与用户零距离，激活了员工创业动力，给他们提供了自主空间。日本三洋在被并购8个月后实现止亏。

再如美国通用电气公司（以下简称GE）是线性管理和传统管理的典范，是海尔学习的样本。海尔2016年收购美国通用GEA，并将"人单合一"双赢模式引入GEA，目前已取得阶段性成果：2007—2016年GEA的收入增长是-20%，2017年1—10月它的收入增长是8%，收购前六年（2010—2016年）GEA的利润增长率是4.6%，但是2017年1—10月利润增长率是35%。

③跨行业复制得到验证。

海尔的"人单合一"双赢模式已经不仅在家电领域崭露头角，而且打破了行业屏障，成功在医疗、农业、服务、媒体等行业落地；如上海盈康护理院（以下简称盈康）将"人单合一"双赢应用于医护领域形成了"医患合一"模式。盈康将原来的三座病房楼拆成了以楼层为单位的15个小微，由主任、医生、护士、护工组成小微团队，为患者提供全流程的服务。由病区小微主对小微整体的运营情况全权负责，各个小微实行独立核算。转型半年多，医院没有出现一例医患纠纷。盈康的单床收入套圈行业平均水平，成员收入平均提升33%；相较于传统的护理院通过药品的价差来实现盈利的方式，盈康盈利能力的提升主要源于新业务的开展，总收入的药占比降低5%（由25%

到20%)。目前盈康积极探索线上线下相结合的"网养平台",不再根据医院水平找用户,而是根据市场需求提升经营能力,线下对外赋能,进行护理院托管和上门服务,线上通过"医患合一"App搭建护患沟通平台。

④经济效益和社会效益显著。

在经济收入方面,2019年海尔全球营业额达2900亿元,同比增长9%。全球利税总额首次突破300亿元,其中全球经营利润增幅达21%。2019年海尔社群交互产生的交易额首次突破1.6万亿元,同比增长173%。在海外市场,海尔得益于"人单合一"双赢模式的推广和复制,坚持品牌战略,2019年海尔海外市场收入占全球总营业额的49%以上,全球各个市场增长势头强劲。

在科技创新方面,海尔累计获得国家科技进步奖14项,获奖总数占中国家电行业的60%以上。2017年海尔获得家电史上唯一的科技进步奖一等奖。截至2019年年底,海尔累计获得国际设计大奖119项,近五年获奖总数占中国白电企业的2/3,占全球白电企业的1/3。海尔通过自主研发和开放式创新,累计申请发明专利两万余项,其中海外发明专利高达9000多项,成为中国家电企业在国外取得发明专利最多的企业。在全球标准布局上,国内引领、国际领先,中国家电领域80%的国际标准提案及80%的国际标准专家均来自海尔。

在制造模式转型方面,COSMOPlat是全球唯一用户全流程参与的交互的工业互联网平台。第一,海尔是国际四大标准组织之一。美国电器与电子工程师协会通过了一项由海尔主导的大规模定制国际通用要求标准的建议书,这是全球首个由中国企业主导制定的智能制造标准。海尔COSMOPlat代表着中国模式开始走向世界舞台中央。2018年1月1日,《参考消息》刊登了一篇题为《海尔在全球舞台"首秀"中国模式》的文章,海尔以用户为中心的智能制造模式走向世界甚至引领世界。第二，海尔是助力中国中小企业转型升级的平台，平台上聚集了 3 亿多个终端用户和 380 多万家企业，平台规模已经超过 3000 亿元。

⑤品牌影响力。

2020 年 9 月 20 日，凯度集团、牛津大学赛德商学院与海尔联合发布全球首个《物联网生态品牌白皮书》。对于那些立志在物联网这片广袤的新天地争得一席之地的企业而言，本白皮书旨在通过探讨物联网时代领导型品牌新范式的成因、标准与定义，以及这种新范式对组织和社会的影响，为它们提供一种系统性的思考框架，帮助它们找到品牌的制胜之策。同年 6 月 30 日，全球最大的传播集团 WPP 与品牌资产研究专家凯度集团（Kantar）联合发布了 2020 年 BrandZ^{TM} 最具价值全球品牌 100 强。海尔以全球唯一物联网生态品牌蝉联百强，全球排名较上一年提升 21 位，品牌价值显著提升。同时，海尔还获得 BrandZ^{TM} 授予的全球第一个"物联网生态品牌"奖。该奖项旨在表彰海尔在全球品牌方面的标杆引领作用。世界权威市场调查机构欧睿国际的数据显示，2019 年海尔全球大型家用电器品牌零售量第一，海尔冰箱、洗衣机、冷柜、酒柜也继续蝉联全球销量第一。其中，海尔冰箱已连续 12 年蝉联全球销量第一，洗衣机连续 11 年蝉联全球第一，冷柜连续 9 年蝉联全球第一及酒柜连续 10 年排名第一。从品牌到大家电全品类，海尔均实现全球的引领。2019 年，睿富全球排行榜资讯集团与北京名牌资产评估有限公司共同发布的第 25 届中国品牌价值 100 强研究报告中显示，海尔品牌价值为 2633.18 亿元，连续 18 年居首位；由海尔孵化的物联网生态品牌"日日顺"和工业互联网生态平台 COSMOPlat 分别以 381.18 亿元和 357.17 亿元入选，分列榜单第 18 位和第 21 位。同时，海尔入选由世界品牌实验室 2017 年度（第十四届）"世界品牌 500 强"排行榜，并且是 TOP50

里唯一的家电企业。

（二）企业家社会资本和组织认同对变革过程有调节作用

除了企业家认知及其自我效能影响战略变革过程外，企业家社会资本越高，他们所拥有的战略变革所需的资源越多，战略变革发起和实施的成功率越高（Offistein，2005）。依据案例分析，Miller等（2000）的研究显示组织认同来源于组成成员对战略目标和理念的一致性认同，该认同在组织成员面临战略、任务决策时优先考虑组织利益和目标。社会资本能够提高组织战略变革的决策速度，为企业发展提供参考和实践指导（郭立新和陈传明，2011）。在案例实践中，组织认同、社会资本同时参与了战略变革的发起和实施。组织认同越高的创客在变革的发起阶段，越容易认同变革的方向和驱动中的对赌，在变革的执行阶段越能更高效地执行小微战略。社会资本越完善的创客越能理解战略变革的发起动因、对赌及即时显示，在战略变革实施阶段也能更好地将自己的社会资本优势转化为核心竞争力。在实践中，组织认同和社会资本均表现了企业家认知、企业家自我效能感对战略变革全程的调节作用。

三、选择式编码

通过理论穿梭和饱和辩论，从主范畴中确定核心范畴，同时考察其与剩余主范畴之间的内在联系，将所有范畴关联化，从而搭建和探索新的理论框架（赵斌和韩盼盼，2016）。本书将战略变革划定为核心范畴，即企业家认知、企业家自我效能感、社会资本、组织认同等主范畴均对战略变革过程这一主范畴产生影响，以此整合所涉资料、概念、范畴。本书的关系结构及典型标签援引如表3-6所示。

表 3-6　本书的关系结构及典型标签援引

关系结构	关系结构内涵	典型标签援引	条目数	来源
企业家认知 ⟶ 战略变革 • 意愿认知　• 发起 • 安排认知　• 实施 • 能力认知	企业家通过机会发现、评估、承诺等意愿促进变革	小微主"只要认识到机会并愿意抓住就能主动寻求变革"	11	F2、F10、F11、F12、S1、S2
	企业家通过契约保护、网络搭建、资源配置等安排配置效率	小微有了契约、网络、资源保障就能提高变革成功的可能性	12	F1、F4、F11、F12、S1、S2
	企业家洞察、模拟、变现及技能独有化均能提高变革成功的可能性	小微战略落地离不开能力体系的构建和持续优化	15	F3、F6、F11、F12、S1、S2
	企业家越有信心发现新产品满足新市场并能及时投放,变革落地就越顺利	小微开发新产品和市场的能力决定了战略变革落地的速度和效果	14	F1、F9、F10、F11、F12、S1、S2
企业家自我效能感 ⟶ 战略变革 • 开发新产品及市场　• 发起 • 营造创新的氛围　• 实施 • 与投资者的关系 • 应对挑战 • 核心人力资源开发	企业家越能营造创新氛围就越能推进变革落地	小微鼓励主动创新、勇于尝试,人人是老板的氛围是变革的关键	16	F1、F3、F11、F12、S1、S2
	企业家与投资者关系好可加快战略变革的进程	核心、潜在投资者及资金来源好的小微变革就会领先	17	F1、F8、F10、F11、F12、S1、S2
	企业家应对挑战的信心和能力影响变革过程	抗压能力强、能承受变故、逆境坚持的小微变革效果好	17	F5、F8、F11、F12、S1、S2
	企业家针对核心人力资源开发的信心和能力影响变革过程	小微对核心团队的可获得、可补充、可组建是变革的基础	14	F5、F7、F10、F11、F12、S1、S2

续表

关系结构	关系结构内涵	典型标签援引	条目数	来源
社会资本 ——→ 战略变革 • 外部社会资本 • 内部社会资本	企业家外部社会资本有利于变革落地	小微上级、行政、血源、"地源"、"学源"关系网络有利于变革成功	9	F1、F6、F10、F11、F12、S1、S2
	企业家内部社会资本有利于变革落地	小微同行、上下游、股东、同事、员工关系网络有利于变革成功	13	F2、F3、F11、F12、S1、S2
组织认同 ——→ 战略变革 • 组织团结 • 组织忠诚	组织团结能促进变革过程顺利推进	成员间互助和默契是保障变革成功的关键	11	F2、F5、F7、F11、F12、S1、S2
	组织忠诚能促进变革过程顺利推进	成员感忠诚，变革被顺利	19	F3、F10、F11、F12、S1、S2

数据来源：本书作者整理。

第三节 研究发现

一、战略变革的四要素模型——WISE

在上述战略变革过程，对个案的赋能路径进一步划定范畴，可以形成 WISE 模型（见图 3-3），即方向（Where）、驱动（Irritation）、战略（Strategy）、体验（Experience）四要素的创客赋能模型（以下简称 WISE 模型或 WISE）。方向、驱动、战略、体验四个要素在实践中并无明显轻重顺序，四者均构成企业家创客的赋能要素。从战略变革发起、实施两阶段视角，方向是战略变革发起的要素之一，中国情景下的方向往往超出战略变革本身，附有人际关系、路线选择等强关联信号。因此，方向被视为影响企业家认知和战略变革本身的核心因素，也是给予创客认知赋能的第一要素，是其战略正确的前提保障。小微组织的战略被视作认同和承接该方向的一整套战略洞察与意图、战略方案与选择、战略实施与控制、战略反馈及调整。即战略变革方向是发起的要素之一，具有指导和强制意义，对企业家认知的影响力最具显著性。小微战略是实施，从发起到实施需要战略驱动。战略的目的在于满足体验。体验的效果反馈至变革方向并做出相应调整，即构成新的发起。从企业家认知视角，方向（包括变革必要性、变革用语）侧重于企业家认知的能力，驱动（包括全员对赌、即时显示）侧重于企业家认知的意愿视角，战略（包括平台协同、生态共享）侧重于企业家认知的安排视角，体验则侧重于企业家认知的综合视角。其中，战略变革过程相关构念及典型标签援引如表 3-7 所示。

图 3-3　WISE 模型

资料来源：本书作者整理。

表 3-7　战略变革过程相关构念及典型标签援引

范畴	概念	典型标签援引	条目数	来源
战略变革发起	方向赋能	小微主需要及时了解时代、行业、需求、模式等内外部变革必要性，需要统一的变革用语，并形成一致理解	33	F1、F2、F3、F4、F6、F7、F8、F10、F11、F12、S1、S2
	驱动赋能	小微战略实施之前必须全员对赌和即时显示	31	F1、F2、F3、F4、F11、F12、S1、S2
战略变革实施	战略赋能	小微战略目标的实现最终取决于平台协同和生态共享等资源支持	23	F1、F2、F3、F4、F5、F6、F11、F12、S1、S2
	用户赋能	小微战略落地离不开最终用户的触点交互和持续迭代	26	F1、F2、F4、F6、F11、F12、S1、S2

资料来源：本书作者整理。

(一) 创客的方向赋能

海尔实践中的方向赋能来源于两个关键举措趋势判断和战略用语。

1. 趋势判断

（1）时代。互联网特别是移动互联网的发展加速了企业的全球化进程。互联网时代的零距离、去中心化和分布式特点，分别给古典管理理论三位先驱泰勒、韦伯和法约尔的理论带来挑战。第一，零距离对泰勒的"科学管理理论"的挑战来源于移动互联网时代对员工、用户和企业之间的信息不对称的颠覆。在科学管理理论下企业相较于员工和用户拥有绝对的信息优势，基于此的企业员工被"训练"成无须创新的生产机器的一部分，用户被视为只有"标准需求"的被动消费者。当上述的信息不对称被颠覆后，员工不再完全是机器的附庸品，他们参与生产和管理过程的意愿变得更加迫切，用户不再被动选择标准化的产品，个性化需求变得日益迫切，因此，员工、企业、用户之间的距离变得更加近，甚至是零距离，企业也基于此种零距离获取竞争优势。第二，去中心化对马克斯·韦伯的"科层制理论"的挑战来源于互联网时代用户体验变成了检验企业战略优势的唯一标准。也就是说，用户变成了企业外部的中心，员工变得更有机会和意愿参与生产和管理，也就是说员工成为企业内部的中心。在科层制理论下企业组织架构本质上是金字塔式的命令层级，并通过拥有决策权的高层将命令传递给中层，再由操作层完成该指令。这种命令层级本质上是以企业高层为中心的战略运作，也存在命令失真和异化的可能，因此，距离用户的实际需求也存在差距，已逐渐不符合以用户体验为中心的现实。第三，分布式对法约尔的一般管理理论的挑战来源于移动互联时代的开放性。注重一般管理理论的企业更重视内部职能平衡，本质上是封闭的。互联网时代的资源是分布式的，人力资本也愈加开放，企业的资源和人力的供需渠道及动力发生了根本性变化，此时的企业拥有了调动全球资源和人力的可能。

（2）用户。时代的变化带来了用户需求的变化，也就是用户的个性化需求不断增多，这就要求企业必须去中心化、去封闭化，通过不断地开放、整合资源，驱动企业从大规模制造变成大规模定制。然而，在这一过程中，如果不让每一个员工都对准他的用户，准确收集并反馈用户的个性化需求，大规模定制是没有办法进行的。所以，通过战略模式颠覆让每个人都直面用户，这是应对互联网时代的挑战必须要做的选择。

（3）企业。张瑞敏在互联网时代"零距离"、"去中心化"和"去中介化"的时代背景下做出"企业无边界、管理无领导、供应链无尺度"的判断，并以"企业平台化、用户个性化、员工创客化"的"三化"战略作为目标，推动海尔从传统制造家电产品的企业转型为孵化创客的平台。

总之，海尔的趋势判断分别从时代、用户、企业的影响视角进行前瞻性研判，成为其战略变革的认知起点。

2. 战略用语

有了前瞻性趋势判断，海尔提出了必需的战略用语并逐渐形成集体认知统一的语言体系，如"三无""三化""三自"等，这些语言符号对海尔战略概念在创客中普及起到易记、好理解和通用等关键作用。

海尔有一套自己的变革话语体系。在这套体系中，每个术语都有其理论渊源和张瑞敏对趋势的判断。这套体系随着海尔的每一次管理变革已经运转了30多年。

海尔的变革话语体系显示了领导者不断自我迭代的精神力量。海尔在实践中独创的理念在本质和架构上是在搭建一个全新的管理学框架。"人单合一"双赢模式是海尔的变革核心理念。在这个总体理念之下，我们可以看到各种对于当下组织概念的颠覆，比如用户付薪、组织节点、人人创客。

海尔于2016年6月出版了《海尔辞典》。姜奇平（时任中国社会科学院信息化研究中心秘书长）认为，《海尔辞典》是一部互联网企业经典。海尔虽然不是从事互联网行业的企业，但"互联网+"的时代，所有企业都可以成为时代的企业，也就是互联网企业。但先要理解什么是互联网企业。辞典就是解决"什么是"问题的书。此外，《海尔辞典》还解决了"为什么是"和"怎样才能是"的问题。可见，海尔对战略用语的重视是其持续进行战略变革的核心主线，甚至是其成功的要素之一。

3. 战略方向

战略用语解决了战略概念或者战略口号的问题，战略变革方向才是企业尤其是海尔般的传统大型企业的痛点、难点和兴奋点。

在网络化战略阶段，张瑞敏首次提出海尔坚持"人的价值第一"的理念，其顺应时代发展，不断创新管理，从传统的家电制造企业转型成为共创共赢的物联网社群生态，从提供家电产品转型为提供美好生活的解决方案，创建物联网时代的生态品牌，建立"智家定制"（智慧家庭定制美好生活）的网络，成为物联网时代的引领者，为用户定制物联网时代的美好生活。

可见，"物联网社群生态"这一战略方向也是海尔的总目标。然而，如何借力创客实现这个总目标，存在集团"总目标"和创客"分目标"一致性的问题，其本质是传统时代的"管控"还是物联网时代的"赋能"选择，其衍生课题为："赋能"是一种有效的战略变革途径吗？大企业如何"员工创客化"？

（二）创客的驱动赋能

海尔在实践中的驱动赋能来源于两个关键举措——全员对赌和即时显示。

1. 全员对赌

企业层面对赌酬结构框架如图 3-4 所示。在该框架下员工（创客）的月基本酬代表月度对赌酬，而拐点酬则代表拐点（即阶段引爆点，如用户流量引爆，而不仅仅是传统销售额的增加）对赌分享的价值酬，年超值分享酬代表了对赌员工年度的第一竞争力对赌分享的利益，此为多元兑付或者对赌分享，而超利分享酬则代表了员工因完成年度超额目标而分享到的对赌酬，从而实现对超利部分的共赢共享。同时员工自愿或强制跟投则体现了对赌主体均要风险共担、价值共享，如对赌协议中约定将超利分享金的 30% 作为风险基金，进入风险池，再依据更长时间的对赌协议参与二次分享，从而绑定风险、化解风险，实现长期激励。

对以小微为基本单位的平台化组织进行创新。在该组织下平台与员工的关系不再是传统雇用和被雇用，而是市场化的人力资源对赌关系。有创意、有创业激情的员工都可以在海尔平台上成立小微公司，自己当老板，而小微公司与海尔平台可以签订上述对赌协议，事前明确小微公司需要平台提供的资源和平台需要小微公司承诺的目标，以及达成对赌目标后如何分享价值。根据之前约定的期限和规则，小微公司能够根据对赌目标的实际完成情况，按事先约定的分享对赌规则予以兑现，同时在小微公司内部依据员工与小微公司的对赌承诺契约和员工个人实际完成的情况实现自主分配到个人。此处的重点是海尔平台对小微公司进行资源投资，提供对赌资源和能力帮助，而小微公司则需到达双方约定的协议标准，方可获取相应的分享。平台与小微公司等主体对等的利

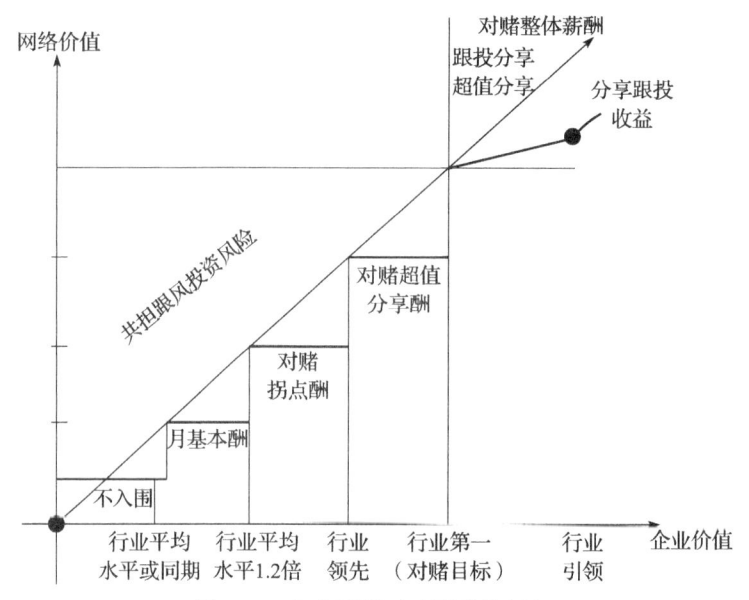

图 3-4 企业层面对赌酬结构框架

资料来源：本书作者整理。

益共享模式和小微公司自动获取高度的自主决策权、自主用人权、自主分配权（"三权"），共振叠加，保障有效驱动小微公司的自创业、自组织、自驱动（"三自"），上述"三自三权"机制实际是激发了小微公司及其成员的自主积极性和创造性。

海尔的这种对赌协议驱动模式实际上也推动了传统企业的平台化转型和其战略发展及落地，使小微从公司分步变成创业小微，员工从被雇用者、执行者变为创业者、合伙人，海尔创造性地将平台（企业）、小微（公司）、创客（员工）三者的关系变为主体对等、对赌分享、自驱激励的关系。

2. 即时显示

海尔的即时显示体系包括显示体系和日清体系。显示体系包括：通过案例写实显示的战略的差；通过财务显示的经营指标的差；通过人力显示的创客单的差；通过审计内控显示的违规的差等，显示的内容、创客、时间均事先明确。日清体系包括集团运营会体系（周一战略会、周三小微样板现场会、周六平台总结会、每月 7 日领域绩效会）、参会机制、参会闭环（对分类显示的前后两名进行相应奖惩）。

即时显示的目的在于驱动创客实现引爆引领的目标。通过明确会前主动参会的机制、会中积极互动达到效果的机制、会后日清关差升级的机制推进集团战略不偏移、不异化、不拖延落地。

日清运营会不仅是驱动创客完成既定战略，还有激励集体学习、统一认知的作用。

3. 驱动

海尔的驱动可以概括为逆向还原（针对差距较大的创客进行多对一的专项细分差因并找到关差路径）、正向创客所有制（针对零差距和超预算完成的创客的激励制度）。

创客所有制有三个特点：一是用户付薪，创客所能获得的薪酬大小由用户体验所产生的价值决定而非传统企业的领导评价决定；二是资本社会化，有外部风投参与投资，同时创业者参与跟投，双方以跟投股本做对赌；三是动态优化，创客股权动态变化，创造价值大，股权就多。创客所有制驱动传统企业的员工由执行者、打工者转变为创客、创始人或合作人。创客所有制也符合互联网时代企业的发展理念，即区别于传统企业的股东价值最大化，而是追求用户价值最大化，这就需要通过人力资本价值最大化来实现。因此，创客所有制体现出共创、共治、共享、共赢的理念，让每个员工都具有成就感。股东价值、用户价值、员工价值三者之间形成了相辅相成的关系。

（三）创客的战略赋能

海尔的战略赋能来源于两个关键举措——平台协同、生态共享。

1. 平台协同

海尔搭建了四大共有平台（COSMOPlat、大顺逛、海创汇、金控），分别服务于传统家电产业的转型创客和新兴产业的孵化创客。

COSMO 平台打造世界工业互联网"第三极"，抢占全球制高点。COSMO 平台打通交互、定制、研发、采购、制造、物流、服务的全流程环节，并输出相应的 7 个可以复制的系统应用，帮助企业由大规模制造转型为大规模定制。目前海尔 COSMO 已被列为国家级"中国制造 2025"示范基地。在 COSMO 的支撑下，截至 2019 年年底，海尔已建成 8 家互联工厂，初步构建互联工厂服务、大规模定制、大数据服务、网络化协同制造、知识智慧服务、检测与认证等生态服务板块，并在 7 大行业实现跨行业应用，创新设计出非家电类产品 19 类，为近 100 家外部公司提供了智能制造转型服务。

大顺逛是海尔旗下的官方微店平台，在目前家电及相关服务领域已经发展成为中国最大的大家电微商平台，份额占比超过了 70%。过去线下专卖店、线上电商、微店三类不同的渠道之间并不是和谐存在的，而是各自为战，为抢夺用户消耗资源，造成内耗。同时，三种零售业态给用户的体验和服务是不一致的，对厂商来说，不利于与用户之间的持续交互。海尔在这方面一直不断地探索，如何平衡好线上商城、微商、线下实体店之间的关系，如何做到用户无差别的体验，如何用更好的模式服务好用户，赢得用户的信任和口碑，这是海尔一直探索解决的课题。

双创平台提供创业创新全流程、全要素服务，建设国家级双创示范基地，包含 5 个子平台，即为创客提供咨询、培训的创客学院，为创客提供创业创新活动的创客空间，为创客提供样机工程实验的创客工厂，为创客提供人力、财务、法务、销售、物流等服务的创客服务，为创客提供社会化投资、生产产品的供应方的创新资源。

与此同时，海尔提供了企业内部孵化、脱离母体孵化、产业整合模式、大众创业模式、万众创新模式 5 种孵化模式，帮助创客实现创业梦想。

金控平台也是海尔的金融控股平台，其不仅为集团内的创客提供金融服务、引入风投、跟投领投，还为集团外的小微和项目赋能，如通过融资租赁的"鸡蛋小微"、"湘西黄牛小微"、"AIR COOK"、模具、新能源汽车、家用机器人等。

海尔不仅对四大共有平台的资源赋能，还通过平台内"产销协同会""跟投对赌"等活动或机制调整战略变革举措，助力小微和创客实现战略目标。

2. 生态共享

海尔的共创共赢生态圈为满足互联网时代用户个性化、多样化、高品质的最佳体验，对内建立互联工厂，将产品改造成网器（能上网的智能电器），从传统的大规模制造转变成大规模定制，实现人机互联，用户全流程参与，形成了一个用户圈；对外通过海尔生态圈平台吸引相关各方共同创造用户价值，由提供单一硬件产品到提供整套智慧生活场景解决方案，实现从卖产品到智能服务转型，与利益相关方共创共赢，最终形成一个以用户最佳体验为核心的生态圈，即海尔的生态共享赋能是全要素、全流程、全生命周期的赋能生态。

3. 小微战略

在搭建平台和生态赋能体系之后，小微日常的战略制定、实施就显得更加重要。海尔的小微战略以战略损益表为基础进行战略论证，论证架构是核心，战略损益表按照战略目标、创客团队、"161"流程、对赌平台四个角度分为四个象限。

第一象限是交互用户（战略目标）。这个象限主要是指导如何根据用户需求明确平台、小微、创客个人的战略，共要明确几个方面，如通过发现机会找到实现的路径，确定一流的目标，同时明确为实现一流的目标而需要的资源支持和实施预案。每个平台、小微及创客都必须回答四个问题："我的用户是谁""我能为用户创造什么价值""我能分享什么价值""我的经营战略和用户战略是否一致"。

第二象限是人力资源（创客团队）。战略确定后要通过人（按单聚散能够承接目标的团队）、单（高单）、酬（考核）、费（资源投入）四个方面系统地结合，来驱动每个节点都创造超额价值，并聚集一流的专家组建小微来实现高单，淘汰掉不能实现目标的人，通过系统及时显示差距，确保全流程中的每个节点都要创造超值。

第三象限是预实零差距（"161"流程）。此象限主要是指导如何进行预算和计划管理，强调的是事前算赢，预算要和实际相符。主要通过动态"161"预算（"1"即上周工作绩效挂定；"6"即6周工作预算排定；"1"即本周工作预算锁定），通过日清体系控制进度和时间节点，保证一流的单和一流的人能真正完成一流的预案。按照年、季、月、周、日的计划和预算，保障每一节点的预实零差距来确保实现全年及中长期目标的零差距。在模式上，采取滚动计划模式。预实零差距从目标、预案、"161"日清体系三个角度都要看，预实零差距要精确到组织中的每个节点、每个人。只有每个节点、每个人实现了零差距，整体的战略目标才能实现零差距。"161"日清体系是一个全面系统的预算体系和动态显示体系，在显示上能够看到小微组建的进度、合格接口人的进度，以及整体生态环境的变化。

第四象限是闭环优化（对赌平台）。此象限指导小微兑现成果，如果有差距，要进行差距原因分析，并制定改进措施，并寻求企业资源平台的支持。动态网状平台组织的驱动力来自对用户的承诺，要把用户承诺转化为全流程各节点对用户的契约，契约的本质是实现人单自推动、单酬自推动。因此，契约关系取代了上下级关系，契约的本质是企业对用户的承诺，人单酬取代职务酬。同时也要从人（聚高人）、单（举高单）、酬（拿高酬）的角度来看预算、实际和差距，看人是不是合格的，能否完成目标；目标是不是有竞争力；最后会发现高单低酬、高酬低单等情况，形成"高单聚高人，高人树高单"的特色。

（四）对创客的用户体验赋能

用户体验赋能包括触点交互和持续迭代。

1. 触点交互

构建以满足用户最佳体验的全渠道触点网络是创客赋能变革的首要、重要、必要战略举措。触点网络不仅包括研发（HOPE）、制造（COSMO）、营销（大顺逛）、物流（车小微）、服务（小管家、乐信）等价值链上任何可能或可以接触到用户的网络，也包括可以联网的智能产品，即让产品也变为触点网络节点，还包括全媒体社交网络。触点网络的目的是提高用户交互体验，而不仅仅是用户对产品功能的体验。前者不仅能提高用户的在线服务水平，增加用户黏度，还能有效降低服务成本，减少投诉，提高用户满意度。

2. 持续迭代

移动互联网和物联网时代的用户的个性化需求不仅体现在需求碎片化和个性化定制上，还体现在全流程参与产品的研发、设计、制造、营销等环节，由此产生的产品改进和迭代是创客赋能的最大附加价值，用户参与的产品迭代过程比传统的瀑布式研发、企划、设计更能满足用户需求，也更接地气。不仅如此，在此过程中也可产生诸如预售、抢购、众筹、众包等用户互动活动，又提高了用户交互体验，形成持续迭代的良性循环。

再附加横向的四大共有平台，保障了最终产品服务的精准性和响应性，由此构建的用户体验生态圈也保证了创客变革和用户体验的两者目标和举措合一、速度和质量合一、价值和分享合一（郑子辉，2017）。

可见，用户体验既是驱动创客战略变革的来源，也是提升创客赋能的资源和动力所在，即用户体验有效参与了创客赋能，后者也因为前者的体验交互提升了服务能力，用户体验和创客赋能是双向赋能关系。

综合海尔的创客赋能战略变革实践和上述模型，可以得出以下结论。

一是创客赋能是企业生态圈（传统企业）整体战略落地的有效途径，即从企业生态圈整体战略发起，通过创客赋能驱动其实施小微战略，从而实现用户最佳体验，由此假设一（为创客赋能是传统大型企业战略变革的有效方式之一）得到验证。此处衍生出企业生态圈战略变革及目标、小微战略变革及目标的双嵌套，即以企业生态圈作为主体的战略变革路径是通过驱动作为客体的创客小微战略变革来实现企业总目标的，同时企业生态圈的总目标和创客小微的分目标也是嵌套，两者目标的一致性是战略变革的关键。

二是企业家认知全程参与了创客赋能，不仅如此，战略趋势、战略用语、对赌体系、即时显示、战略驱动、小微战略实施、协同平台、共享生态，甚至用户体验均参与了创客赋能，也保障了效果的实现，由此假设二（为创客赋能不仅限于为员工赋能和顾客赋能）得到验证。

三是从战略方向发起到小微战略的实施，战略驱动是关键因素，战略驱动不仅保障了生态圈的总目标和创客小微的分目标一致，也是创客集体认知统一的过程，由此假设三（企业家认知驱动是创客赋能的关键）得到验证。然而，企业家认知如何参与创客赋能战略变革过程，以及企业家认知驱动的参与程度如何影响该战略变革过程尚需进一步求证和研究。

二、战略变革过程中的影响变量及其作用和关系

基于创客赋能战略变革过程分析，以及前述影响战略变革过程的因素的理论回顾，可以总结出创客赋能战略变革过程中的影响变量及其作用和关系。如图 3-5 所示，将创客赋能变革过程的方向和驱动划分为战略变革的发起阶段，将小微战略、用户体验划分为战略变革实施阶段。企业家认知能力中的企业家洞察能力、场景模拟能力、机会变现能力越高，越能促进小微企业家对战略"变革必要性"及变革"用语统一性"的理解，同时也增强小微企业家对变革成功的自我效能感，也能增强企业家能力认知并大大提高变革成功的可能性。企业家意愿认知中的企业家机会发现、机会评估、承诺程度等认知能促进企业家产生主动变革的自我效能，即通过全员对赌和即时显示增强小微企业家变革成功的自我效能感。企业家安排认知中的契约保护、网络搭建、资源配置等提高了小微企业家通过获得共享生态和协同平台的支持保障战略落地，以及通过触点交互和持续迭代提高用户体验、获取竞争优势而带来的自我效能感，从而提高变革落地效率。企业家认知、企业家自我效能感均能对战略变革产生影响，同时企业家认知及其自我效能感产生交互作用，组织认同和社会资本分别通过企业家认知和企业家自我效能感对战略变革产生影响。但企业家认知、自我效能感、社会资本、组织认同等如何参与了战略变革过程及其影响机理仍需进一步量化研究。

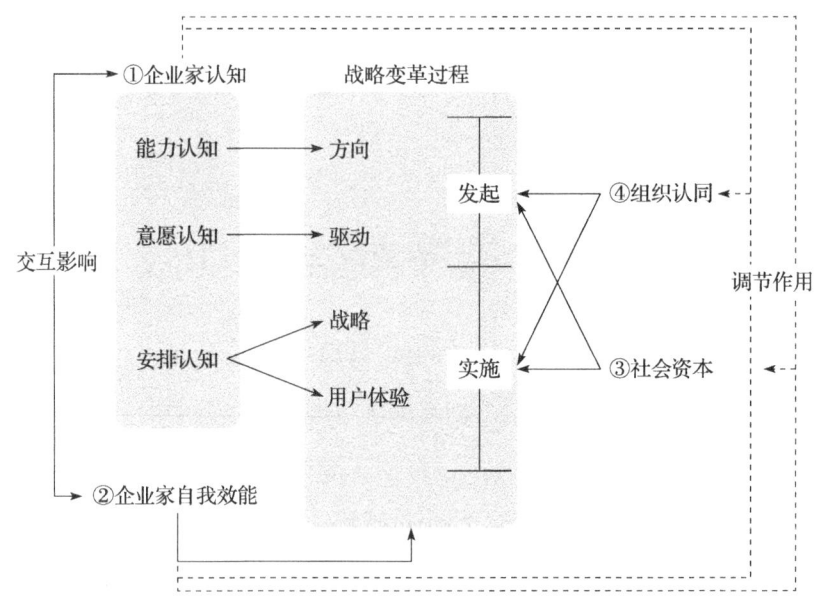

图 3-5　创客赋能战略变革过程中的影响变量及其作用和关系

资料来源：本书作者整理。

第四节　结论启示

一、战略变革的赋能化

海尔针对"企业人"的持续战略变革，正体现了张瑞敏"企业即人，管理即借力"的战略认知。如果企业追求的最终目标是"满足用户的最佳体验"，那么通过激励企业员工去实现目标则是企业战略变革永恒的主题，也是企业持续获取竞争优势和开拓新机会的核心所在。所以，海尔的战略变革从发起到实施离不开企业对创客的赋能，企业中的"人"、海尔的"创客"才是战略变革的起点和着力点。海尔具体的赋能行为给我们的启示有以下几点。

（1）"创新明星"侧重于心理赋能，通过激励员工争创"创新明星"提高其自我效能感和组织承诺，同时提高工作满意度和组织认同（Rapp等，2016）。Zhang和Bartol（2010）发现心理赋能通过加强内部动机和创造力过程的融入对创造力产生正面的效应。Wilkinson（1998）认为心理赋能是从微观视角出发，是基于员工对工作角色感知的心理动机结构。

（2）"人人都是自己的CEO"侧重于授权赋能，Conger和Kanungo（1988）将授权赋能的概念逐步发展为一个心理层面的动机性构念，不仅包括权利的授予和下放，还包括正式的组织管理实践和通过信息提高下属自我效能感的过程。郎艺和王辉（2016）提出，授权赋能领导行为包括授予权利和鼓励下属参与决策，但授权赋能领导行为与其他类型的领导行为一样，对不同的下属会产生不同的影响。

（3）"人人创客"赋能则既不同于早在20世纪20年代就有所讨论至今仍有影响的"赋能授权"理论，以及与此相关的20世纪90年代以来围绕"授权"（Empowerment）的扩展论述，也不同于利益相关者理论中员工作为组织高度利益相关方的权力和能力的主张（罗仲伟等，2017）。该赋能既包括赋权，也包括用户赋能，既包括企业家认知赋能，也包括资源赋能，是全要素、全流程、全生命周期赋能。

二、战略变革的后向化

海尔的战略变革历程具有明显的后向演变特征，而且具有同企业组织共同演进的特征。2017年12月25日，张瑞敏在庆祝海尔创业三十三周年研讨会中回顾了海尔33年发展历史中的一个个故事，剖析了海尔发展中价值体系的沿革路径：从0到1（1984—1995年），展示海尔创业期间衍生的双创文化；从1到N（1995—2005年），兼并企业并延续到海外，做大做强成为国际化公司；再从N到1（2005—2017年），适应时代发展，颠覆经典管理，创造物联网引领模式，将海尔小微变成一个个网络节点。整个历程贯穿"人的价值第一"的价值观和海尔的创新创业精神，并将随着时代继续进一步迭代变化。

从"启明焊枪""晓玲扳手"的"创新明星"第一阶段到"人人都是自己的CEO"的第二阶段，再到"人人创客"的第三阶段，与张瑞敏划分的三阶段高度吻合，同时"创新明星"对应着"自主班组"，"人人都是自己的CEO"对应着"自主经营体"，"人人创客"对应着"小微生态"。

海尔的创客赋能战略变革演进可归纳为如下模型，如图3-6所示。

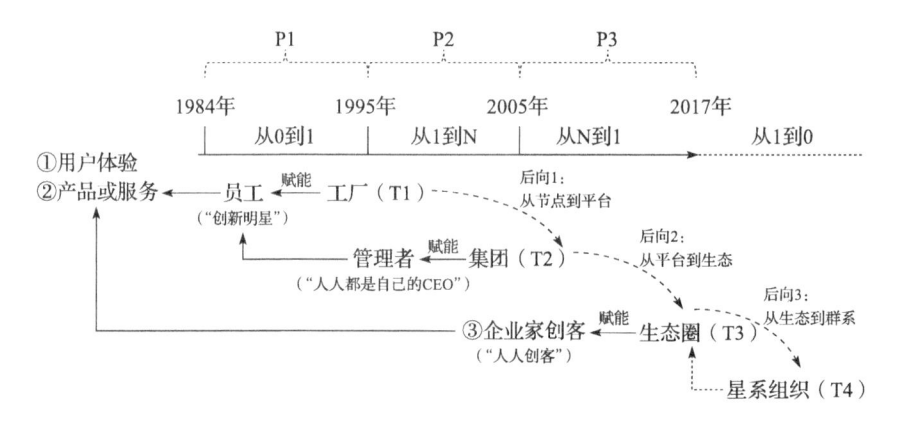

图3-6　创客赋能后向演进模型

资料来源：本书作者整理。

从企业组织高层管理者（Top Enterpreneur）视角，组织的创客、产品或服务、用户体验三者合一才是目标和理想状态，这也是海尔持续战略变革追求的目的。海尔战略变革的实践可归纳为三个阶段：

从 0 到 1（1984—1995 年）、从 1 到 N（1995—2005 年）、从 N 到 1（2005—2017 年）。

从用户体验视角，从 0 到 1 指从"负债 147 万元"到 1 个高质量和首选冰箱品牌（1990 年，海尔获业内唯一"国家质量管理奖"）；从 1 到 N 指从 1 个"高质量和首选"冰箱产品发展到 N 个产品（冰箱、冷柜、洗衣机、空调等）品牌，从国内 1 个市场走向国际 N 个市场；从 N 到 1 指从 N 个产品和市场发展到用户的个性化定制和用户终生体验。

从产品或服务视角，P1（1984—1995 年）阶段，工厂（T1）赋能员工直接生产用户体验高的产品或服务；P2（1995—2005 年）阶段，海尔的企业组织已发展成为由若干工厂组成的集团（T2），此阶段是通过赋能管理者去赋能员工生产用户体验高的产品或提供更好的服务，此阶段的高层管理者的赋能对象和内容发生第一次后向演变，即通过二次赋能实现高用户体验；P3（2005—2017 年）阶段，海尔的企业组织已发展成为由若干"企业家创客"组成的生态圈（T3），此阶段是通过赋能企业家创客去直接实现高用户体验，该阶段的高层管理者的赋能对象和内容发生第二次后向演变，即通过赋能企业家创客（平台）去实现高用户体验。如果将 P1 阶段的工厂视为节点，将 P2 阶段的集团视为平台，海尔的战略变革过程实现了两次赋能后向化，即后向 1——从节点到平台的赋能；后向 2——从平台到生态的赋能。据此给我们的启示如下。

一是下一个赋能后向化可能是"从生态到星系"，即从为创客赋能发展到为生态赋能；组织形态由生态圈组织发展为星系组织 T4。星系组织为若干生态圈社群构成的泛组织，而非法律概念的企业组织，该类组织以满足特定用户体验的社群或者社群内成员的终生体验为目标而聚散资源、共创价值、迭代体验。该组织的核心竞争力即星系组织的吸引力，该吸引力来自核心星球。与之类似的现有企业组织有"腾讯系""阿里系""谷歌系""苹果系"，但上述组织的本质仍是基于股权的企业群组，协同性限于企业间的产品或服务，实际上是单向服务或者互为用户的关系，而理想的星系组织不仅共享价值观，而且通过内部平台互相赋能，面对类似或互补的用户群体能互通和整合资源，共同实现用户最佳体验。星系组织内部的企业既有法律意义上的持股关系，也有基于契约的资源协同方，还有和企业没有直接关系的高参与度的用户和体验者。

二是星系组织以诚信为核心，因为有了社群内的充分信任，进而超越产品类别和用户生命阶段，用户高度依赖该星系，星系组织在一定程度上获取了用户体验的终生价值。

三是用户体验从 1 到 0。星系内的用户只是尽情共享产品或服务的最佳体验，而不主动或已无必要区分品牌，此时从用户体验视角的品牌概念和边界日渐模糊进而消失，从而达到"太上，不知有之"的战略境界。不是说作为最高层领导，他下边的员工不知道他的存在，而是说员工能感受到领导者在企业中发挥的作用。

第五节　本章小结

本章先解释了为什么选择海尔的创客赋能作为企业战略变革过程的案例研究对象，以及研究方法、样本来源、数据收集如何保障其信度和效度，随后从企业家认知的三个视角考察海尔战略变革过程中给创客赋能的可选举措。研究发现企业家认知、企业家自我效能感均能对战略变革过程产生影响，同时企业家认知及其自我效能感产生交互作用，组织认同和社会资本分别通过企业家认知和企业家自我效能感对战略变革过程产生影响。接着从战略变革的创客演进及创客的方向、驱动、战略及用户体验四个赋能要素视角评述了整个战略变革过程，归纳、提炼出了企业战略变革创客赋能模型（WISE），并发现（包括假设）如下内容：通过影响企业家认知的赋能是中国大企业战略变革的有效方式；创客赋能的后向化是大企业战略变革的方向；企业家认知中的安排认知、意愿认知、能力认知全程各有侧重地参与变革过程，企业家自我效能感、社会资本、组织认同等因素在变革过程中发挥着不同作用。最后对战略变革的后向化做出探索性研究。但企业家认知、自我效能感、社会资本、组织认同等如何参与战略变革过程及其影响机理仍需进一步量化研究。这也是下一章开展实证研究的起点。

第四章
企业家认知及自我效能感对变革过程的影响研究

第一节 理论分析和研究假设

一、企业家认知与战略变革过程

战略变革的发起和实施体现了企业家对战略变革的赞同及实施决心，呈现出企业家实施战略变革的态度及行为，主要表现在以下几个方面（Ginsberg，1990）。

（1）企业家支持战略变革的程度如何。

（2）在战略变革过程中，企业家愿意付出努力的程度及牺牲个人以确保变革的实施。

（3）战略变革所采取的模式为剧烈式或渐进式。

企业家认知是指企业家由于过往经历促进知识、经验的累积而逐渐凝结成的各自独特的结构化知识框架及信念体系。Mitchell 等学者通过创业专家视角剖析企业家认知，认为企业家认知是个体经过不同的工作经历和思维方式，逐渐累积丰富的知识和经验，进而存储在大脑里的知识结构。在特定情境或刺激下，个体的行动靠大脑提取的相关知识结构进行。创业专家认知分为安排认知、意愿认知和能力认知三个维度。安排认知是指企业家为实现企业创立与发展所需的关系、资源等的知识结构；意愿认知是指企业家承诺进行企业创立与发展相关的知识结构；能力认知是企业家关于创立企业和实现企业发展所必需的技能、价值观及态度等的知识结构（杨林和俞安平，2016）。在战略变革决策形成过程中，企业家认知起到重要作用。具体而言，基于社会认知理论，个体信息加工与整体情境下的决策制定具有关联性，安排认知使个体恰当地发挥自己在某领域的技能专长，构建起整体情境与自身和企业能力的关联性。根据社会认知理论，当人们置身于环境中时，人们不是他们自身的旁观者，而是自身及其经历的能动者，会对未来行为进行主动承诺。意愿认知使个体善于捕捉机会，并进行机会权衡，更理性地分析变革的利弊。社会认知理论指出，掌握技能与能够应用技能是两回事。能力认知可能实现能力和机会的有效匹配，使自身技能发挥兼具效率和效果，对战略变革有更大的作用。战略变革是企业做出的一系列关键资源配置上的改变，因此，企业家个人的认知对战略变革的影响可能有限。

企业家自我效能感是指个体对自己扮演企业家角色及完成企业家任务的信念强度（陈莹和周小虎，2017）。社会认知理论指出，要想成功地应用自身的技能和知识，个体首先得对自己掌控局面以完成目标的能力具有高度自信。自我效能感会影响人们的行为动机，使两个技能水平相同的人的行为效果出现差异。自我效能感较高的企业家会更加坚信自身可顺利完成企业家担负的各项任务，能更好地扮演企业家角色。研究证明，对变革具有开放性的个体更愿意支持变革并对变革的潜在结果抱有积极态度，可能是导致变革发起和实施的重要动因（巩键等，2019）。但仅有变革的信心而缺乏捕捉变革机会、获取变革资源、实施变革所必需的知识结构，战略变革也无法发起和有效实施。

综上所述，在企业家个人层面，战略变革发起和实施需要其认知和自我效能感共同起作用。其中，自我效能感是决定人们如何搜寻与习得新技能的关键因素。具体而言，自我效能感高的个体往往会聚焦于如何完成当前任务，而自我效能感低的个体则会倾向于关注哪些地方可能出错。创业认知不仅代表着企业家拥有与企业运营相关的知识结构，能够以开放的心态实施行动并承担相应风险，也表明企业家能够将企业成长所需的资源和面临的机会相互挂钩，在克服困难、完成目标上投注更多的努力，从而在战略变革过程中对自我评价相对较高，顺利推进战略变革的发起和实施。

基于以上剖析，结合创客赋能在战略变革过程中影响变量的作用和关系及海尔创客赋能在战略变革过程中的实践，提出以下假设。

假设 H1：企业家认知和企业家自我效能感对战略变革发起有交互影响作用。

假设 H1a：企业家意愿认知和企业家自我效能感对战略变革发起有交互影响作用。

假设 H1b：企业家安排认知和企业家自我效能感对战略变革发起有交互影响作用。

假设 H1c：企业家能力认知和企业家自我效能感对战略变革发起有交互影响作用。

假设 H2：企业家认知和企业家自我效能感对战略变革实施有交互影响作用。

假设 H2a：企业家意愿认知和企业家自我效能感对战略变革实施有交互影响作用。

假设 H2b：企业家安排认知和企业家自我效能感对战略变革实施有交互影响作用。

假设 H2c：企业家能力认知和企业家自我效能感对战略变革实施有交互影响作用。

二、组织认同的调节作用

认同是特定情感联系中的一种。Foote（1951）率先提出认同的概念：个体对于把自己归为组织成员的倾向性认同激发了其选择有利于组织的行为。1958 年，March 和 Simon 最先把此情感应用于组织内，且以组织理论框架为基础对组织认同的概念进行界定，可是研究尚置于初步阶段。直至 20 世纪 80 年代，社会心理学及组织行为学的研究者才开始对组织认同展开理论及实证研究。Hall 和 Sehneider（1970）将组织认同界定为动态认知，经此认知活动，个人、组织两者的目标达成一致且形成适合性；此过程一般亦会让个人情感及行为产生转变，且渐渐和组织规范及风格相同。Ashforth 和 Mael（1989）提出，组织认同为个体对组织的归属感、共同感。黄昱方和刘永恒（2015）认为组织认同的本质是组织成员通过行动体现的心理认知。也就是说，组织认同是组织成员在行为和心理上对组织的一致性倾向。

组织认同来源于组织成员依据对组织的感知而对自己的定义，员工已经将他们的组织成员身份与自我概念联系起来，具体表现为在认知层面将组织价值观内化，在情感层面以成为组织的一部分而自豪。组织认同感越高，组织成员越能产生对组织的归属感，从而越能选择有利于组织的行为，组织的运作效率和绩效也越高（申平玉和刘永恒，2016）。获取到组织认同的员工，既能很好地完成组织任务，也会支持组织，与组织保持一致（许璟等，2017；Yener 等，2018）。组织认同可能会调节企业家认知及企业家自我效能感和战略变革过程之间的关系，组织内部成员的组织认同感愈高，彼此的合作意愿则愈强，组织的行为和决策一致性越高。当员工非常认同自己所在的组织时（企业家的相关活动动机及价值观与组织相通），会更愿意为了组织而采取行动，继而在组织变革发起和实施过程中，企业家采取的变革措施始终是围绕着组织的战略目标而展开的，而员工的组织认同能够影响其工作意愿，进而影响其支持战略变革的行为。换言之，组织认同感高的员工更能支持企业进行战略变革，既降低了战略变革发起的阻力，又强化了企业家实施战略变革的决心。组织成员对组织的认同程度越高，成员间的合作关系越密切，合作倾向性也越高，组织成员越愿意互相分享对组织的见解与创造性想法。也许初期企业家对战略变革缺少信心，可是社会及组织成员的情感依赖和归属感为企业家提供了支持，在一定程度上除去企业家的顾虑，增进企业家的信心，大力促进战略变革的发起。反之，组织认同感较低时，企业家认知及企业家自我效能感的强弱对战略变革过程的作用则尤为关键。当组织成员在思想及行动上不一致时，企业家则需要具有足够的自信，一往无前、乐观进取，唯有如此，才能把战略变革发起及实施过程一步步向下推行。不然，战略变革只是一场幻影。所以，组织认同对企业家认知及企业家的自我效能感对战略变革发起及实施过程起到调节作用。基于上述提出以下假设。

假设 H3：组织认同在企业家认知和企业家自我效能感对战略变革发起的影响中起到正向调节作用。

假设 H4：组织认同在企业家认知和企业家自我效能感对战略变革实施的影响中起到正向调节作用。

三、社会资本的调节作用

早期的研究认为，在转型经济中，企业社会资本对企业的影响是简单的线性关系，企业拥有的社会资本越多，则越容易获取资源，对企业盈利调节的影响也越大。企业横向联系和企业纵向联系都是企业的社会资本，描述了企业通过社会关系网络获取资源的能力。本研究认为企业社会资本分为企业横向联系和企业纵向联系，在企业社会责任与企业绩效的关系中起到调节的作用。

企业横向联系能够给企业带来重要的市场资源。首先，企业横向联系能够给企业提供那些在市场上难以获得的信息，例如产品信息、相关事件信息、市场变化信息及交易伙伴的诚信方面的信息。其次，密切的社会关系网络促进了商业伙伴之间的交流，也促进了商业伙伴之间知识的传递和技术的获取。最后，由于在社会关系网络中，企业以往的行为能够被其他企业所观察到，这也形成了企业的声誉，社会关系网络能够帮助企业在商业社区中获得网络合法性（Network Legitimacy）。这种合法性是企业的一种战略资源，能够吸引合作者，方便交易，并给企业带来经济利益。相对于那些横向联系水平较低的企业，横向联系水平较高的企业能够从其供应商、分销商及合作伙伴那里获得更多的市场信息（Market Intelligence），使企业能够迅速对市场信息做出反应，这将有利于提高企业满足顾客的能力。同时，相对于低水平横向联系的企业，高水平横向联系的企业拥有更好的供应链安排（Supply Chain Arrangements），这也有利于加强企业社会责任与企业绩效的正向关系。良好的供应链安排能够降低分销成本，节省下来的成本可以补偿为了加强与顾客的关系而付出的营销项目的成本。另外，协调的供应链安排有利于降低缺货率，并加强社会网络中顾客、供应商、零售商之间的信任，促进了顾客的购买行为，进而提高企业绩效。由于企业的社会关系网络也存在负面的影响，因此有研究发现，企业的社会关系网络并不是越广泛越好，社会关系网络如果过于广泛，将使企业处于复杂的关系网络之中，维护关系网络将耗费企业过多的资源，从而限制关系网络发挥积极的作用。

虽然市场机制变得越来越重要，但与政府机构建立良好的关系网络仍然是企业取得成功的一个重要因素。政府的干预对企业仍具有一定的影响，因此建立良好的政府关系是企业面对威胁（Threat）时的一个重要保障。首先，在转型经济中，政府往往通过制定产业发展规划和政策指导经济活动，建立政府关系网络使企业能够接触到重要的政策和产业信息。其次，政府机构仍然掌握着许多重要的稀缺资源，例如土地、银行信贷、补贴、税收优惠等，建立政府关系网络能够增强企业获取这些稀缺资源的能力。最后，建立政府关系网络能够给企业带来政治合法性（Political Legitimacy），表明企业的行为是合法的。将企业与政府之间的社会关系网络（企业纵向联系）引入企业社会责任与企业绩效关系的考察，本研究预测通过建立与政府机构的良好关系网络，企业能够获得受到政府机构控制的并没有公布的市场信息，这有利于提高企业社会责任对绩效的正向影响。拥有良好的政府网络，企业能够更好地接受法律和政治环境带来的挑战，以提高企业生存和成功的机会。与横向联系的分析逻辑类似，由于企业的社会关系网络也存在负面的影响，企业的社会关系网络并不是越广泛越好，如果企业与政府机构建立过于复杂的关系网络，企业同样需要耗费过多的资源来对与政府机构的关系网络进行维护，并且关系网络处理起来也将更加复杂。因此，与政府机构关系过于密切，也会限制关系网络发挥积极的作用。

现有的文献显示，绝大多数的实证研究是将社会资本作为自变量来展开的研究，很少有实证研究是将社会资本作为调节变量展开研究的。战略变革过程极其复杂，其本质即资源重新配置过程（张鹏等，2015）；而战略变革发起本质上即资源重新配置发起的过程，战略变革过程现实上亦为认知、发起及实施的过程（徐超和池仁勇，

2016；李巍等，2018）。企业家的认知、发起及实施均是基于个人的心智模式，针对企业战略变革的信息和现实做出的判断和实施，这些都离不开网络及资源的支持（张玉明等，2018）。也就是说，企业家认知及企业家自我效能感作为战略变革过程的影响因子，对战略变革过程中的作用需要有资源网络和渠道的支持，也就是企业家社会资本。因此提出如下假设。

假设 H5：社会资本在企业家认知和企业家自我效能感对战略变革发起的影响中起到正向调节作用。

假设 H6：社会资本在企业家认知和企业家自我效能感对战略变革实施的影响中起到正向调节作用。

表 4-1 总结了企业家认知（安排认知、意愿认知、能力认知）和企业家自我效能感对战略变革发起和实施的研究假设。

表 4-1 研究假设小结

假设	内容
H1	企业家认知和企业家自我效能感对战略变革发起有交互影响作用
H1a	企业家意愿认知和企业家自我效能感对战略变革发起有交互影响作用
H1b	企业家安排认知和企业家自我效能感对战略变革发起有交互影响作用
H1c	企业家能力认知和企业家自我效能感对战略变革发起有交互影响作用
H2	企业家认知和企业家自我效能感对战略变革实施有交互影响作用
H2a	企业家意愿认知和企业家自我效能感对战略变革实施有交互影响作用
H2b	企业家安排认知和企业家自我效能感对战略变革实施有交互影响作用
H2c	企业家能力认知和企业家自我效能感对战略变革实施有交互影响作用
H3	组织认同在企业家认知和企业家自我效能感对战略变革发起的影响中起到正向调节作用
H4	组织认同在企业家认知和企业家自我效能感对战略变革实施的影响中起到正向调节作用

续表

假设	内容
H5	社会资本在企业家认知和企业家自我效能感对战略变革发起的影响中起到正向调节作用
H6	社会资本在企业家认知和企业家自我效能感对战略变革实施的影响中起到正向调节作用

数据来源：本书作者整理。

第二节 研究设计

一、模型构建

本书以文献综述为基础，结合上述理论剖析创设如下企业家认知对战略变革过程作用的模型，且围绕此模型探讨企业家认知对战略变革过程的作用，企业家自我效能感与企业家认知对战略变革过程有着交互影响作用（陈莹和周小虎，2017）。此处可将企业家自我效能感看作交互变量（Naushad 和 Malik，2018）。在一个企业内，企业家的关键性不容置疑，企业关键决策及实施皆出自企业家的头脑。可是，企业家也并非完全趋于理性，企业家认知上的特质对企业各项决策及实施发挥着重要作用，所以企业的绩效和企业家认知密切相关。在战略变革过程中，企业家认知必然发挥关键作用。此外，变革对组织认同及社会资本具有极强的作用，两者表现的强弱会对变革带来极大的影响，当两者体现极强的态势时，企业家认知对战略变革过程的作用就会更加突出，会减少变革阻力，从而促进变革的顺利实施。此次研究以战略变革过程为被解释变量，企业家认知为解释变量。理论模型如图 4-1 所示。

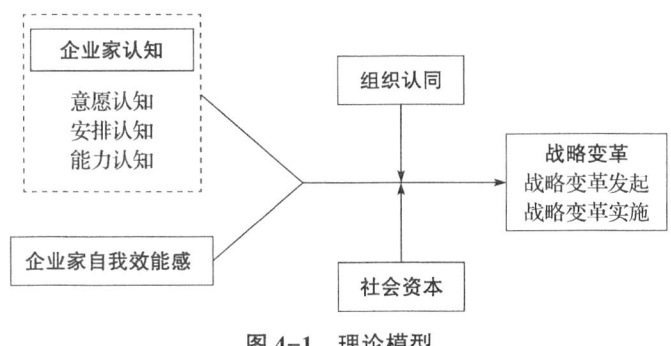

图 4-1 理论模型

数据来源：本书作者整理。

（1）企业家自我效能感与企业家认知（意愿认知、安排认知和能力认知）对战略变革过程（战略变革发起和战略变革实施）具有交互影响作用。

（2）组织认同、社会资本是企业家认知与企业家自我效能感对战略变革过程（战略变革发起和战略变革实施）中的调节变量。

二、问卷设计

（一）问卷设计的原则

问卷调查法依赖于大样本调查。因此，研究中的问卷设计与抽样调查和统计分析同等重要，它是问卷调查法中的一个关键步骤。问卷的质量直接影响调查数据的真实性和有效性，应采用一系列严格、规范的项目设计。这种方法可以消除内生变量、异方差和多重共线性等问题，在管理学的研究和应用中非常普及。

本部分的研究采用该方法主要考虑以下几个原因。

首先，本部分研究的目的主要基于在案例研究基础上提出的理论模型进行假设检验，通过问卷调查法收集的数据易于分析。

其次，问卷调查可以快速、有效地收集研究所需的数据，样本量大，相对于实地研究成本低廉，而且，本部分研究涉及的变量均有成熟的量表，量表的有效性较高。也就是说，对于构念的定义有合适的指标，从而能对该构念所代表的现象进行科学的描述、解释或预测，即构念可操作化。

最后，调查问卷占用被调研对象的时间相对较少，干扰度低，获得的结果相对较好。

为实现问卷调查法的有效性，研究者在设计问卷的过程中应当遵循以下基本原则。

（1）问题应该简洁明了，避免使用冗长且复杂的语句，造成问卷填写人理解困难。在编撰过程中应注意问卷填写人的背景、语言习惯等，特别是专有名词的使用。

（2）避免使用诱导性的问题，即暗示问卷填写人选择某个答案，研究人员应尽量保持客观和中立。

（3）避免使用含糊不清的词句，或是存在双重含义的表述。

（4）避免问卷过于冗长，应当控制好题量，避免使用重复的问题或与研究主题无关的问题。

（5）为使问卷填写人能真实坦诚地作答，应在调查说明中注明保密措施及调查结果的用途。

（二）问卷设计的过程

基于本部分的理论模型和研究假设，问卷中涉及的核心变量包括企业家认知、企业家自我效能感、组织认同、社会资本和变革发起和实施。遵循上述问卷设计的原则，本研究的问卷设计过程按照以下几个步骤展开。

第一，选择量表。在进行问卷调查之前，首先应考虑如何选择和利用现有的量表。沿用现有的量表不仅可以使我们的研究更加便利，而且具有较高的信度和效度，认可度高。在通过系统的文献梳理后，本研究对现有的量表进行整理和筛选，基于适用性、完整性和准确性的原则选择了经反复论证的量表，制成调研问卷题库，用于编撰初始问卷。

第二，回译量表。本研究成立了专门的课题组，成员承担翻译工作，课题组成员均熟练掌握英文，并具备专业知识。先由一人将英文翻译成中文，再由另一人将中文翻译回英文。在这个过程中，小组的其他成员展开讨论，逐一核对英文翻译和中文回译的准确性，确认翻译无误后，核对回译的量表与英文原始量表是否存在语义变化，以确保获得的中文量表可以真实、准确地反映原始英文的含义。最后，在不改变语义的条件下，对语言表达方式进行调整。

第三，问卷的预调研。为了测试问卷的准确性及有效性，估算被调研对象的时间，在实际发放前进行预调研。采用简单的随机抽样方式。抽样的单位为海尔生态圈中的小微企业主，与实际调研对象的差异小，样本具有一定的代表性。

第四，编撰问卷。根据小微企业主的反馈，以及邀请的南京大学和东南大学的两位专业教授对问卷题项选取和题项表达的反馈，我们对预调研的问卷进行了再次修改，并最终形成了正式的问卷。

三、变量测量

本书测量量表中企业家认知和战略变革过程中的战略变革发起和

实施来自国外成熟的研究成果。为保证量表的准确性，本研究采用回译的方式获取量表，具体过程如问卷设计中所述，通过该步骤最大限度保证问卷的准确性。而企业家自我效能感、企业家社会资本和组织认同均来自国内应用成熟的量表。

问卷题项，除企业家认知外，均采用主观评价的5点李克特量表进行测度，即"1=完全不同意，5=完全同意"；企业家认知采用基于专家信息加工理论的"脚本—情境结构模型法"。在测量题项中，设置一个反映项和一个干扰项，根据创业者的认知是否存在及其程度的选择予以推断。

（一）解释变量的测量

此次研究的解释变量为企业家认知（Entrepreneur Cognition，EC），对其测量时采取 Smith 等（2009）所编拟的量表，包含安排认知、意愿认知、能力认知三个维度。被试者依所列事件来回答问题。其中，安排认知包含5道题，意愿认知包含7道题，能力认知包含5道题。

（二）被解释变量的测量

此次研究的被解释变量为战略变革过程（Strategic Change Process，SCP），主要包含战略变革发起、战略变革实施两个维度。

1. 战略变革发起的测量

企业家对战略变革发起方面的测量参照 Herrmann 和 Nadkarni（2014）开发的量表，量表主要内容有所属小微正进入或退出国际市场，所属小微正增加或淘汰了产品线，所属小微正完成新的合并和收购，所属小微正买卖物业、厂房及设备，所属小微正增加或减少研发支出，共计5道题。

2. 战略变革实施的测量

战略变革实施的测量参照 Herrmann 和 Nadkarni（2014）开发的量表，其中涉及组织结构发生变化［例如，集权（分权）的增加（减少）］，组织重组或流程更改（例如增加或减少执行活动的步骤），员工的数量增加或减少，管理团队的头衔分配发生变化（例如职能、产品、地域或混合）和企业对高管的正式激励发生变化等，共计 5 道题。

（三）调节变量的测量

1. 企业家自我效能感的测量

企业家自我效能感为此次研究的调节变量之一。企业家自我效能感于企业家认知与战略变革过程关系中发挥调节作用。对企业家自我效能感的测量参照了 Zhao 等（2005）的企业家自我效能感量表，主要包括涉及企业家对成功发现新商机、对创造新产品、对将一个想法成功商业化和对创造性思维能力的信心程度，共计 4 个题项。

2. 组织认同的测量

测量组织认同在企业家认知及企业家自我效能感对战略变革过程中的调节作用，参照 Mael 和 Ashforth 等（1992）的研究，主要内容有：当有人批评我所在的组织时，就跟批评我一样；我对别人对组织的看法很感兴趣；当谈到组织时，我通常说"我们"而不是"他们"；组织的成功就是我的成功；当有人赞美我所在的组织时，就跟赞美我一样，如果组织受到媒体的批评，我会感到尴尬，共计 6 道题。

3. 社会资本的测量

测量社会资本在企业家认知及企业家自我效能感对战略变革过程

的调节作用,参照赵延东等(2005)的研究,包括外部社会资本(环境网络、个人网络)、内部社会资本(市场网络、内组织网络)两个维度,主要内容有:与上级领导机构或政府部门人员关系密切,自身和老乡及朋友的社交及联系较广泛,与供应商关系良好,股东支持你的工作等,共计12道题。

四、控制变量的测量

控制变量为问卷内第二部分的基本信息,含有问卷填写人及海尔企业的状况。基本信息内包含填写人的性别、年龄及文化程度,以及海尔小微的年龄和规模,其中企业规模由企业资产和员工人数组成。

第三节 数据收集

一、样本来源

研究结论的适用性和外推性在很大程度上决定了样本的质量,样本质量是抽样研究中重要的指标。如果样本质量不合格,那么在很大程度上无法佐证自己的假设,甚至得出与实际情况南辕北辙的研究结论。

本研究采用的是非随机抽样,研究人员根据自己的主观经验及设想有选择性地抽取样本。样本中最为重要的最有代表性,反映了各种平均性的指标与总体相应的指标的接近程度,接近程度越高,选择的样本对总体特征的体现程度越高。本研究选取的样本是海尔生态圈中小微主及高管创客,原因有以下几个方面。

首先,海尔生态圈囊括来自白电业、投资业、金融业、地产业和文化产业、服务业等不同行业的小微企业,因此能获取多种类型的创客。具体而言,海尔架构包括五大业务领域、三大委员会及一大共享平台。其中五大领域包括:白电转型平台,聚焦从电器到网器再到网站的转型,通过社群平台、互联工厂、智慧生活平台等,以超前迭代为支点,成为物联网时代智慧家庭的引领者;投资孵化平台,聚焦打造用户生态圈和平台诚信品牌,通过建立社群交互生态圈,实现在场景商务平台的物联网模式引领;金融控股平台,聚焦社群经济,以金管家和产业投行为切入点,通过链接、重构、共创、共享,打造产业金融共创共赢生态圈,实现"产业金融平台"在互联网金融中的引领作用;地产业平台,探索智慧社区生活服务的物联网模式引领;文化产业平台,探索互联网时代"内容+社群+电商"价值交互模式的引领。三大委员会包括战略及投资委员会、薪酬及提名委员会、审计及风控委员会。一大共享是指原财务、人力、工会、党群、IT等职能单位转型平台。由以上内容可知,海尔生态圈中涵盖了来自众多行业的小微企业,遍布全国各地,涉及不同城市。换句话说,海尔生态圈中的小微企业能作为样本总体的一个缩影,力求做到无偏。

其次,海尔生态圈中的小微又分为转型小微和孵化小微,因此创业者的认知、拥有的社会资本和组织认同甚至自我效能感的差异能够与样本总体保持相对一致。转型小微,即由海尔原有产业转型而来的小微,例如馨厨小微是由原法式对开门冰箱自主经营体转型而来;雷神小微是由原游戏笔记本自主经营体转型而来;税务小微是由原财务共享的税务自主经营体转型而来。孵化小微,即海尔海创汇生态圈上孵化出的新产业小微,如聚焦家庭影院的小帅小微、聚焦无人机的普宇小微、聚焦快递柜生态的乐家小微等。

最后，考虑到研究人员可以利用自己的沟通渠道有效地获取高质量且高回收率的问卷，能够在一定程度上保证问卷的信度及有效性。所以本课题组选择对海尔生态圈中的转型小微和孵化小微主发放问卷。此外，研究人员还利用网络问卷的收集方式，更加方便快捷地获取问卷。

二、数据收集过程

为了验证假设及保证问卷测量的准确性和有效性，本研究的整个调研过程包括预调研、正式调研和结果整理三个阶段。

（一）预调研阶段

本研究在预调研阶段依旧选择了来自海尔生态圈中的小微企业的小微主及高管创客。此次线下预调研的目的包含两个方面：一是通过预调研问卷填写者在填写问卷的过程中及时与调研人员沟通，来反映其能否准确理解问卷中的问题，以检查问卷表述、题项设置的问题，从而保证本次调研的有效性；二是通过预调研加强对问卷调研参与者的培训，使后期在线下问卷发放过程中减少因调查方法等因素而对数据收集过程产生的影响。在预调研后，课题组根据收回的反馈，重新设计了问卷的题项内容、问题表述及内容排版。整个预调研从2018年9月持续至2018年11月。

（二）正式调研阶段

问卷发放收集时间为2021年3月至2021年7月。根据预调研积累的经验，在前期对参与线下调研的对接人员进行了相关的培训，包括告知本次调研的目的、调研的对象及有助于回收问卷的沟通方法等，从而保证了数据质量。线上的调研由研究人员完成。创客企业选取成立年限低于海尔企业孵化的创客企业。样本来源不限，包括青岛、北京、上海、南京等地。调研企业行业类型涉及金融地产、工业制造、批发零售、信息技术服务和公用事业等行业。收集数据的方式包括现场问卷调查和电子问卷调查。①对青岛本地孵化的创客企业采取直接发放问卷的调研方式，由这些创客企业的主要创始人填写，并现场收回问卷。②对北京、上海、南京等地的部分创客企业主要采取发送电子邮件的方式进行调研。调研者联系创客企业的创始人后，把提前设计好的电子调查问卷通过邮箱发送给符合条件的创客企业的创始人，由其填写完成回复后进行登记。

（三）结果整理阶段

最终通过问卷发放共收回海尔生态圈中 347 个小微公司的小微主及高管创客，回收 307 份问卷，剔除随意填写等无效问卷后得到有效问卷 271 份，有效回收率为 78.1%，有效样本量占比大于 40%。其中，转型小微共计 197 个，孵化小微共计 74 个，有效样本中两类小微占比分别为 72.7% 和 27.3%。在对线上和线下问卷两种方式收回的调查数据进行独立样本 T 检验分析后，结果显示两种收集方式所获取的数据不存在明显差异。

数据样本分布情况如下：科技型创业者年龄趋于年轻化，主要集中于 26～35 岁，此年龄段的人数占总样本的 43.5%；男性占 76.4%，女性占 23.6%；85.3% 的创业者的学历为本科及以上。在企业层面，创立年限大部分为 1～5 年，占比 56.82%，成立 6～10 年占比 27.31%，企业大多较年轻。企业规模在 500 万元以下占比 27.7%，500 万～4000 万元占比 30.9%。企业员工人数中 50 人以上占比 34.7%。样本的信息显示，选取的案例具有较好的代表性。详细信息描述见表 4-2 中样本个体的基本信息统计（N=271）。

表 4-2　样本个体的基本信息统计（N=271）

变量	类别	样本数量	占比/%	变量	类别	样本数量	占比/%
年龄	25岁以下	64	23.6	性别	男	207	76.4
	26~35岁	118	43.5		女	64	23.6
	36~45岁	83	30.6	企业规模（资产）	500万元以下	75	27.7
	46~55岁	6	2.3		500万~4000万元	84	30.9
教育程度	高中及以下	1	0.4		4000万~1亿元	42	15.5
	专科	39	14.4		1亿~4亿元	29	10.7
	本科	166	61.3		4亿元以上	41	15.1
	硕士研究生	65	24	企业规模（员工）	5人及以下	46	16.9
企业年龄	1年以下	4	1.48		6~20人	60	22.1
	1~5年	154	56.82		21~35人	35	12.9
	6~10年	74	27.31		36~50人	36	13.3
	11~15年	28	10.33		50人及以上	94	34.7
	16~20年	4	1.48				
	21年及以上	7	2.58				

数据来源：本书作者整理。

第四节　数据分析与假设检验

一、信度与效度分析

（一）信度分析

信度分析，亦称作可靠性分析，是评价测量工具稳定性和可靠性的重要指标，能够保证问卷测量结果的稳定，主要包括复合信度和内部一致性信度，其中内部一致性信度是目前管理研究中普遍认可的信度检验方法，Cronbach's α 系数作为判断标准而被普遍应用。Cronbach's α 系数愈大，则表明量表可靠性愈高，亦体现了测量工具良好的稳定性及一致性。判断标准为：若 α>0.70，体现出量表信度较好；若 0.65<α<0.70，体现出量表信度能够接受；若 0.60<α<0.65，则体现出此量表可用性不强；若 α<0.60，则体现出该量表信度未通过检验，不可用。此外，组合信度（CR）高于 0.7 则说明量表具有较好的信度。

此次所使用的各量表信度分析如表 4-3 所示。表中数据显示，此次研究选取的各量表中的 Cronbach's α 值皆高于 0.7，反映出本研究所采取的量表内部一致性较高，且组合信度（CR）均高于 0.7，说明测量量表具有较好的信度，能够满足此次研究的需要。

表 4-3　各量表信度分析

模型	题项数	组合信度（CR）	Cronbach's α 值
企业家认知	17	0.871	0.857
企业家自我效能感	4	0.904	0.904
社会资本	12	0.969	0.968
组织认同	6	0.965	0.965
变革发起	5	0.915	0.915
变革实施	5	0.963	0.963

数据来源：本书作者整理。

（二）效度分析

效度分析即测量工具的有效性分析，指测量工具能够有效测量所需测量事项的程度，能够保证问卷结果的可靠性。比较常用的效度分析有内容效度、聚敛效度和区分效度。本研究采用文字描述保证内容效度，采用探索性因子分析检验聚敛效度，采用验证性因子分析检验区分效度。分析因子之前需要通过 Bartlett's 球形检验，且 KMO 值需大于 0.7。平均提取方差（AVE）值大于 0.7，则说明量表具有较好的区分效度。

1. 内容效度

内容效度是指测量内容在多大程度上反映或代表了研究者所要测量的构念（陈晓萍等，2016）。为确保问卷的内容效度，本研究所用量表均为国内外成熟量表，其有效性已经过了多次验证。对于英文量表，我们遵循了严格的"翻译—回译"程序，先邀请本领域内多位博士生和一名英语专业的博士生将英文量表翻译成中文，并经反复修正。而且，在问卷正式发放之前还进行了小规模的前测。依据前测建议，本研究对表达模糊、容易引起误解的题项进行了修正，确保每个题项都能准确表达其含义，保证了问卷的内容效度。

2. 聚敛效度

聚敛效度是指理论构念与变量测量之间的一致性程度（陈晓萍等，2017）。本研究通过探索性因子分析获得各测量题项的因子载荷。由表4-4可知，对企业家自我效能感4个测量题项做探索性因子分析，量表的 KMO 值为 0.847>0.7，且 Bartlett's 球形检验结果为 679.716，在 0.000 水平上显著，表明可以做因子分析。因子分析得到 1 个特征值大于 1 的因子，共解释了 77.779% 的总变异，说明量表具有较好的聚敛效度。

对社会资本 12 个测量题项做探索性因子分析，量表的 KMO 值为 0.933>0.7，且 Bartlett's 球形检验结果为 3919.260，在 0.000 水平上显著，表明可以做因子分析。因子分析得到 1 个特征值大于 1 的因子，共解释了 74.456% 的总变异，说明量表具有较好的聚敛效度。

对组织认同 6 个测量题项做探索性因子分析，量表的 KMO 值为 0.920>0.7，且 Bartlett's 球形检验结果为 2041.259，在 0.000 水平上显著，表明可以做因子分析。因子分析得到 1 个特征值大于 1 的因子，共解释了 85.383% 的总变异，说明量表具有较好的聚敛效度。

对变革发起 5 个测量题项做探索性因子分析，量表的 KMO 值为 0.865>0.7，且 Bartlett's 球形检验结果为 969.936，在 0.000 水平上显著，表明可以做因子分析。因子分析得到 1 个特征值大于 1 的因子，共解释了 75.143% 的总变异，说明量表具有较好的聚敛效度。

对变革实施 5 个测量题项做探索性因子分析，量表的 KMO 值为 0.906>0.7，且 Bartlett's 球形检验结果为 1611.297，在 0.000 水平上显著，表明可以做因子分析。因子分析得到 1 个特征值大于 1 的因子，共解释了 87.124% 的总变异，说明量表具有较好的聚敛效度。

由表 4-4 可知，测量题项的因子载荷都大于 0.8，远超过 0.6 的临界值，说明本研究的测量题量较好地反映了所要测量的目标构念，构建效度良好。

表 4-4 探索性因子分析结果[①]

变量	测量题项	KMO	Bartlett's 球形检验	因子载荷
企业家自我效能感	我对自己成功发现新商机的能力充满信心	0.847	679.716***	0.874
	我对自己创造新产品的能力充满信心			0.895
	我对自己将一个想法成功商业化的能力充满信心			0.889
	我对自己创造性思维的能力充满信心			0.870

---

① 探索性因子分析不含企业家认知。本研究中企业家认知是形成性指标而非反映性指标。对于形成性指标陈晓萍等（2016）认为，由于无法对构念进行准确的认识，所以形成性指标的构念效度经常需要从变量之间的数量关系进行推断，如果观测到的关系符合我们的预期，即可认为构念的操作是有效度的。

续表

变量	测量题项	KMO	Bartlett's 球形检验	因子载荷
社会资本	我与上级领导机关或各级政府部门有关人员经常有来往，关系密切	0.933	3919.260***	0.856
	我与银行及工商税务等行政职能部门人员经常有来往，关系密切			0.870
	我与亲属（通过"血源"网络）的社会交往和联系比较广泛			0.874
	我与老乡、朋友（通过"地源"网络）的社会交往和联系比较广泛			0.858
	我与同学、老师、校友（通过"学源"网络）的社会交往和联系比较广泛			0.846
	我与同行企业的管理人员经常有来往，关系密切			0.854
	我与主要供应商企业的管理人员具有良好的关系			0.847
	我与主要客户企业的管理人员具有良好的关系			0.894
	公司股东支持我的管理工作，我们之间具有良好的关系			0.890
	我与其他管理者之间关系密切、相互信任、真诚合作			0.869
	我的员工支持我的决策，能够胜任我安排的工作，并且我也信任他们的能力			0.844
	我的员工在生活中遇到困难愿意与我交流和倾诉			0.851
组织认同	当有人批评我所在的公司时，就跟批评我一样	0.920	2041.259***	0.915
	我对别人对公司的看法很感兴趣			0.866
	当谈到公司时，我通常说"我们"而不是"他们"			0.926
	公司的成功就是我的成功			0.947
	当有人赞美我所在的公司时，就跟赞美我一样			0.946
	如果公司受到媒体的批评，我会感到尴尬			0.941

续表

变量	测量题项	KMO	Bartlett's 球形检验	因子载荷
变革发起	公司正进入或退出国际市场	0.865	969.936***	0.893
	公司正增加或淘汰了产品线			0.886
	公司正完成新的合并和收购			0.905
	公司正买卖物业、厂房及设备			0.838
	公司正增加或减少研发支出			0.808
变革实施	组织结构发生变化（例如集权和分权的增加或减少）	0.906	1611.297***	0.908
	组织正重组或更改流程（例如增加或减少执行活动步骤）			0.935
	企业的员工的数量增加或减少			0.944
	管理团队成员头衔分配发生变化（例如职能、产品、地域或混合）			0.939
	企业对高管的正式激励发生变化			0.941

注：***P<0.001，代表在1%水平上显著。
数据来源：本书作者整理。

3. 区分效度

区分效度分析指对各量表可精准检测自身代表的研究变量其程度所展开的分析。本研究利用 AMOSE 软件对变革自我效能感、组织认同、社会资本、变革发起和变革实施进行验证性因子分析，以检验5个变量之间的区分效度。本研究将五因子模型与四因子模型、三因子模型、二因子模型及单因子模型进行比较[①]。依据吴明隆（2009）的研究，当 $1<\chi^2/df<3$ 时，表示模型适配理想，当 $3<\chi^2/df<5$ 时，表

---

① 单因子模型：企业家自我效能感+组织认同+社会资本+变革发起+变革实施。
二因子模型：企业家自我效能感，组织认同+社会资本+变革发起+变革实施。
三因子模型：企业家自我效能感，组织认同，社会资本+变革发起+变革实施。
四因子模型：企业家自我效能感，组织认同，社会资本，变革发起+变革实施。
五因子模型：企业家自我效能感、组织认同、社会资本、变革发起、变革实施。

示模型适配可接受；当增值配适度指数 IFI>0.9 时，表示模型适配理想；当比较拟合指数 CFI>0.9 时，表示模型适配理想；当均方根误差 RMR<0.05 时，表示模型适配理想；当近似误差均方根 RMSEA<0.08 时，表示模型适配理想，当 0.08<RMSEA<0.1 时，表示模型适配可接受。基于上述标准，如表 4-5 所示的检验结果可以看出五因子模型的拟合度最好，与调研数据吻合度较高（χ^2/df=3.016，IFI=0.906，CFI=0.905，RMR=0.038，RMSEA=0.086），均达到适配可接受水平。可见，本研究的测量问卷具有较好的区分效度。

表 4-5 验证性因子分析结果（N=271）[①]

模型	χ^2	df	χ^2/df	CFI	IFI	RMR	RMSEA
单因子	5938.754	464	12.799	0.434	0.395	0.176	0.209
二因子	5389.608	463	11.641	0.490	0.492	0.176	0.199
三因子	3420.189	461	7.419	0.694	0.695	0.116	0.154
四因子	2103.437	458	4.593	0.830	0.830	0.081	0.115
五因子	1369.273	454	3.016	0.905	0.906	0.038	0.086

数据来源：本书作者整理。

二、描述性统计分析与相关分析

各变量的描述性统计如表 4-6 所示。变革发起、变革实施的均值依序为 4.19、4.15，说明海尔生态圈中的创客们创新性及创造力相对较高，从而导致战略变革的发起及实施效能皆较高；企业家意愿认

[①] 验证性因子分析不含企业家认知。在本研究中，由于企业家认知为形成性指标，而非反映性指标，每一个题项均有助于确定构念的意义（Smith，2009），因而就没有必要从个体层面对所有题项进行验证性因子分析，所以本研究仅对模型中剩余变量进行验证性因子分析。

表 4-6 各变量的描述性统计 (N=271)

变量	均值	标准差	1	2	3	4	5	6	7	8	9	10	11	12	13
性别	0.24	0.426													
年龄	2.11	0.788	-0.048												
教育程度	3.09	0.626	0.060	0.468***											
企业年龄	6.17	5.851	-0.085	0.340***	0.242***										
企业规模（资产）	2.55	1.389	-0.263***	0.532***	0.174**	0.408***									
企业规模（员工）	3.27	1.536	-0.136*	0.578***	0.253**	0.452***	0.614***								
安排认知	4.49	0.985	-0.090	-0.220***	-0.130*	-0.023	-0.063	-0.030							
意愿认知	6.01	1.582	-0.060	-0.308***	-0.270***	-0.142*	-0.228***	-0.117	542***						
能力认知	4.56	0.841	-0.165**	-0.299***	-0.193**	-0.169**	-0.159**	-0.165**	523***	0.626***					
企业家自我效能感	4.47	0.624	-0.070	-0.069	-0.160**	-0.013	0.029	0.064	323***	0.359***	0.285***				
组织认同	4.41	0.931	-0.163*	0.012	-0.045	-0.023	0.077	0.091	256***	0.273***	0.228***	0.577***			
社会资本	4.15	0.755	-0.154*	-0.121*	-0.148*	-0.074	-0.142*	0.080	190**	0.373***	0.283***	0.395***	0.249***		
变革发起	4.19	0.859	-0.055	-0.173**	-0.218***	-0.066	-0.124*	-0.017	0.406***	0.473***	0.425***	0.300***	0.261***	0.434***	
变革实施	4.15	0.936	-0.093	-0.046	-0.073	-0.018	-0.014	0.058	0.402***	0.339***	0.351***	0.240***	0.292***	0.525***	0.496***

数据来源：本书作者整理；*p<0.05，**p<0.01，***p<0.001。

知、企业家安排认知、企业家能力认知的均值依序为 6.01、4.49、4.56，说明企业家对关键事件压力具有极高的认知度。企业家自我效能感的均值为 4.47，说明海尔平台内的小微企业家相对具有极高的自我效能感，对企业内部活动的开展具有较高的自信。企业家社会资本的均值为 4.15，这与海尔生态圈的特征相符，通过积累平台资源、自我社会资源等，小微企业家具有较高的社会资本。企业家组织认同的均值为 4.41，说明企业家对其所在组织的认同率也较高。

由表 4-6 可知，企业家安排认知与变革发起（r=0.406，p<0.001）、变革实施（r=0.402，p<0.001）呈显著的正相关关系；企业家意愿认知与变革发起（r=0.473，p<0.001）、变革实施（r=0.339，p<0.001）呈显著的正相关关系；企业家能力认知与变革发起（r=0.425，p<0.001）、变革实施（r=0.351，p<0.001）呈显著的正相关关系；企业家自我效能感和变革发起（r=0.300，p<0.001）、变革实施（r=0.240，p<0.001）呈显著的正相关关系；组织认同和变革发起（r=0.261，p<0.001）、变革实施（r=0.292，p<0.001）呈显著的正相关关系；社会资本和变革发起（r=0.434，p<0.001）、变革实施（r=0.525，p<0.001）呈显著的正相关关系。此外，企业家的年龄（r=-0.173，p<0.01）和教育程度（r=-0.218，p<0.001）与变革发起呈显著的相关性，表明处于不同年龄和拥有不同学历的企业家在变革发起行动上存在差异。上述结果为研究假设提供了初步证据，本研究可以就此开展进一步的假设验证工作。

三、共同方法偏差分析

共同方法变异（Common Method Variance，CMV）是指使用同种测量工具会导致特质间产生虚假的共同变异，这种系统性偏差会对研究结论产生潜在的误导，常见于自我报告式量表测量数据中，主要来源于相同的数据采集方法、项目本身的特征、被试的反应偏向等。本研究采用程序控制和统计控制两种方式对共同方法偏差问题进行控制和检验。

（一）程序控制

本研究在进行调研过程中向受试者详细说明调研的目的，本次问卷调研采用不记名方式进行，而且本研究在一定程度上将测量题项的顺序进行了调整、打乱，降低了受试者对测量题项的猜测。

（二）统计控制

在统计控制方面，尽管本研究采用了程序控制的方式以减弱共同方法偏差的影响，但仍然无法完全消除，为检验共同方法偏差的严重性，本研究采用了两种检测方法进行检验。

第一，采用 Harman 单因子法。该方法认为在一个研究中有一个方法因子解释不同特质所有项目的共同变异，方法因子解释的变异越多，说明偏差越严重。Podsakoff 和 Organ（1986）认为用 Harman 单因子法得到的单因子解释变异不超过 50%，则共同方法偏差不严重。国内相关研究基于经验标准，一般认为单因子解释的变异不能超过 40%（汤丹丹和温忠麟，2020）。具体操作是将问卷所有项目一起做因子分析，在未旋转时得到的第一个主成分反映了共同方法变异的量，若其不是占大多数，就表明共同方法变异问题不严重。如表 4-7 所示，第一个主成分为 31.568% 不占大多数，低于要求的 40%，初步表明本研究共同方法变异问题不严重。

表 4-7 Harman 单因子变量结果（部分）

成分	初始特征值			提取载荷平方和		
	总计	方差百分比	累积百分比	总计	方差百分比	累积百分比
1	15.468	31.568	31.568	15.468	31.568	31.568

续表

成分	初始特征值			提取载荷平方和		
	总计	方差百分比	累积百分比	总计	方差百分比	累积百分比
2	5.492	11.207	42.775	5.492	11.207	42.775
3	4.341	8.859	51.634	4.341	8.859	51.634
4	2.763	5.638	57.272	2.763	5.638	57.272
5	2.038	4.159	61.431	2.038	4.159	61.431
6	1.737	3.545	64.976	1.737	3.545	64.976
7	1.316	2.687	67.662	1.316	2.687	67.662
8	1.102	2.248	69.911	1.102	2.248	69.911
9	1.053	2.149	72.060	1.053	2.149	72.060
10	0.978	0.995	74.055	—	—	—
11	0.893	0.823	75.878	—	—	—
12	0.872	0.779	77.657	—	—	—

提取方法：主成分分析法。

第二，采用控制未测单一方法中的潜变量法进行再次检验。具体做法是将共同方法偏差作为一个潜变量纳入五因子模型中，通过比较两模型的拟合变化情况对共同方法偏差的严重性进行判断，比较认可的评价标准是Bagozzi和Yi（1990）所提出拟合改善小于0.05的标准。在本研究中，纳入共同方法偏差因子后CFI=0.948，IFI=0.948，RMR=0.024，RMSEA=0.066，与五因子相比，ΔCFI=0.043，ΔIFI=0.042，ΔRMR=0.014，ΔRMSEA=0.020，均小于0.05。综合以上分析可以认为，本研究不存在严重的共同方法偏差问题。

四、多重共线性分析

本研究采用多元线性回归分析进行假设检验，这种分析由于设计缺陷或者变量间固有的联系，使解释变量之间存在较强的相关关系，即容易存在多重共线性问题。多重共线性的存在会使最小二乘估计中的 β 系数发生改变，严重影响回归分析结果的稳健性。

从各变量之间的相关性系数均小于 0.65，属于中等程度的相关，可以初步判定本研究的多重共线性问题不严重。

常用的多重共线性检验方法参考方差膨胀因子（Variance Inflation Factor，VIF），若 VIF 值超过 10，则表示回归分析结果受到多种共线性严重的干扰。因为本研究涉及交互效应，在进行回归分析之前，对有关自变量和调节变量进行了标准化处理。回归结果如表 4-8 所示，各模型的 Max（VIF）值均小于临界值 10，表明本研究不存在验证的多重共线性问题。

表 4-8 多重共线性检验结果（N=271）

因变量	因子	容差	VIF
战略变革发起	安排认知	0.63	1.587
	意愿认知	0.502	1.994
	能力认知	0.557	1.797
	自我效能感	0.574	1.743
	社会资本	0.775	1.29
	组织认同	0.66	1.515
战略变革实施	安排认知	0.630	1.587
	意愿认知	0.502	1.994
	能力认知	0.557	1.797
	自我效能感	0.574	1.743
	社会资本	0.775	1.290
	组织认同	0.660	1.515

数据来源：本书作者整理。

五、假设验证

本研究在控制了相应的变量之后，运用 Stata16.0 软件采用最小二乘回归（OLS）检验理论模型。为了减小模型的多重共线性，在处理调节变量时先对变量进行中心化处理，再计算变量间的交互项。

出于两个原因，本研究没有使用结构方程模型（SME）进行假设检验。第一，结构方程中的最大似然估计要求测量题项答案符合正态分布（Jackson，2003），本研究收集的数据并不完全满足这一条件。例如变革发起和变革实施数据分布存在一定程度的右偏。第二，结构方程模型（SME）要求样本量是测量题项的 10～20 倍（Jackson，2003）。本研究共包含 49 个测量题项，样本量是 271，样本量或测量题项的比率大约为 5.5，不符合要求。因此，本研究使用最小二乘回归对理论模型进行检验。

针对调节效应的检验，本研究采用温忠麟、侯杰泰和张雷（2006）提出的交互项系数法来进行检验。

六、主效应检验

假设 1 关注了企业家认知和企业家自我效能感对变革发起的交互影响作用。由表 4-9 可知，模型 1 为控制变量模型，主要测量了性别、年龄、教育程度、企业年龄、企业规模（资产）、企业规模（员工）对变革发起的影响。模型 9 是在控制变量模型的基础上加入企业家认知和企业家自我效能感及两者的交互项，加入相关变量后 F 值为 14.389，在 $p<0.001$ 的水平上显著，这表明加入新变量的回归模

表 4-9　企业家认知与企业家自我效能感对变革发起的回归分析结果（N=271）

变量	模型 1	模型 2	模型 3	模型 4	模型 5	模型 6	模型 7	模型 8	模型 9
				变革发起					
性别	-0.136 （0.277）	-0.064 （0.579）	-0.088 （0.427）	-0.051 （0.651）	-0.025 （0.827）	0.017 （0.885）	0.019 （0.864）	-0.002 （0.987）	0.011 （0.918）
年龄	-0.122 （0.179）	-0.006 （0.939）	-0.039 （0.635）	-0.018 （0.830）	-0.018 （0.830）	-0.010 （0.909）	-0.006 （0.949）	0.031 （0.706）	0.017 （0.834）
教育程度	-0.246** （0.009）	-0.199* （0.022）	-0.130 （0.121）	-0.130 （0.129）	-0.123 （0.149）	-0.188* （0.028）	-0.157 （0.065）	-0.155 （0.062）	-0.115 （0.159）
企业年龄	-0.001 （0.903）	-0.002 （0.857）	-0.002 （0.829）	0.001 （0.900）	0.000 （0.967）	0.004 （0.686）	0.002 （0.834）	0.001 （0.866）	-0.001 （0.939）
企业规模（资产）	-0.101* （0.047）	-0.097* （0.037）	-0.068 （0.131）	-0.053 （0.253）	-0.046 （0.323）	-0.088 （0.055）	-0.091* （0.045）	-0.063 （0.156）	-0.049 （0.263）
企业规模（员工）	0.105* （0.025）	0.067 （0.120）	0.047 （0.259）	0.055 （0.195）	0.053 （0.209）	0.083 （0.052）	0.083 （0.050）	0.057 （0.165）	0.049 （0.221）
安排认知		0.277*** （0.000）	0.332*** （0.000）						
意愿认知				0.329*** （0.000）	0.363*** （0.000）				
能力认知						0.305*** （0.000）	0.349*** （0.000）		

续表

变量	模型 1	模型 2	模型 3	模型 4	模型 5	模型 6	模型 7	模型 8	模型 9
				变革发起					
企业家认知								0.390*** (0.000)	0.432*** (0.000)
企业家自我效能感		0.143** (0.004)	0.255*** (0.000)	0.121* (0.016)	0.156** (0.003)	0.147** (0.003)	0.194*** (0.000)	0.089 (0.070)	0.181*** (0.001)
安排认知 × 企业家自我效能感			0.135*** (0.000)						
意愿认知 × 企业家自我效能感					0.082* (0.041)				
能力认知 × 企业家自我效能感							0.114** (0.007)		
企业家认知 × 企业家自我效能感									0.137*** (0.000)
R^2	0.080	0.233	0.296	0.257	0.269	0.247	0.268	0.297	0.332
ΔR^2	0.080	0.154	0.063	0.177	0.012	0.167	0.021	0.217	0.034
Max (VIF)	1.984	2.063	2.076	2.031	2.031	2.047	2.048	2.074	2.079
F	3.813** (0.001)	9.973*** (0.000)	12.205*** (0.000)	11.307*** (0.000)	10.645*** (0.000)	10.739*** (0.000)	10.613*** (0.000)	13.848*** (0.000)	14.389*** (0.000)

数据来源：本书作者整理；*p<0.05，**p<0.01，***p<0.001。

型是有意义的。模型9中的$\triangle R^2$为0.034，表明因变量3.4%的变动可以由自变量解释。回归结果显示，企业家认知和企业家自我效能感对变革发起具有交互影响（$\beta=0.137$，$p<0.001$）。因此，假设H1得到数据支持。

此外，本研究还关注了企业家认知各个维度和企业家自我效能感对战略变革发起的影响。模型3在控制变量模型基础上加入了安排认知，加入变量后方程在$p<0.001$水平上显著，这表明加入新变量后的回归模型是有意义的。回归结果显示安排认知和企业家自我效能感的交乘项对变革发起具有显著的正向影响（$\beta=0.135$，$p<0.001$），表示安排认知和企业家自我效能感对变革发起具有交互影响，假设H1a得到验证。同样地，模型5和模型7分别在控制变量模型的基础上加入了意愿认知和能力认知，加入变量后方程在$p<0.001$水平上显著，表明两个回归模型在加入新变量后都是有意义的。由模型5可以得出意愿认知和企业家自我效能感对变革发起具有交互影响（$\beta=0.082$，$p<0.05$），由模型7可以得出能力认知和企业家自我效能感对变革发起具有交互影响（$\beta=0.114$，$p<0.01$）。因此，假设H1、H1a、H1b、H1c均得到数据支持。

在交互作用分析中，两个自变量中只要有一个起到调节效应就可以说明交互作用存在。因此，为了更清晰地展示企业家认知及各维度（安排认知、意愿认知和能力认知）与企业家自我效能感对变革发起的交互效应，本研究借助Dawson和Jeremy（2014）的研究成果，绘制了企业家自我效能感在三对关系中的调节效应图。具体做法是，将企业家自我效能感以均值加减一个标准差为界分成高企业家自我效能感和低企业家自我效能感两组，分别观测企业家认知及各维度对变革发起的影响效果。由图4-2可以看出，企业家认知与战略变革发起呈正向关系，且高企业家自我效能感的拟合线斜率要大于低企业家自我效能感的拟合线斜率,说明高水平自我效能感的企业家在企业家认知维度下发起了更大的战略变革活动。因此,再次验证了假设 H1。

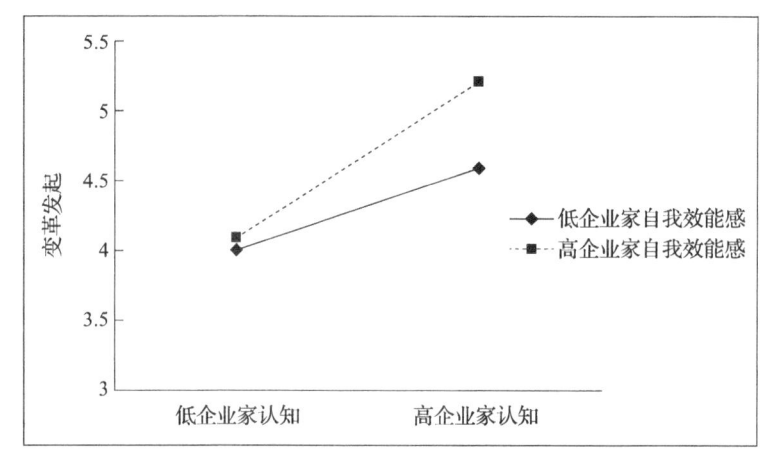

图 4-2　企业家认知与企业家自我效能感对变革发起的交互影响

此外,本研究也对企业家自我效能感在企业家认知的三个维度与变革发起的关系中发挥的作用绘制了调节效应图。由图 4-3 可以看出,企业家认知下的安排认知与战略变革发起之间呈正向关系,且在企业家自我效能感较高水平的企业家中,认知维度下的安排认知对变革发起的影响更加明显,突出表现为虚线比实线具有更高的拟合线斜率。这意味着高水平的企业家自我效能感在高安排认知的企业家认知下更容易发起战略变革,因此,再次验证了假设 H1a。同样地,由图 4-4 可以看出,企业家意愿认知与变革发起呈正向关系,且高水平自我效能感的企业家拟合线斜率要大于低水平自我效能感的企业家拟合线斜率,假设 H1b 再次得到验证。由图 4-5 可以看出,企业家能力认知与变革发起呈正向关系,且高水平自我效能感的企业家拟合线斜率要大于低水平自我效能感的企业家拟合线斜率,假设 H1c 再次得到验证。

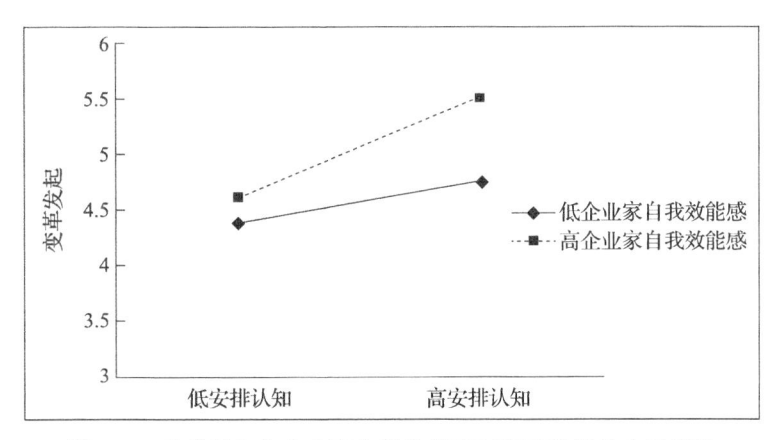

图 4-3　安排认知与企业家自我效能感对变革发起的交互影响

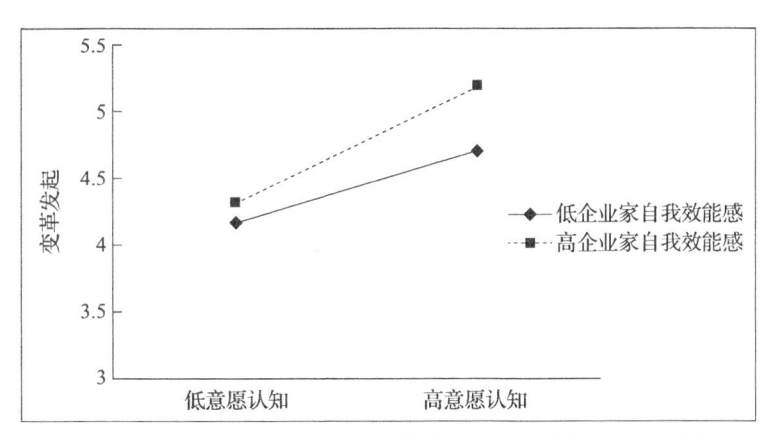

图 4-4　意愿认知与企业家自我效能感对变革发起的交互影响

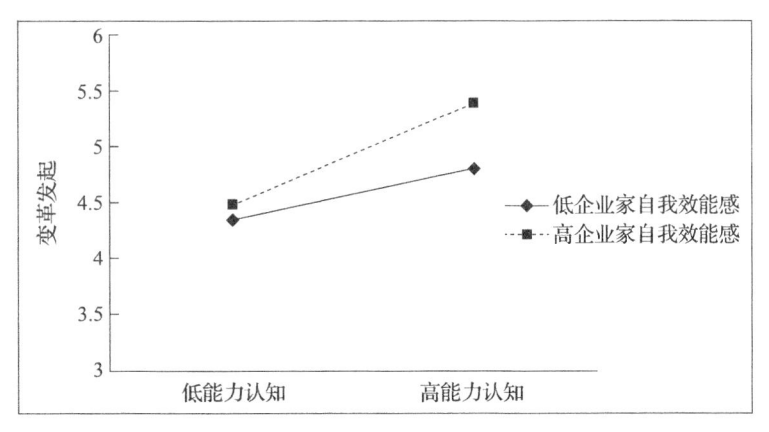

图 4-5　能力认知与企业家自我效能感对变革发起的交互影响

假设2关注了企业家认知和企业家自我效能感对变革实施的交互影响作用。由表4-10可知，模型10为控制变量模型，主要测量了性别、年龄、教育程度、企业年龄、企业规模（资产）、企业规模（员工）对变革实施的影响。模型18是在控制变量模型的基础上加入了企业家认知和企业家自我效能感及两者的交互项，加入相关变量后F值为11.000，在$p<0.001$的水平上显著，这表明加入新变量的回归模型是有意义的。模型18中$\triangle R^2$为0.075，表明因变量7.5%的变动可以由自变量解释。回归结果显示，企业家认知和企业家自我效能感对变革实施具有交互影响（$\beta=0.221$，$p<0.001$）。因此，假设H2得到数据支持。

此外，本研究还关注了企业家认知各个维度和企业家自我效能感对战略变革实施的影响。模型12在控制变量模型基础上加入了安排认知，加入变量后方程在$p<0.001$水平上显著，这表明加入新变量后的回归模型是有意义的。回归结果显示安排认知和企业家自我效能感的交乘项对变革实施具有显著的正向影响（$\beta=0.175$，$p<0.001$），表示安排认知和企业家自我效能感对变革实施具有交互影响，假设H2a得到验证。同样地，模型14和模型16分别在控制变量模型上加入企业家认知变量维度下的意愿认知和能力认知，加入变量后方程均在$p<0.001$水平上显著，均表明加入新变量后的模型14和模型16两个回归模型是有意义的。模型14的回归结果显示，意愿认知和企业家自我效能感对变革实施具有显著的正向影响（$\beta=0.167$，$p<0.001$），表示意愿认知和企业家自我效能感对变革实施具有交互影响。由模型16可以得出能力认知和企业家自我效能感对变革实施具有显著的正向影响（$\beta=0.167$，$p<0.01$），表示能力认知和企业家自我效能感对变革实施具有交互影响。因此，假设H2、H2a、H2b、H2c均得到数据支持。

表 4-10 企业家认知与企业家自我效能感对变革实施的回归分析结果（N=271）

变量	模型 10	模型 11	模型 12	模型 13	模型 14	模型 15	模型 16	模型 17	模型 18
性别	-0.208 (0.138)	-0.126 (0.327)	-0.157 (0.198)	-0.134 (0.313)	-0.080 (0.539)	-0.058 (0.661)	-0.054 (0.677)	-0.076 (0.553)	-0.055 (0.651)
年龄	-0.074 (0.464)	0.061 (0.525)	0.019 (0.836)	0.016 (0.868)	0.016 (0.862)	0.035 (0.715)	0.041 (0.664)	0.076 (0.425)	0.053 (0.558)
教育程度	-0.085 (0.418)	-0.045 (0.645)	0.044 (0.633)	0.018 (0.860)	0.032 (0.741)	-0.032 (0.745)	0.013 (0.890)	0.002 (0.986)	0.065 (0.480)
企业年龄	-0.005 (0.676)	-0.006 (0.594)	-0.006 (0.550)	-0.003 (0.805)	-0.006 (0.584)	0.000 (0.992)	-0.003 (0.807)	-0.002 (0.840)	-0.006 (0.572)
企业规模（资产）	-0.055 (0.330)	-0.051 (0.330)	-0.013 (0.796)	-0.014 (0.792)	0.001 (0.991)	-0.043 (0.418)	-0.047 (0.363)	-0.018 (0.729)	0.005 (0.919)
企业规模（员工）	0.097 (0.063)	0.057 (0.236)	0.031 (0.496)	0.053 (0.286)	0.049 (0.314)	0.077 (0.118)	0.076 (0.113)	0.052 (0.283)	0.039 (0.398)
安排认知		0.342*** (0.000)	0.413*** (0.000)						
意愿认知				0.282*** (0.000)	0.351*** (0.000)				
能力认知						0.302*** (0.000)	0.367*** (0.000)		

续表

变量	模型 10	模型 11	模型 12	模型 13	模型 14	模型 15	模型 16	模型 17	模型 18
					变革实施				
企业家认知		0.105 (0.062)	0.251*** (0.000)	0.117* (0.046)	0.188** (0.002)	0.129* (0.022)	0.198** (0.001)	0.389*** (0.000)	0.466*** (0.000)
企业家自我效能感			0.175*** (0.000)					0.071 (0.214)	0.219*** (0.000)
安排认知 × 企业家自我效能感					0.167*** (0.000)				
意愿认知 × 企业家自我效能感									
能力认知 × 企业家自我效能感							0.167** (0.001)		
企业家认知 × 企业家自我效能感									0.221*** (0.000)
R^2	0.027	0.286	0.275	0.142	0.183	0.157	0.195	0.200	0.275
ΔR^2	0.027	0.259	0.089	0.115	0.041	0.131	0.038	0.173	0.075
Max (vif)	1.975	2.063	2.076	2.021	2.032	2.047	2.048	2.074	2.079
F	1.209 (0.302)	7.491*** (0.000)	11.002*** (0.000)	5.424*** (0.000)	6.512*** (0.000)	6.114*** (0.000)	7.038*** (0.000)	8.180*** (0.000)	11.000*** (0.000)

数据来源：本书作者整理；*p<0.05，**p<0.01，***p<0.001。

为了更清晰地展示企业家认知及各维度（安排认知、意愿认知和能力认知）与企业家自我效能感对变革实施的交互效应，本研究依旧借助了 Dawson 和 Jeremy（2014）的研究成果，绘制了企业家自我效能感在三对关系中的调节效应图。具体做法是，将企业家自我效能感以均值加减一个标准差为界分成高企业家自我效能感和低企业家自我效能感两组，分别观测企业家认知及各维度对变革实施的影响效果。由图 4-6 可以看出，企业家认知与战略变革实施呈正向关系，且高水平自我效能感的企业家的拟合线斜率要大于低水平自我效能感的企业家的拟合线斜率，说明具有高水平自我效能感的企业家在企业家认知维度下实施了更大的战略变革活动。因此，再次验证了假设 H2。

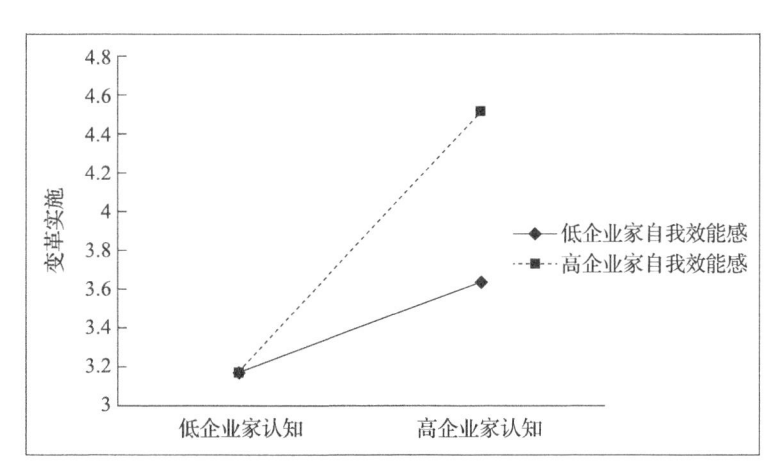

图 4-6　企业家认知与企业家自我效能感对变革实施的交互影响

此外，本研究也对企业家自我效能感在企业家认知的三个维度与变革实施的关系中发挥的作用绘制了调节效应图。由图 4-7 可以看出，企业家认知下的安排认知与战略变革实施之间呈正向关系，且在企业家自我效能感较高的企业家中，认知维度下的安排认知对变革实施的影响更加明显，突出表现为虚线比实线具有更高的拟合线斜率。

这意味着高水平的企业家自我效能感在高安排认知的企业家认知下更容易实施战略变革，因此，再次验证了假设 H2a。同样地，由图 4-8 可以看出，企业家意愿认知与变革实施呈正向关系，且高水平自我效能感的企业家拟合线斜率要大于低水平自我效能感的企业家拟合线斜率，假设 H2b 再次得到验证。由图 4-9 可以看出，企业家能力认知与变革实施呈正向关系，且高水平自我效能感的企业家拟合线斜率要大于低水平自我效能感的企业家拟合线斜率，假设 H2c 再次得到验证。

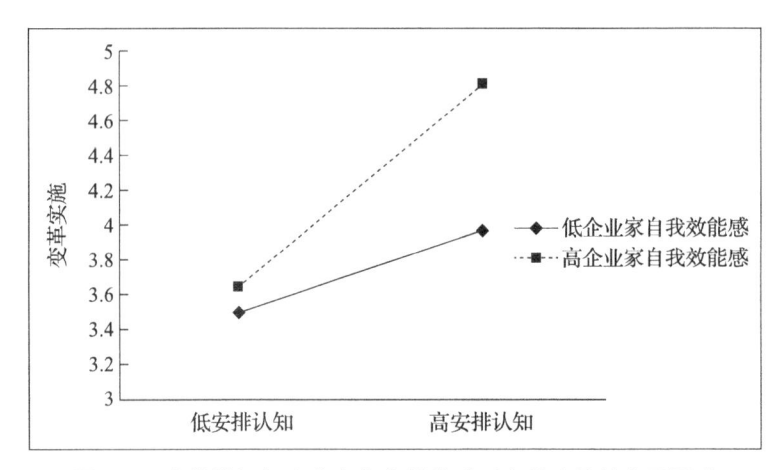

图 4-7　安排认知与企业家自我效能感对变革实施的交互影响

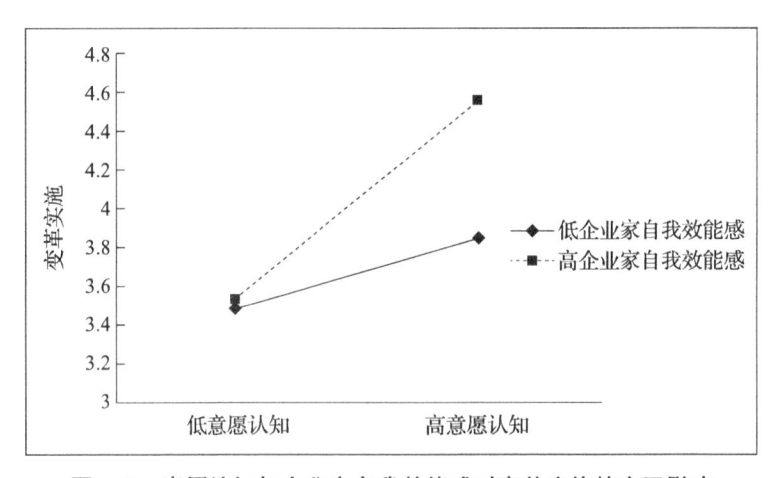

图 4-8　意愿认知与企业家自我效能感对变革实施的交互影响

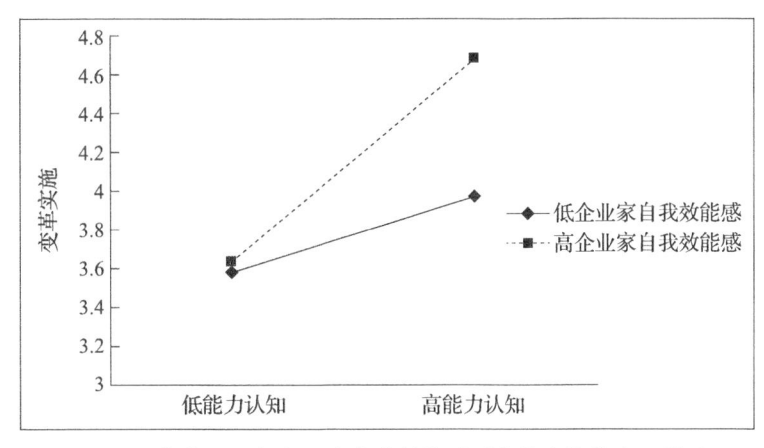

图 4-9　能力认知与企业家自我效能感对变革实施的交互影响

（一）组织认同的调节效应检验

假设 3 和假设 4 关注了组织认同在企业家认知和企业家自我效能感的交互对战略变革发起和变革实施的调节作用，表 4-11 为回归分析结果。

表 4-11　组织认同调节作用的回归分析结果（N=271）

变量	变革发起			变革实施		
	模型 19	模型 20	模型 21	模型 22	模型 23	模型 24
性别	0.018 （0.873）	0.028 （0.792）	-0.004 （0.967）	-0.035 （0.784）	0.013 （0.912）	-0.018 （0.880）
年龄	0.026 （0.745）	-0.014 （0.861）	-0.040 （0.604）	0.067 （0.477）	0.033 （0.706）	0.008 （0.931）
教育程度	-0.162 （0.051）	-0.108 （0.180）	-0.094 （0.238）	-0.013 （0.890）	0.052 （0.564）	0.066 （0.464）
企业年龄	0.002 （0.792）	0.001 （0.937）	0.002 （0.790）	0.000 （0.975）	-0.003 （0.748）	-0.002 （0.869）
企业规模（资产）	-0.065 （0.145）	-0.031 （0.458）	-0.031 （0.465）	-0.022 （0.672）	0.003 （0.952）	0.004 （0.937）
企业规模（员工）	0.056 （0.173）	0.042 （0.289）	0.037 （0.341）	0.049 （0.303）	0.033 （0.466）	0.028 （0.528）

续表

变量	变革发起			变革实施		
	模型 19	模型 20	模型 21	模型 22	模型 23	模型 24
企业家认知	0.382*** (0.000)	0.413*** (0.000)	0.383*** (0.000)	0.371*** (0.000)	0.440*** (0.000)	0.410*** (0.000)
企业家自我效能感	0.048 (0.407)	0.158** (0.009)	0.154** (0.009)	−0.016 (0.812)	0.108 (0.110)	0.104 (0.120)
组织认同	0.077 (0.165)	0.170** (0.003)	0.174** (0.002)	0.162* (0.012)	0.256*** (0.000)	0.259*** (0.000)
企业家认知 × 企业家自我效能感	—	0.160** (0.008)	0.230*** (0.000)	—	0.277*** (0.000)	0.345*** (0.000)
企业家认知 × 组织认同	—	−0.100 (0.050)	−0.055 (0.290)	—	−0.010 (0.867)	0.033 (0.576)
企业家自我效能感 × 组织认同	—	0.092** (0.009)	0.166*** (0.000)	—	−0.005 (0.894)	0.067 (0.176)
企业家认知 × 企业家自我效能感 × 组织认同	—	—	0.075** (0.005)	—	—	0.072* (0.016)
R^2	0.302	0.370	0.389	0.219	0.321	0.336
ΔR^2	0.223	0.067	0.019	0.192	0.102	0.015
Max（VIF）	2.077	4.047	7.895	2.077	4.047	7.895
F	12.569*** (0.000)	12.610*** (0.000)	12.587*** (0.000)	8.131*** (0.000)	10.141*** (0.000)	9.993*** (0.000)

数据来源：本书作者整理；*p<0.05，**p<0.01，***p<0.001。

由模型 20 可知，在控制了性别、年龄、教育程度、企业年龄、企业规模（资产）、企业规模（员工）之后的模型 19 的基础上加入了自变量和调节变量，模型 21 在模型 20 的基础上加入了自变量和调节变量三个变量的交互项，加入该变量后方程在 p<0.001 水平上显著，这表明加入新变量后的回归模型是有意义的。回归结果显示，企业家认知、企业家自我效能感和组织认同三项交互对变革发起的影响为正向且显著（β=0.075，p<0.01），表明组织认同在企业家认知与企业家

自我效能感对变革发起的交互影响中具有调节效应，组织认同越高，企业家认知与企业家自我效能感对变革发起的交互影响越强。因此，假设 H3 得到数据支持。

同样地，由模型 23 可知，在控制了性别、年龄、教育程度、企业年龄、企业规模（资产）、企业规模（员工）之后的模型 22 的基础上加入了自变量和调节变量；模型 24 在模型 23 的基础上加入了自变量和调节变量三个变量的交互项，加入该变量后方程在 $p<0.5$ 水平上显著，这表明加入新变量后的回归模型是有意义的。回归结果显示，企业家认知、企业家自我效能感和组织认同三项交互对变革实施的影响在 5% 的统计水平下通过了显著性检验（$\beta=0.072$，$p<0.05$），表明组织认同在企业家认知与企业家自我效能感对变革实施的交互影响中也具有调节效应，组织认同越高，企业家认知与企业家自我效能感对变革实施的交互影响越强。由此，假设 H4 得到数据支持。

（二）社会资本的调节效应检验

假设 5 和假设 6 关注了组织认同在企业家认知和企业家自我效能感的交互对战略变革发起和实施的调节作用。表 4-12 为回归分析结果。由模型 26 可知，在控制了性别、年龄、教育程度、企业年龄、企业规模（资产）、企业规模（员工）之后的模型 25 的基础上加入了自变量和调节变量；模型 27 在模型 26 的基础上加入了自变量和调节变量三个变量的交互项，加入该变量后方程在 $p<0.5$ 水平上显著，这表明加入新变量后的回归模型是有意义的。回归结果显示，企业家认知、企业家自我效能感和社会资本三项交互对变革发起的回归系数为 0.081，通过了 5% 统计水平下的显著性检验。数据结果表明，社会资本在企业家认知与企业家自我效能感对变革发起的交互影响中具有

调节效应,社会资本越高,企业家认知与企业家自我效能感对变革发起的交互影响越强。因此,假设 H5 得到数据支持。

表 4-12 社会资本调节作用的回归分析结果(N=271)

变量	变革发起			变革实施		
	模型 25	模型 26	模型 27	模型 28	模型 29	模型 30
性别	0.084 (0.437)	0.068 (0.520)	0.066 (0.530)	0.084 (0.472)	0.025 (0.818)	0.023 (0.833)
年龄	0.037 (0.634)	0.054 (0.487)	0.020 (0.798)	0.088 (0.301)	0.108 (0.173)	0.071 (0.375)
教育程度	-0.136 (0.088)	-0.098 (0.211)	-0.093 (0.232)	0.036 (0.679)	0.082 (0.304)	0.088 (0.269)
企业年龄	0.004 (0.675)	0.002 (0.813)	0.002 (0.825)	0.002 (0.846)	-0.001 (0.949)	-0.001 (0.934)
企业规模(资产)	-0.013 (0.769)	-0.020 (0.643)	-0.028 (0.526)	0.076 (0.113)	0.048 (0.288)	0.040 (0.374)
企业规模(员工)	0.013 (0.754)	0.007 (0.859)	0.019 (0.634)	-0.032 (0.471)	-0.043 (0.290)	-0.030 (0.462)
企业家认知	0.350*** (0.000)	0.401*** (0.000)	0.363*** (0.000)	0.313*** (0.000)	0.405*** (0.000)	0.363*** (0.000)
企业家自我效能感	0.018 (0.710)	0.081 (0.148)	0.093 (0.097)	-0.061 (0.257)	0.013 (0.824)	0.026 (0.653)
社会资本	0.237*** (0.000)	0.190*** (0.000)	0.173** (0.001)	0.443*** (0.000)	0.450*** (0.000)	0.432*** (0.000)
企业家认知 × 企业家自我效能感		0.076 (0.056)	0.054 (0.180)		0.099* (0.014)	0.076 (0.067)
企业家认知 × 社会资本		0.099* (0.025)	0.177** (0.002)		0.226*** (0.000)	0.313*** (0.000)
企业家自我效能感 × 社会资本		-0.137* (0.010)	-0.087 (0.126)		-0.085 (0.119)	-0.030 (0.606)
企业家认知 × 企业家自我效能感 × 社会资本			0.081* (0.027)			0.089* (0.018)

续表

变量	变革发起			变革实施		
	模型 25	模型 26	模型 27	模型 28	模型 29	模型 30
R^2	0.352	0.394	0.405	0.361	0.463	0.475
ΔR^2	0.272	0.042	0.011	0.339	0.102	0.012
Max（VIF）	2.138	2.142	3.544	2.075	2.142	3.544
F	15.756*** (0.000)	13.953*** (0.000)	13.456*** (0.000)	16.391*** (0.000)	18.569*** (0.000)	17.894*** (0.000)

数据来源：本书作者整理；*p<0.05，**p<0.01，***p<0.001。

同样地，由模型29可知，在控制了性别、年龄、教育程度、企业年龄、企业规模（资产）、企业规模（员工）之后的模型28的基础上加入了自变量和调节变量；模型30在模型29的基础上加入了自变量和调节变量三个变量的交互项，加入该变量后方程在p<0.5水平上显著，这表明加入新变量后的回归模型是有意义的。回归结果显示，企业家认知、企业家自我效能感和组织认同三项交互对变革实施的回归系数为0.089，p值小于0.05，表明社会资本在企业家认知与企业家自我效能感对变革实施的交互影响中也具有调节效应，社会资本越高，企业家认知与企业家自我效能感对变革实施的交互影响越强。由此，假设H6得到数据支持。

七、稳健性检验

（一）多次数据验证

本研究的数据主要来源于转型小微和孵化小微两部分，为了验证分析结果的稳健性，采取分样本检验的方式，选取转型小微的数据再次进行验证。回归分析结果如表4-13所示。可以看出，当安排认知

表 4-13　企业家认知与企业家自我效能感对变革过程的回归分析结果（N=179）

变量	变革发起				变革实施			
	模型 1	模型 2	模型 3	模型 4	模型 5	模型 6	模型 7	模型 8
性别	-0.068 (0.637)	0.034 (0.826)	0.059 (0.701)	0.053 (0.716)	-0.081 (0.545)	0.000 (0.998)	0.053 (0.708)	0.037 (0.772)
年龄	-0.053 (0.586)	-0.088 (0.392)	-0.073 (0.472)	-0.024 (0.805)	-0.052 (0.558)	-0.105 (0.270)	-0.086 (0.355)	-0.030 (0.733)
教育程度	-0.045 (0.642)	-0.048 (0.639)	-0.076 (0.451)	-0.039 (0.684)	0.024 (0.788)	0.049 (0.600)	0.008 (0.927)	0.052 (0.540)
企业年龄	-0.001 (0.883)	0.002 (0.886)	0.005 (0.628)	0.000 (0.968)	-0.010 (0.277)	-0.007 (0.460)	-0.002 (0.802)	-0.008 (0.384)
企业规模（资产）	-0.049 (0.338)	-0.046 (0.387)	-0.089 (0.093)	-0.054 (0.283)	-0.029 (0.533)	-0.016 (0.746)	-0.062 (0.206)	-0.025 (0.579)
企业规模（员工）	0.029 (0.553)	0.063 (0.222)	0.090 (0.079)	0.062 (0.200)	0.025 (0.530)	0.059 (0.221)	0.089 (0.059)	0.057 (0.191)
安排认知	0.367*** (0.000)				0.445*** (0.000)			
意愿认知		0.344*** (0.000)				0.387*** (0.000)		
能力认知			0.351*** (0.000)				0.420*** (0.000)	

续表

变量	变革发起					变革实施			
	模型 1	模型 2	模型 3	模型 4	模型 5	模型 6	模型 7	模型 8
企业家认知	0.320*** (0.000)	0.192** (0.004)	0.236*** (0.000)	0.436*** (0.000)				0.512*** (0.000)
企业家自我效能感	0.205*** (0.000)			0.237** (0.001)	0.184** (0.003)	0.108 (0.081)	0.131* (0.028)	0.115 (0.061)
安排认知 × 企业家自我效能感		0.116* (0.038)			0.174*** (0.000)			
意愿认知 × 企业家自我效能感			0.178** (0.000)			0.142** (0.006)		
能力认知 × 企业家自我效能感							0.159** (0.004)	
企业家认知 × 企业家自我效能感				0.215*** (0.000)				0.196*** (0.000)
R^2	0.347	0.233	0.279	0.356	0.363	0.267	0.300	0.402
Max (VIF)	1.995	1.945	1.955	1.988	1.995	1.945	1.955	1.988
F	9.973*** (0.000)	6.617*** (0.000)	7.251*** (0.000)	10.394*** (0.000)	10.679*** (0.000)	6.840*** (0.000)	8.067*** (0.000)	12.614*** (0.000)

数据来源：本书作者整理；*p<0.05，**p<0.01，***p<0.001。

与企业家自我效能感的交互项（β=0.205，p<0.001），意愿认知与企业家自我效能感的交互项（β=0.116，p<0.05），能力认知与企业家自我效能感的交互项（β=0.178，p<0.01），企业家认知与企业家自我效能感的交互项（β=0.215，p<0.001），对变革发起的影响仍然都正向显著。当安排认知与企业家自我效能感的交互项（β=0.174，p<0.001），意愿认知与企业家自我效能感的交互项（β=0.142，p<0.01），能力认知与企业家自我效能感的交互项（β=0.159，p<0.01），企业家认知与企业家自我效能感的交互项（β=0.196，p<0.001），对变革实施的影响仍然都正向显著，表明研究结果具有一定的稳健性。

由表4-14可以看出，企业家认知、企业家自我效能感与组织认同的三项交互项对变革发起（β=0.071，p<0.05）和变革实施（β=0.079，p<0.01）的影响均正向显著，企业家认知、企业家自我效能感与社会资本的三项交互项对变革发起和变革实施的影响均为正向，说明本研究的检验结果具有一定的准确性和稳健性。

表4-14 组织认同和社会资本调节作用的回归分析结果（N=179）

变量	变革发起 模型9	变革实施 模型10	变革发起 模型11	变革实施 模型12
性别	0.074 （0.597）	0.071 （0.564）	0.093 （0.516）	0.045 （0.730）
年龄	−0.051 （0.587）	−0.030 （0.717）	0.015 （0.881）	0.002 （0.983）
教育程度	−0.037 （0.686）	0.035 （0.662）	−0.012 （0.897）	0.068 （0.412）
企业年龄	0.005 （0.620）	−0.003 （0.758）	0.004 （0.668）	−0.004 （0.657）
企业规模（资产）	−0.024 （0.621）	−0.011 （0.788）	−0.017 （0.735）	0.001 （0.991）

续表

变量	变革发起 模型 9	变革实施 模型 10	变革发起 模型 11	变革实施 模型 12
企业规模（员工）	0.027 (0.560)	0.024 (0.570)	0.001 (0.979)	0.000 (0.999)
企业家认知	0.345*** (0.000)	0.426*** (0.000)	0.331*** (0.000)	0.418*** (0.000)
企业家自我效能感	0.120 (0.160)	−0.085 (0.257)	0.129 (0.088)	0.009 (0.892)
组织认同	0.348** (0.002)	0.418*** (0.000)		
社会资本			0.231** (0.006)	0.225** (0.003)
企业家认知 × 企业家自我效能感	0.329** (0.000)	0.310 (0.000)	0.082 (0.197)	0.078 (0.173)
企业家认知 × 组织认同	−0.004 (0.955)	0.104 (0.131)		
企业家认知 × 社会资本			0.217* (0.013)	0.204* (0.010)
企业家自我效能感 × 组织认同	0.139** (0.004)	0.081 (0.055)		
企业家自我效能感 × 社会资本			−0.124 (0.153)	−0.027 (0.731)
企业家认知 × 企业家自我效能感 × 组织认同	0.071* (0.032)	0.079** (0.007)		
企业家认知 × 企业家自我效能感 × 社会资本			0.090 (0.099)	0.084 (0.091)
R^2	0.428	0.485	0.425	0.452
Max (VIF)	8.210	8.210	4.091	4.091

续表

变量	变革发起	变革实施	变革发起	变革实施
	模型 9	模型 10	模型 11	模型 12
F	9.511*** (0.000)	11.949*** (0.000)	9.380*** (0.000)	10.457*** (0.000)

数据来源：本书作者整理；*p<0.05，**p<0.01，***p<0.001。

（二）改变解释变量量化方式的稳健性分析

本研究所使用的解释变量企业家认知及安排认知、意愿认知和能力认知三个维度均直接利用成熟量表对企业家进行问卷调查以测量题项，并进行变量的量化。为确保结果的可靠性，本研究进一步利用因子分析法对量表不同题项进行权重计算以测量企业家认知及安排认知、意愿认知和能力认知四个指标的量化值进行替代，并再次进行 OLS 模型回归估计，结果如表 4-15 所示。

从表 4-15 展示的结果来看，企业家认知及安排认知、意愿认知和能力认知三个维度与企业家自我效能感均对战略变革发起有正向的预测作用，并且均通过了 5% 的显著性水平检验。其中，安排认知（β=0.317，p<0.001）和企业家认知（β=1.279，p<0.001）对战略变革发起的正向影响通过了 0.1% 的显著性水平检验。同样地，企业家认知及其安排认知、意愿认知和能力认知与企业家自我效能感均对战略变革实施有正向的预测作用，并且均通过了 1% 的显著性水平检验。

由表 4-16 可以看出，企业家认知、企业家自我效能感与组织认同的三项交互项对战略变革发起（β=0.444，p<0.01）、变革实施（β=0.408，p<0.05）均有显著的正向预测作用。同样地，企业家认知、企业家自我效能感与社会资本的三项交互项对战略变革发起（β=0.483，p<0.05）、变革实施（β=0.506，p<0.05）均有显著的正向预测作用。

表 4-15 企业家认知与自我效能感对变革过程稳健性检验结果（改变解释变量测量方式）

变量	变革发起					变革实施		
	模型 1	模型 2	模型 3	模型 4	模型 5	模型 6	模型 7	模型 8
性别	-0.088 (-0.796)	-0.025 (-0.217)	0.013 (0.114)	0.012 (0.108)	-0.157 (-1.294)	-0.081 (-0.621)	-0.063 (-0.484)	-0.056 (-0.459)
年龄	-0.037 (-0.449)	-0.017 (-0.207)	0.004 (0.049)	0.020 (0.248)	0.022 (0.244)	0.017 (0.178)	0.050 (0.528)	0.055 (0.614)
教育程度	-0.132 (-1.567)	-0.127 (-1.497)	-0.158 (-1.849)	-0.115 (-1.415)	0.044 (0.471)	0.029 (0.298)	0.015 (0.155)	0.067 (0.722)
企业年龄	-0.002 (-0.205)	-0.000 (-0.022)	0.002 (0.194)	-0.001 (-0.111)	-0.006 (-0.589)	-0.006 (-0.541)	-0.003 (-0.261)	-0.006 (-0.599)
企业规模（资产）	-0.067 (-1.498)	-0.044 (-0.953)	-0.096* (-2.120)	-0.049 (-1.125)	-0.012 (-0.234)	0.002 (0.046)	-0.053 (-1.019)	0.005 (0.110)
企业规模（员工）	0.045 (1.079)	0.053 (1.252)	0.081 (1.922)	0.048 (1.189)	0.028 (0.617)	0.048 (0.997)	0.074 (1.549)	0.037 (0.800)
安排认知	0.481*** (6.636)				0.604*** (7.560)			
意愿认知		1.548*** (6.607)				1.509*** (5.592)		

续表

变量	变革发起				变革实施			
	模型 1	模型 2	模型 3	模型 4	模型 5	模型 6	模型 7	模型 8
能力认知	0.409*** (4.813)		2.072*** (6.485)				2.178*** (5.970)	
企业家认知	0.317*** (4.742)	0.245** (2.951)	0.312*** (3.806)	2.478*** (8.307) 0.293*** (3.387)	0.402*** (4.282)	0.299** (3.119)	0.322*** (3.440)	2.615*** (7.728) 0.358*** (3.640)
安排认知 × 企业家自我效能感		0.538* (1.905)			0.415*** (5.618)			
意愿认知 × 企业家自我效能感			1.029* (2.523)	1.279*** (3.713)				
能力认知 × 企业家自我效能感						1.182*** (3.633)	1.605*** (3.445)	
企业家认知 × 企业家自我效能感								2.071*** (5.301)
R^2	0.296	0.268	0.265	0.332	0.279	0.184	0.194	0.277
ΔR^2	0.272	0.243	0.240	0.309	0.254	0.156	0.166	0.252

数据来源：本书作者整理；*$p<0.05$，**$p<0.01$，***$p<0.001$。

表 4-16　组织认同和社会资本调节作用的稳健性检验结果
（改变解释变量测量方式）

变量	变革发起 模型 1	变革发起 模型 2	变革实施 模型 3	变革实施 模型 4
性别	-0.003 (-0.029)	0.068 (0.647)	-0.017 (-0.139)	0.026 (0.241)
年龄	-0.035 (-0.451)	0.020 (0.263)	0.012 (0.133)	0.070 (0.874)
教育程度	-0.096 (-1.217)	-0.094 (-1.219)	0.065 (0.720)	0.087 (1.094)
企业年龄	0.002 (0.242)	0.002 (0.196)	-0.002 (-0.188)	-0.001 (-0.107)
企业规模（资产）	-0.033 (-0.772)	-0.029 (-0.659)	0.003 (0.054)	0.040 (0.900)
企业规模（员工）	0.037 (0.937)	0.019 (0.479)	0.027 (0.605)	-0.030 (-0.739)
企业家认知	2.193*** (7.413)	2.080*** (6.752)	2.356*** (7.018)	2.087*** (6.619)
企业家自我效能感	0.243* (2.580)	0.150 (1.674)	0.165 (1.542)	0.044 (0.484)
组织认同	0.187** (3.098)		0.278*** (4.070)	
社会资本		0.229** (3.232)		0.572*** (7.895)
企业家认知 × 企业家自我效能感	2.102*** (3.568)	0.486 (1.313)	3.228*** (4.828)	0.725 (1.912)
企业家认知 × 组织认同	-0.304 (-1.012)		0.190 (0.557)	
企业家认知 × 社会资本		1.059** (3.306)		1.804*** (5.500)
企业家自我效能感 × 组织认同	0.170*** (3.821)		0.061 (1.205)	
企业家自我效能感 × 社会资本		-0.088 (-1.555)		-0.031 (-0.538)

续表

变量	变革发起		变革实施	
	模型1	模型2	模型3	模型4
企业家认知 × 企业家自我效能感 × 组织认同	0.444** (2.887)		0.408* (2.339)	
企业家认知 × 企业家自我效能感 × 社会资本		0.483* (2.298)		0.506* (2.351)
R^2	0.389	0.407	0.338	0.477
ΔR^2	0.358	0.377	0.304	0.451

数据来源：本书作者整理；*p<0.05，**p<0.01，***p<0.001。

综上所述，本研究通过改变解释变量的量化方式而使模型的重新回归结果与原有结果保持一致，进一步表明实证结果具有稳健性。

八、改变被解释变量量化方式的稳健性分析

本研究所使用的被解释变量战略变革发起和变革实施均直接利用成熟量表对企业家进行问卷调查以测量题项，并进行变量的量化。为确保结果的可靠性，本研究进一步利用因子分析法对量表中的不同题项进行权重计算，以测量战略变革发起和变革实施两个指标的量化值，并再次进行OLS模型回归估计，其中因子分析对变革发起和变革实施两个变量量化分析的可靠性已在前文进行验证。

从表4-17展示的结果来看，在改变了被解释变量测量方式的前提下，企业家认知及安排认知、意愿认知和能力认知与企业家自我效能感对战略变革发起仍有正向的预测作用，并且均通过了0.1%的显著性水平检验，说明企业家认知及其安排认知、意愿认知和能力认知与企业家自我效能感均对变革发起具有显著的交互影响。同样地，企业家认知及其安排认知、意愿认知和能力认知与企业家自我效能感均

表 4-17　企业家认知与自我效能感对变革过程稳健性检验（改变被解释变量测量方式）

变量		变革发起				变革实施		
	模型 1	模型 2	模型 3	模型 4	模型 5	模型 6	模型 7	模型 8
性别	-0.377 (-0.791)	-0.105 (-0.214)	0.087 (0.177)	0.050 (0.107)	-0.735 (-1.293)	-0.374 (-0.616)	-0.253 (-0.416)	-0.259 (-0.453)
年龄	-0.172 (-0.486)	-0.079 (-0.221)	-0.026 (-0.072)	0.069 (0.199)	0.088 (0.210)	0.079 (0.179)	0.193 (0.439)	0.249 (0.589)
教育	-0.564 (-1.553)	-0.533 (-1.450)	-0.680 (-1.847)	-0.497 (-1.410)	0.207 (0.479)	0.151 (0.330)	0.063 (0.138)	0.306 (0.709)
企业年龄	-0.009 (-0.223)	-0.002 (-0.050)	0.008 (0.199)	-0.003 (-0.086)	-0.027 (-0.597)	-0.026 (-0.547)	-0.012 (-0.243)	-0.026 (-0.563)
企业规模（资产）	-0.294 (-1.514)	-0.198 (-0.994)	-0.396* (-2.014)	-0.213 (-1.122)	-0.060 (-0.260)	0.002 (0.010)	-0.221 (-0.912)	0.023 (0.101)
企业规模（员工）	0.207 (1.155)	0.235 (1.284)	0.361* (1.990)	0.219 (1.253)	0.147 (0.684)	0.229 (1.011)	0.357 (1.595)	0.182 (0.850)
安排认知	1.452*** (6.626)				1.957*** (7.487)			
企业家自我效能感	1.785*** (4.835)	1.092** (3.011)	1.359*** (3.827)	1.269*** (3.387)	1.878*** (4.265)	1.411** (3.133)	1.481*** (3.382)	1.640*** (3.575)
安排认知 × 企业家自我效能感	0.951*** (4.834)				1.329*** (5.659)			

续表

变量	变革发起				变革实施			
	模型 1	模型 2	模型 3	模型 4	模型 5	模型 6	模型 7	模型 8
意愿认知		0.990*** (6.603)				1.035*** (5.560)		
意愿认知 × 企业家自我效能感		0.361* (2.061)				0.790*** (3.634)		
能力认知			1.796*** (6.561)					
能力认知 × 企业家自我效能感			0.948** (2.763)					
企业家认知				0.643*** (8.283)			2.038*** (6.037)	0.733*** (7.716)
企业家认知 × 企业家自我效能感				0.329*** (3.678)			1.484*** (3.508)	0.569*** (5.201)
R^2	0.296	0.269	0.269	0.332	0.275	0.184	0.195	0.275
ΔR^2	0.272	0.244	0.244	0.309	0.250	0.155	0.168	0.250

数据来源：本书作者整理；*p<0.05，**p<0.01，***p<0.001。

对战略变革实施有正向的预测作用,并且均通过了0.1%的显著性水平检验,说明企业家认知及其安排认知、意愿认知和能力认知与企业家自我效能感均对变革实施也具有显著的交互影响。

由表4-18可以看出,企业家认知、企业家自我效能感与组织认同的三项交互项对变革发起（β=0.326,p<0.01）、变革实施（β=0.338,p<0.05）均有显著的正向预测作用。同样地,企业家认知、企业家自我效能感与社会资本的三项交互项对变革发起（β=0.349,p<0.05）、变革实施（β=0.417,p<0.05）均有显著的正向预测作用。

表4-18 组织认同和社会资本调节作用的稳健性检验结果
（改变被解释变量测量方式）

变量	变革发起		变革实施	
	模型1	模型2	模型3	模型4
性别	−0.019 （−0.041）	0.287 （0.633）	−0.085 （−0.151）	0.110 （0.219）
年龄	−0.179 （−0.532）	0.085 （0.253）	0.037 （0.090）	0.332 （0.892）
教育程度	−0.404 （−1.179）	−0.401 （−1.194）	0.309 （0.735）	0.412 （1.111）
企业年龄	0.009 （0.259）	0.008 （0.213）	−0.007 （−0.165）	−0.003 （−0.079）
企业规模（资产）	−0.135 （−0.733）	−0.121 （−0.641）	0.018 （0.079）	0.185 （0.890）
企业规模（员工）	0.165 （0.979）	0.086 （0.500）	0.131 （0.635）	−0.140 （−0.737）
企业家认知	0.569*** （7.398）	0.541*** （6.756）	0.659*** （6.993）	0.584*** （6.608）
企业家自我效能感	1.079** （2.648）	0.657 （1.698）	0.778 （1.557）	0.193 （0.452）
组织认同	0.811** （3.111）		1.302*** （4.074）	

续表

变量	变革发起		变革实施	
	模型1	模型2	模型3	模型4
社会资本		0.991** (3.233)		2.668*** (7.884)
企业家认知 × 企业家自我效能感	0.552*** (3.612)	0.130 (1.346)	0.888*** (4.740)	0.195 (1.837)
企业家认知 × 组织认同	−0.238 (−1.051)		0.156 (0.563)	
企业家认知 × 社会资本		0.773** (3.187)		1.460*** (5.457)
企业家自我效能感 × 组织认同	0.724*** (3.867)		0.313 (1.363)	
企业家自我效能感 × 社会资本		−0.387 (−1.573)		−0.141 (−0.521)
企业家认知 × 企业家自我效能感 × 组织认同	0.326** (2.875)		0.338* (2.427)	
企业家认知 × 企业家自我效能感 × 社会资本		0.349* (2.214)		0.417* (2.398)
R^2	0.389	0.405	0.336	0.475
ΔR^2	0.359	0.375	0.302	0.449

数据来源：本书作者整理；*p<0.05，**p<0.01，***p<0.001。

综上所述，本研究通过改变被解释变量的量化方式而使模型的重新回归结果与原有结果保持一致，再次表明实证结果具有稳健性。

第五节　实证结果及讨论

受现实背景和理论的启发，本研究以海尔赋能创客，从而推动战略变革为研究案例，从安排认知、意愿认知及能力认知三个企业家认知维度出发，探究考察海尔战略变革过程中的解决方案。基于社会认知理论、战略变革理论、组织认同理论及社会资本理论，本研究构建了以企业家认知和企业家自我效能感为自变量，战略变革发起和变革实施为因变量，以及在此过程中企业家对组织的认同感和其拥有的社会资本发挥调节作用。基于向海尔生态圈中小微企业的小微主及高管创客发放问卷，获得相关数据，本研究对模型中的变量进行了描述性统计分析和相关分析，初步明确各个变量之间的关系，并进一步通过多重共线性检验、同源方差检验、信效度检验和回归分析，检验了本书提出的假设。表 4-19 总结了所有假设的检验结果。

表 4-19 理论模型假设验证结果

假设	内容	检验结果
H1	企业家认知和企业家自我效能感对战略变革发起有交互影响作用	支持
H1a	企业家意愿认知和企业家自我效能感对战略变革发起有交互影响作用	支持
H1b	企业家安排认知和企业家自我效能感对战略变革发起有交互影响作用	支持
H1c	企业家能力认知和企业家自我效能感对战略变革发起有交互影响作用	支持
H2	企业家认知和企业家自我效能感对战略变革实施有交互影响作用	支持
H2a	企业家意愿认知和企业家自我效能感对战略变革实施有交互影响作用	支持
H2b	企业家安排认知和企业家自我效能感对战略变革实施有交互影响作用	支持
H2c	企业家能力认知和企业家自我效能感对战略变革实施有交互影响作用	支持
H3	组织认同在企业家认知和企业家自我效能感对战略变革发起的影响中起到正向调节作用	支持

续表

假设	内容	检验结果
H4	组织认同在企业家认知和企业家自我效能感对战略变革实施的影响中起到正向调节作用	支持
H5	社会资本在企业家认知和企业家自我效能感对战略变革发起的影响中起到正向调节作用	支持
H6	社会资本在企业家认知和企业家自我效能感对战略变革实施的影响中起到正向调节作用	支持

数据来源：本书作者整理。

结果显示，企业家认知与企业家自我效能感两者在企业战略变革上有交互影响作用，共同对企业战略变革起到正向促进作用。也就是说，在企业家具有较高的认知、自我效能感时，企业家能将组织现有能力与市场有潜力的机会匹配起来，进一步对相关信息进行加工，积累更多战略变革实践的能力和知识。此外，自我效能感促进企业家对完成自身任务，成为一名出色的企业家拥有更多的自信，从而会对战略变革持有更开放的态度。结合假设验证，本研究认为高水平的企业家认知和企业家自我效能感的共同作用会促进企业战略变革的发起及实施。也就是说，企业家认知及自我效能感越高，企业家就会越支持战略变革的发起及实施。

在上述战略变革发起和变革实施过程中，企业家的组织认同感与社会资本则是对企业战略变革中具有影响的调节变量发挥着助燃剂的作用，也就是具有调节作用。企业家对组织的认同感越高，说明其对所在组织的归属感越强，越能够为企业战略变革提供较多的支持，进而变革成功发起和成功实施的可能性就越大，表明了组织认同正向作用于战略变革过程。换言之，组织认同越高的企业家，越促进其认知和自我效能感对战略变革过程的正向影响。此外，企业家的社会资本越高，支持企业战略变革的社会网络资源就越多，变革成功的可能性就越大,说明了企业家社会资本正向作用于战略变革过程。也就是说,社会资本越多的企业家,其企业家认知与企业家自我效能感对战略变革过程的正向影响越大。结合数据实证分析,即当企业家社会资本与组织认同度越高时,两个变量对企业家认知与企业家自我效能感对战略变革过程所发挥的作用也就越大。

由实证研究结果可得出,企业家要想持续获取竞争优势而发起和实施企业战略变革,务必具备较高的认知(安排认知、意愿认知和能力认知)及自我效能感,且需具有良好的社会资本及较高的组织认同条件。只有满足这些条件,将这些资源相互匹配,方可让企业获取持续的竞争优势和更多的战略机会,以实现企业基业长青的战略目标。

第六节 本章小结

基于案例分析和理论回顾,针对本研究的两个变量(解释变量为企业家认知,被解释变量为战略变革过程)及调节变量(组织认同、社会资本)做出假设推导并进行模型构建。

(1)企业家自我效能感与企业家认知及其三个维度(安排认知、意愿认知和能力认知)对战略变革过程具有交互影响作用。

(2)企业家对组织的认同感是企业家认知与企业家自我效能感对战略变革起正向影响作用的调节变量。

(3)企业家所拥有的社会资本是企业家认知与企业家自我效能感对战略变革起正向影响作用的另一个调节变量。

本章一是聚焦数据准备过程。先基于相关理论展开分析和假设推导,构建理论模型,并对其中的解释变量、被解释变量、调节变量、控制变量的测量方法和相关安排进行描述,随后介绍了样本来源及选择样本的原因。最后，重点描述了问卷设计、分析方法、数据收集，并对样本个体的基本信息作了统计。为下一步统计分析打下基础。

二是聚焦统计分析。先对变量的问卷测量开展信度和效度检验分析，再对各变量（企业家认知的安排认知、意愿认知、能力认知、战略变革发起、战略变革实施、企业家自我效能感、社会资本、组织认同）进行描述性统计和相关性分析，然后进行共同方法偏差分析和多重共线性分析，以避免实证检验过程中出现较大误差。最后，根据理论模型及假设构建结构模型，对实证结果进行主效应（自变量及其交互项）和调节效应的验证分析，并对结果进行相应的解释和讨论。本章明确了企业家认知与企业家自我效能感对战略变革过程的直接影响并不显著，当企业家认知与企业家自我效能感共同作用时对战略变革过程产生显著影响。组织认同与社会资本则是企业家认知与企业家自我效能感对企业战略变革发起和实施过程具有促进作用的调节变量，发挥着正向的调节效应，也就是具有调节作用。本章关注到战略变革发起的重要前因变量和调节变量，丰富了战略变革认知观的研究。

第五章
复杂环境下转型赋能与战略变革的影响研究

本章采用验证性案例研究法对复杂环境下转型赋能与战略变革的相互作用关系进行研究,除了如第三章所述的优势外,案例研究方法更能够增加在不同情景下的有效性,对客观事实进行全面而真实的反映。

第一节 研究设计

一、研究的总体思路

一是选择案例样本。基于外部环境的复杂性,结合研究主题"战略变革"对案例研究对象进行选择,并根据案例所属区域及不同访谈角度,确定具体的访谈对象,拟定访谈提纲。二是开展访谈及资料分析。与第三章的处理过程一致,对访谈资料进行整理、分析并填补,以获取研究案例中有价值的信息,提炼出在复杂环境下战略变革过程模型。

二、案例样本选择

新冠疫情时期，海尔作为中国传统大型制造企业，为满足国家核酸检测快检提速的要求，积极创新业务。海尔生物医疗创新包括核酸样本采集、转运、检测、疫苗接种四大环节，以及多样式的核酸检测快检全场景，加快核酸检测速度，加强生物安全防护。其中，面对样本转运需求，海尔"转运箱"小微企业创新"专用样本转运箱"，以提供样本长距离运输服务，保障大批量样本集中快速转运到位，缩短从采集到检测的时间。其中，半导体主动制冷，密封性极强，避免了高危样本向外部泄漏，降低了感染风险。因此，"转运箱"小微企业作为新冠疫情下快速做出战略变革的企业，引起企业家认知的转变，后者又显著影响企业战略变革过程。

三、资料收集

（一）数据来源及收集方式

本章数据收集与第三章一致，采用多来源收集方式。一是正式渠道数据积累，我从2019年开始通过对企业档案、内刊、会议纪要等有侧重、持续性地收集不同小微企业进行战略变革的相关数据；二是采用对小微企业的半结构性访谈，以获取实时性变革数据；三是通过新闻报道、企业推文等外部渠道收集变革过程中的数据，以尽可能保障从多角度获取变革信息。此外，为减少信息偏差，本书将半结构化访谈、档案资料和会议观摩的信息进行相互验证，本书中所使用的重要数据都是从多个渠道收集的。

（二）现场访谈和观察数据

为更好地考察和验证模型的有效性，本研究从 2021 年 7 月开始，多次对新冠疫情下"转运箱"小微主、平台主及领域主等企业家进行访谈，从复杂的外部环境下考察和验证企业家认知与企业战略变革过程的影响机制和相互作用，如表 5-1 所示。

表 5-1 访谈信息汇总

编号	任职身份	所属领域	访谈内容	访谈次数	访谈用时（分钟）
F13	小微主	"转运箱"	小微主认知，战略变革过程，赋能需求	2	200
F14	小微主	技术官	小微主认知，战略变革过程，赋能需求	2	105
F15	小微主	市场官	小微主认知，战略变革过程，赋能需求	2	110
F16	小微主	制造官	小微主认知，战略变革过程，赋能需求	2	120
F17	平台主	生物医疗	平台主认知，战略变革过程，如何支持小微	1	120
F18	领域主	盈康一生	领域主认知，战略变革过程，如何支持平台和小微	1	150

数据来源：本书作者整理。

本研究整合实时性数据、回溯性数据，验证复杂环境下企业家认知在战略变革过程中的作用及其机理，如第三章所示，通过四位参与访谈的研究员同时编码，从而搭建证据链。案例数据来源及其编码如表 5-2 所示。

表 5-2 案例数据来源及其编码

案例企业	数据来源	数据性质	条目	数据编码
复杂环境下的海尔	正式访谈（面谈）	实时性数据	12	F13～F18
	现场参与	实时性数据	16	F19
	非正式访谈（电话、邮件、微信等）	实时性数据	21	F20
	企业内部文档	回溯性数据	101	S3
	企业外部信息（官网、报道等）	回溯性数据	146	S4

数据来源：本书作者整理。

第二节 复杂环境下转型赋能与战略变革的访谈编码过程

一、访谈开放式编码

针对本章的访谈资料、第三方资料等，对可编码的句子进行概念化标签，以得到初始概念、归类概念范畴，最终形成与第三章数量一致的 45 个范畴。"转运箱"开放式编码范畴化如表 5-3 所示。

表 5-3 "转运箱"开放式编码范畴化

编号	初始范畴（开放编码）	原始代表性语句（初始概念）	子条目数	数据来源
1	方向赋能	小微主及时识别"疫苗存储和转运刚需"带给小微的变革必要性并需要统一的"变革用语"且形成一致理解	23	F13、F14、F15、F16、F17、F18、F19、F20、S3、S4

续表

编号	初始范畴（开放编码）	原始代表性语句（初始概念）	子条目数	数据来源
2	驱动赋能	小微战略实施之前必须全员对赌和即时显示	18	F13、F14、F15、F16、F17、F19、F20、S3、S4
3	战略赋能	小微目标的实现最终取决于盈康一生的平台协同和生态共享等资源支持	19	F13、F14、F15、F16、F17、F18、S3、S4
4	用户赋能	小微战略落地离不开最终用户的触点交互和持续迭代	20	F13、F14、F15、F16、F17、F19、F20、S3、S4
5	机会发现	小微能利用好"疫苗存储和转运刚需"的机会	21	F13、F14、F15、F16、F17、F18、F19、S3、S4
6	承诺程度	小微发展必须通过事先对赌按单聚散（完不成退出）	22	F13、F14、F15、F16、F17、F19、F20、S3、S4
7	机会评估	小微发展必须通过使用共赢增值表评估成功可能（分享测算）	20	F13、F14、F15、F16、F17、F19、F20、S3、S4
8	契约保护	盈康一生能通过对赌契协议证创客分享增值	15	F13、F14、F15、F16、F17、F18、F19、F20、S3、S4
9	网络搭建	盈康一生能通过共享生态保证创客提升网络搭建能力	22	F13、F14、F15、F16、F17、F18、F19、F20、S3、S4
10	资源配置	盈康一生能通过共用平台提升企业家资源配置能力	18	F13、F14、F15、F16、F17、F18、F19、F20、S3、S4
11	技能独有化	盈康一生能通过品牌背书保证小微企业提升差异化能力	17	F13、F14、F15、F16、F17、F18、S3、S4
12	洞察能力	小微能通过集团举措有效获取外部环境对战略目标的影响评估	12	F13、F14、F15、F16、F17、S3、S4
13	场景能力	小微能通过集团举措提升将发生何种变革的应对能力	11	F13、F14、F15、F16、F17、F18、S3、S4

续表

编号	初始范畴（开放编码）	原始代表性语句（初始概念）	子条目数	数据来源
14	机会变现	小微能通过集团举措提升自身资源和战略机会的最优匹配能力	10	F13、F14、F15、F16、F17、F18、F19、F20、S3、S4
15	发现新机会	小微创客可发现新产品及新服务的机会	12	F13、F14、F15、F16、F17、F20、S3、S4
16	识别新市场	小微创客可识别当前业务具有增长潜力的新市场	16	F13、F14、F15、F16、F17、F18、F19、F20、S3、S4
17	及时投放	小微创客可及时将新产品概念投放市场	10	F13、F14、F15、F16、F17、F18、S3、S4
18	人人当老板	小微创客可营造一种工作环境，让员工做自己的老板	20	F13、F14、F15、F16、F17、F18、F19、F20、S3、S4
19	尝试新事物	小微创客可营造一种工作环境，激励员工尝试新事物	11	F13、F14、F15、F16、F17、F18、S3、S4
20	激励主动	小微创客激励员工实施自己的想法及采取主动且负责的态度	11	F13、F14、F15、F16、F17、S3、S4
21	潜在好关系	小微创客可和潜在投资者建立良好关系	9	F13、F14、F15、F16、F17、S3、S4
23	识别好金主	小微创客可识别投资所需的优质潜在资金来源	11	F13、F14、F15、F16、F17、S3、S4
24	能抗住压力	小微创客在持续压力下可保持高效工作	18	F13、F14、F15、F16、F17、F18、F19、F20、S3、S4
25	能承受变故	小微创客可承受商业环境中突发的变故	15	F13、F14、F15、F16、F17、F18、F20、S3、S4
26	逆境中能坚持	小微创客在逆境中能坚持不懈	17	F13、F14、F15、F16、F17、F18、F19、S3、S4
27	可获得核心	小微创客可招聘及培养核心价值员工	11	F13、F14、F15、F16、F17、S3、S4

续表

编号	初始范畴（开放编码）	原始代表性语句（初始概念）	子条目数	数据来源
28	可补充核心	小微创客可拟定权变方案以补充重要技术人员	13	F13、F14、F15、F16、F17、F18、S3、S4
29	可构建团队	小微创客可确定且构建管理团队	14	F13、F14、F15、F16、F17、F18、F19、S3、S4
30	在上级机构任职过	小微创客曾在上级领导机构及政府部门任职	9	F13、F14、F15、F16、F17、F19、F20、S3、S4
31	与上级关系好	小微创客与上级领导机构或政府部门人员的关系密切	8	F13、F14、F15、F16、F17、F18、F20、S3、S4
32	行政关系好	小微创客与工商税务及银行等行政职能机构人员关系密切	10	F13、F14、F15、F16、F17、S3、S4
33	血源网络好	小微创客和亲属社交及联系较广泛	11	F13、F14、F15、F16、F17、F18、F19、S3、S4
34	地源网络好	小微创客和老乡及朋友的社交及联系较广泛	16	F13、F14、F15、F16、F17、F20、S3、S4
35	学源网络好	小微创客和老师、同学、校友的社交及联系较广泛	11	F13、F14、F15、F16、F17、F18、F19、S3、S4
36	与同行关系好	小微创客与同行企业的管理者来往密切	15	F13、F14、F15、F16、F17、F19、F20、S3、S4
37	与供应商关系好	小微创客与供应商关系良好	11	F13、F14、F15、F16、F17、F20、S3、S4
38	与客户关系好	小微创客与客户关系良好	13	F13、F14、F15、F16、F17、F18、F19、S3、S4
39	与股东关系好	小微创客股东支持您的工作	17	F13、F14、F15、F16、F17、F18、F19、S4
40	与同事关系好	小微创客与其他管理者互信合作、关系密切	10	F13、F14、F15、F16、F17、S4
41	与员工关系好	员工支持您的决策,可胜任本职工作,您也信任其工作能力	10	F13、F14、F15、F16、F17、F20、S3、S4
42	互相默契	成员在工作中的合作关系融洽、默契	8	F13、F14、F15、F16、F17、F18

续表

编号	初始范畴（开放编码）	原始代表性语句（初始概念）	子条目数	数据来源
43	互相帮助	成员在工作中能够互相帮助	12	F13、F14、F15、F16、F17、F18、S3、S4
44	少离职	员工的离职率较低	8	F13、F14、F15、F16、F17、F18
45	共患难	在企业遇到困难时员工愿意与企业共渡难关	11	F13、F14、F15、F16、F17、F18、F19、S3、S4

数据来源：本书作者整理。

二、访谈主轴式编码

接下来详细分析和阐述复杂环境下战略变革主范畴的提炼过程，以及范畴之间的逻辑主线。

（一）复杂环境下"转运箱"的新变革

针对mRNA疫苗（由军事科学院军事医学研究院与地方企业共同研发，是国内首个获批开展临床试验的新冠疫苗）的储存需求，海尔生物小微的创客利用全球八大研发中心，整合俄罗斯、以色列、美国、德国等国内外30个高技术机构和831位专家，开启跨国联合技术分别攻关，分步集成，终于研发出"智控冷链转运箱"，探索出了区别于世界其他发达国家的另一套高效可行方案，采用真空绝热技术，在不使用电力供应、依靠干冰等制冷剂的情况下，实现连续25天保持−70℃的低温，打破行业此前最长18天的纪录，其中的关键技术也打破了发达国家长达30年的技术封锁，实现了智控冷链转运箱相关领域的技术突破和引领。

不仅如此，海尔生物小微还创造性地搭建了全球生物安全开放创新平台，吸引相关专业领域在职或退休的专家、独立工程师组建"生物安全"线上线下社群，共同进行技术攻关和发布新技术需求。凭借超低温制冷技术，海尔生物为新冠疫苗 -70℃存储打造了全球领先的全场景四大系列、20 余个型号的超低温产品，相继为美国、越南、菲律宾、哥斯达黎加等国家提供新冠疫苗冷链全流程解决方案，为全球抗疫贡献中国力量。

在搭建开放平台的基础上，海尔生物整合相关技术的人、财、物，通过增值共享机制（依据平台实现共同制定的增值计算规则测算价值大小，据此作为产品上市后的分享标准）不断迭代平台和相关生态资源方，不仅吸引了专业技术者、技术需求企业和机构、提出改进意见的消费者，还吸引了社会投资者、政府引导基金及创业者，进而形成不断进化的生物安全生态，并能更好地承接和完成国家级专项攻关任务。应国家相关部门紧急需求，该团队还升级了航天医学冷储箱，通过升级热电制冷方式，大幅降低制冷性能指标，在以高性能复合保温技术满足要求的同时，还攻克了空间环境适应性、结构优化减重等难题，成功研制出我国首台航天冰箱，制冷效率较民用产品提高 25%，功耗较设计限值降低 25%；同时实现飞船上升及返回阶段样本 20 小时恒温保持，使中国成为继美国、俄罗斯之后第三个独立掌握航天冰箱技术的国家。

2021 年 6 月，海尔生物航天医用冷储箱第六次随神舟飞船升空，安全、科学、高效地保存太空生理样本，为我国航天医学研究提供天地全程冷链的技术保障；海尔空间站冷储箱还首次随"天和"号核心舱升空，用于安全存储航天员太空食品。正是凭着"危机中育先机，乱局中开新局"的精神，该团队屡克技术难关，例如 -86℃冰箱服务中华骨髓库、国家基因库、中国人类资源库、国家病毒资源库，用自主品牌保存中国人"生命之源"，实现有效保护、合理开发和利用我国生物资源和基因数据资源；超低温冰箱还搭载雪龙号科考船远赴 8000 海里之外的南极，助力中国极地科考事业，搭载"彩虹鱼"号载人深潜器到达 10000 米深处的马里亚纳海沟，探索海洋科学和生命起源；并能适时搭建平台、整合必要资源，在技术攻关和产业转化方面发挥更大作用，进而通过增值共享机制，吸引平台相关资源方不断加入，又自发组成新的攻关平台，加速了技术和产业化进程，生态方依据事先"分享规则"以更大积极性和主动性去整合资源、协同合作，为生态引入更多元的资源并贡献更大的价值，形成良性价值循环的生态集群。从"技术突破"到"平台整合"，再到"生态增值"，是海尔生物的"转运箱"小微在面对新冠疫情带来的挑战和机遇时采取的战略变革路径。

（二）变革变量的新效应

在应对新冠疫情带来的挑战和机遇时采取的战略变革过程中，"转运箱"小微深刻体现了企业战略变革的企业家认知、企业家自我效能感、社会资本、组织认同等变量的有效作用。企业家认知从机会洞察和相关能力匹配、机会变现意愿和资源安排方面直接保障战略变革顺利进行；企业家自我效能感从新品投放、创新创业氛围、改善投资者关系、积极应对挑战、获得人力支持等角度加强战略变革者的信心；社会资本从外部政府、亲友、同学等关系和内部上下游、同事关系的融洽方面增强战略变革所需资源和能力的获得性；组织认同从团队默契和忠诚的角度增强了战略变革的应变能力。

企业家认知是指企业家个体（本研究指那些拥有变革精神的个体，不仅包括企业高层管理者，也包括那些拥有变革精神的普通员工）对信息的感知、分辨和概念化的过程及由此形成的一系列相关决策和行动，被划分为安排认知、意愿认知和能力认知三个方面。能力认知是企业家在特定战略环境和决策条件下为达成企业最终目标或获取持续竞争优势和战略机会所必需的专业知识、价值观等的认知。战略变革首先是让企业家创客认识到战略变革的必要性，即企业家要有战略变革的洞察能力。海尔先从企业所处的时代环境和趋势给予创客指引或帮助其拥有相应的洞察能力、场景能力和机会变现能力，包括但不限于通过例行的全集团的"样板总结周例会""专题研讨月度会"及相关批示指导，让小微有效获取新冠疫情对其战略目标"打造全球一流生物安全生态品牌"带来的挑战和机遇的评估能力，需要构建如何实现技术突破并能持续引领的应对能力，提升疫苗冷链转运技术的资源整合和转运箱技术突破战略机会的最佳匹配能力。意愿认知是企业家认同企业愿景、目标、文化并承诺愿意全力以赴实现企业战略的认知结构和心智模式。针对机会发现后是否有决心发起开放性、前瞻性、纵深性探索和转化，是构建创客发现并转化战略机会能力认知的关键。海尔通过"增加技术突破新方案的绩效权重""技术方案落地引领月度奖"等一系列评测和分类制度，多形式、全渠道、按节奏持续推动创客反思和发现海尔和自身变革面临的挑战和机遇，并能通过"集团通用增值供应表"评估这种机会实现的可能性，同时通过"按单聚散对赌契约"增强创客的自我效能。安排认知是企业家在特定战略环境下为实现企业最终目标或获取持续竞争优势和战略机会所必需或能够支配的关系、资源等知识结构及安排框架。针对海尔生物小微的创客，集团（赋能者）能通过研发、财务、人力、法务、IT、战略等组成的"大共享平台"，保证生物小微提升海内外政府政策、企业合作和相关一流专家资源网络搭建能力，通过集团"360万供应商平台""10大研发基地""18万物流平台""39万售后服务兵平台"等"共用平台"提升生物小微创客的资源配置能力，通过品牌背书保证小微企业提升差异化能力，通过海尔认证（明确具体业务归属平台的界别和级别内部认证系统）和增值分享机制（事先约定增值判断标准和分享规则的自动触发机制）保证生物小微创客获得业务专有授权和事后分享增值。

企业家自我效能感是指个体对自己的企业家角色及完成企业家任务的自信程度。自我效能感较高的企业家会更加坚信自身可顺利完成企业家担负的各项任务，能很好地扮演企业家角色。研究证明，对变革具有开放性的个体更愿意支持变革并对变革的潜在结果抱有积极的态度，这可能是导致变革发起和实施的重要动因。海尔生物小微的创客企业家自我效能感在战略变革过程中发挥了重要作用，主要表现在以下几个方面。一是小微在集团（赋能者）的支持下有信心、有能力、有机会开发"冷链转运箱"新产品及其在抗疫跨区域长时间转运应用市场及援外应用市场中对发现疫情中的"冷链转运箱"需求大爆发的机会非常有信心，坚信"冷链转运箱"不仅在抗疫场景，也在"用血""基因样本"等其他场景存在增长潜力和通用可能，经评估可及时将新产品投放市场。二是小微企业家能够营造创新氛围，依靠海尔"人人都是自己的CEO"的理念，小微内部迅速形成"人人可当老板"的氛围，同时小微主激励员工尝试探索新方式，并激励创客们勇于尝试。依据海尔"三权（决策权、用人权、分配权）下放"原则，小微主获得了招聘及培养核心价值员工、按需补充重要技术人员（如首席科学家、首席技术谈判专家）、适时新设特别组织和团队的权力支持。小微主还积极保持与发展和保持同能带来资源的核心人员、投资者及优质潜在资金来源者的良好关系。应对挑战方面，小微主能够在持续压力下（面对专家随时爽约、交期临近、最后答辩等）高效工作，同时早已准备了第二方案应对商业环境中突发的变故。小微主在跨领域、跨行业、跨文化合作的困境、逆境中能坚持不懈、坚定不移地朝着完成目标的方向努力并长期持有"不达目的不罢休"的态度和毅力。

社会资本是指人们在社会结构中所处的位置给他们带来的资源。企业家社会资本越高，他所拥有的战略变革所需的资源越多，战略变革的成功率就越高。社会资本能够提高组织战略变革决策的速度，为企业绩效提供参考和实践指导。企业家的社会资本、社会关系网络是长期理性选择和积累的资源，该资源是促进企业家战略变革发起的关键因素和动力来源。海尔生物小微主在业界头部两家企业做过技术总监和战略合作总经理，自新冠疫情以来同之前的老同事（同行）、老朋友专家及业内少数管家供应商更加频繁和融洽，同时与现有的同事（集团其他小微主）、员工（小微创客）客商等保持良好关系，及时获取相关资源，使项目取得超常进展，有力保障了其战略变革的成功落地。

组织认同一般是指组织成员在行为与观念诸多方面与其所加入的组织具有一致性，觉得自己在组织中既有理性的契约精神和责任感，也有非理性的归属感和依赖感，以及在这种心理基础上表现出的对组织活动尽心尽力的行为结果。组织认同对企业管理有着重要的影响，与组织凝聚力有着正向影响关系。组织认同能提升创新绩效。组织认同主要靠组织团结和组织忠诚来体现。在海尔生物小微主的团结带领下，小微内部的创客们在工作中充满融洽和默契，例如主要创客在每周六的上午自发组织"工作失误总结及改善专题会"；也能在工作中互相帮助，例如某位创客因项目会议拖期而缺席专家接待，就有自发形成的几位创客代其参加，保障项目的可持续性。不仅在内部保持良好氛围，在组织忠诚上也体现出"少离职率（离职率不到2%，远低于集团离职率10%和行业离职率20%）"，并且遇到困难时（月度绩效连续不达标）创客们愿意与小微共渡难关（自动减薪，共同加班进行技术攻关）。正是小微这种良好氛围保障和提高了项目进展。复杂环境下战略变革对策如表 5-4 所示。

表 5-4 复杂环境下战略变革对策

变量		新变化	新对策	子条目数	数据来源
企业家认知	能力认知	疫情促使人们提升洞察能力、场景能力及合理配置资源	通过例会和专题会确定"转运箱技术突破"目标，提升场景能力，确保获得相应资源配置	14	F13、F14、F15、F16、F17、F18、F19、F20、S3、S4
	意愿认知	疫情促使评估新机会和尽快履行承诺	抓住疫情带来的机遇，评估"转运箱技术突破"成功的可能性并签订对赌协议	16	F13、F14、F15、F16、F17、F18、F19、F20、S3、S4
	安排认知	新机会需要特别契约及构建网络、合理配置等	通过认证和契约保障创客业务专属和增值分享；开放平台、生态，提升网络搭建和资源配置能力，提供差异化保障	12	F13、F14、F15、F16、F17、F18、F19、F20、S3、S4
企业家自我效能感	开发新品及市场	新产品及时投放有时间窗口	支持小微"转运箱技术突破"并助力将发达国家市场占位和友好国家放量相结合	17	F13、F14、F15、F16、F17、F18、F19、F20、S3、S4
	营造创新氛围	创业创新氛围具有激励作用	鼓励创客尝试新业务、新路径、新事物，营造"人人都是自己的CEO"的创业氛围	18	F13、F14、F15、F16、F17、F18、F19、F20、S3、S4
	与投资者的关系	潜在、核心的好关系更容易获得好金主	开放集团平台资源保障小微，和潜在、核心投资者建立良好关系	20	F13、F14、F15、F16、F17、F18、F19、F20、S3、S4
	应对挑战	检验抗压能力、应变能力	激励、训练和提升小微企业家的抗压能力、承受能力	23	F13、F14、F15、F16、F17、F18、F19、F20、S3、S4
	核心人力开发	及时获取人才支持成关键	下放"三权"，保障小微"用人自主"	17	F13、F14、F15、F16、F17、F18、F19、F20、S3、S4

续表

变量		新变化	新对策	子条目数	数据来源
社会资本	外部社会资本	政府、亲友、同学等关系融洽能保障攻关效率	开放集团平台，保障小微获取政府政策支持，专项鼓励构建外部社会资本网络	12	F13、F14、F15、F16、F17、F18、F19、F20、S3、S4
	内部社会资本	上下游、同事关系日渐重要	共享资源平台，确保小微获得业内和集团内良好社会资本的支持	21	F13、F14、F15、F16、F17、F18、F19、F20、S3、S4
组织认同	组织团结	团队默契更容易成功	设立"团结奖"，鼓励支持"上下同欲"团队	16	F13、F14、F15、F16、F17、F18、F19、F20、S3、S4
	组织忠诚	员工忠诚更能提高组织能力	激励低离职率团队的一切工作	17	F13、F14、F15、F16、F17、F18、F19、F20、S3、S4

数据来源：本书作者整理。

（三）创客赋能的新变革

"转运箱"小微的"技术突破""平台整合""生态增值"的战略变革"从0到1"体现了创客赋能 WISE 模型的有效性，如创客赋能新对策及变革影响。在方向（W）方面，通过变革必要性和统一战略用语加快战略变革的发起；在驱动（I）方面，通过事先共同约定的全员对赌和即时显示规则减少战略博弈，全程保障战略落地；在战略（S）方面，通过开放"协同平台"和"共享生态"保障小微获取全面、足够及时的战略资源支持；在用户体验（E）方面，通过搭建触点交互和引入用户参与持续迭代保障战略实施。

针对 mRNA 疫苗（由军事科学院军事医学研究院与地方企业共同研发形成，是国内首个获批开展临床试验的新冠疫苗）的储存刚需和发达国家长期对"智控冷链转运箱"的"卡脖子"，创客们首先意识到这可能是变革的方向（Where），但如何确定"可不可"及"往哪里走"需要有更高级的平台主给下定决心。因此，尽管是在大年初一，创客们也争取得到平台长刘博士的支持，并获得战略、技术、人力、财务、法务相关职能部门的整合资源，当天确定了变革必要性（Why）和用语统一性（Wording），锁定包括技术路线、核心突破点和相应专家、资源链接路径等，形成可行方案。接下来是如何解决自动协同，即驱动（Irritation）。同时与小微主、骨干创客、资源方等相关方签订对赌协议（协议主要明确共同的目标是实现"通过智控冷链转运箱的技术突破，创建世界引领的转运箱生态品牌"和各节点能够提供的增值及其可行路径），并事先共同商定即时显示的细节，例如"运营日清表"由运营商负责统一下发模板和格式给财务、人力、法务等部门，并约定每周五18:00前汇总，以备周六的总结例会使用，直到大家都同意各项条款。以上是变革发起阶段必需的工作。然而，最困难的是战略变革实施阶段，如何使战略落地才是关键，由小微内的职能部门负责对接集团内可以调动的协同平台（Synergizing Platform）并获得足够支持。例如战略发展平台负责国家省市三级政策支持及与国开行等机构合作，由海外研发平台对接以色列、俄罗斯、美国等相关专家和资源，由供应链采购平台开放寻源和招投标等。再由集团内的协同平台和相关部门去打通共享生态（Sharing Ecosystem）。用户体验是赋能的最高和最终评判者，在经历盲评及极限测试后的"连续25天保持-70℃的低温"表现，换来了美国、捷克、越南、菲律宾、哥斯达黎加等国家的用户点赞和更多订单。搭建触点交互（Every Touching Interaction）网络是获得用户全流程最佳体验的必要条件，法务平台节点在全球申请专利；海外平台争取共建"一带一路"国家和地区，特别是发达国家的订单；品牌平台则负责在相关国家尤其是发达国家进行盲测和路演，形成多触点建设和多形式交互协同,快速实现技术突破。持续迭代(Everlasting Iteration)则是充分条件,产品迭代是获取持久竞争优势的关键。海尔航天冰箱借助海尔生物医疗在全球制冷行业中的技术实力,成功将产品应用于中国航天项目,2011—2020 年共参与了五次太空旅行。在前四次的航天过程中,海尔航天冰箱的任务是为我国医学、生物、生命科学等研究提供实验样本、试剂的低温存储支持,任务重心在科研。2020年,当我国航天事业即将迈入空间站的全新阶段时,海尔航天冰箱接到中国航天员科研训练中心的任务:从单一的科研用冰箱扩展到整体太空科研生活方案,不仅要满足空间科研存储需求,还要为航天员提供长期空间站生活所需的食品等生活物资的低温存储服务,创造舒适、便捷的空间站生活环境。海尔在距离发射前不到六个月时间内连续攻克制冷、远程测控等五项核心技术,最终成功研制出航天生活冰箱,实现从最高到更高的迭代。海尔生物小微的迭代不仅限于产品的技术迭代,还创造性地搭建了全球生物安全开放创新平台,通过整合全球业内顶尖工程师保障技术迭代的可持续,进而吸引了社会投资者、政府引导基金及创业者,形成不断进化的生物安全生态,不仅实现了技术迭代的可持续,也加快了从技术突破到产业化应用,使该领域能够不断发展,从而获得企业生生不息的"价值循环"竞争优势。创客赋能要素新对策及其变革影响如表 5-5 所示。

表 5-5 创客赋能要素新对策及其变革影响

赋能要素	赋能角度	新变化	新对策	子条目数	数据来源
方向(W)	变革必要性	需要确认疫情带来的新机会和统一激励用语	通过认证和例会帮助小微确立智控冷链转运箱技术突破目标和路径	31	F13、F14、F15、F16、F17、F18、F19、F20、S3、S4
	用语统一性		统一"智控冷链转运箱""交期""契约"等用语范式		

续表

赋能要素	赋能角度	新变化	新对策	子条目数	数据来源
驱动（I）	对赌	需更多人参与并加快推进保障落地	集团"节点、平台、生态"资源小微参与全员对赌	21	F13、F14、F15、F16、F17、F18、F19、F20、S3、S4
	即时显示		小微链群全员统一目标，参与即时显示		
战略（S）	共享生态	战略实施需全面、足够、及时的资源支持	打通共享平台和生态，实现提供全流程、全要素、全生命周期增值	28	F13、F14、F15、F16、F17、F18、F19、F20、S3、S4
	协同平台		集团相关职能平台协同合作，保障小微战略目标不偏移和落地		
用户体验（E）	触点交互	用户参与度渐高渐深	引入用户体验终审、参与迭代产品和服务，保障用户触点交互	25	F13、F14、F15、F16、F17、F18、F19、F20、S3、S4
	持续迭代		积极采纳用户有益建议，通过资源支持保障"转运箱"技术和产品"持续迭代"		

数据来源：本书作者整理。

三、访谈选择式编码

在第三章访谈编码理论的基础上，本章仍将战略变革确定为核心范畴，但在复杂环境下企业家认知、企业家自我效能感、社会资本、组织认同等主范畴均与第三章的主范畴发生变化，进而通过新对策对复杂环境下战略变革过程的主范畴产生影响，以此整合所涉资料、概念、范畴。在复杂环境下企业家变量与战略变革过程的关系结构如表5-6所示。

表 5-6　在复杂环境下企业家变量与战略变革过程的关系结构

关系结构	关系结构内涵
企业家认知→战略变革	企业家认知从机会洞察和相关能力匹配、机会变现意愿和资源安排直接保障战略变革顺利进行
企业家自我效能感→战略变革	企业家自我效能感从新品投放、创新创业氛围、改善投资者关系、积极应对挑战、获得人力支持等角度增强战略变革者的信心
社会资本→战略变革	社会资本从外部政府、亲友、同学等关系和内部上下游、同事关系的融洽中增强战略变革所需资源和能力获得性
组织认同→战略变革	组织认同从团队默契和忠诚的角度提高了战略变革的应变能力

数据来源：本书作者整理。

基于小微企业对复杂环境下的新变化而产生的新应对策略，本书整合出复杂环境下企业家创客的变革验证模型，复杂环境下变革要素与战略变革过程的关系结构如表 5-7 所示。

表 5-7　复杂环境下变革要素与战略变革过程的关系结构

关系结构	关系结构内涵
方向（W）→战略变革	方向（W）从变革必要性和统一战略用语方面加快战略变革发起
驱动（I）→战略变革	驱动（I）从事先共同约定的全员对赌和即时显示规则方面减少战略博弈，全程保障落地
战略（S）→战略变革	战略（S）从开放协同平台和共享生态保障小微获取全面、足够、及时的战略资源支持
用户体验（E）→战略变革	用户体验（E）从搭建触点交互和引入用户参与持续迭代保障战略实施

数据来源：本书作者整理。

第三节 复杂环境下战略变革的研究发现

一、复杂环境形成"大变局"

复杂环境不仅威胁着我国乃至全世界人民的生命安全，也使我国经济受到了严重的冲击。中小企业受到的波及最为严重，这造成了许多中小企业破产，不仅导致失业人数剧增，也加剧了我国的就业压力。但复杂环境也不断倒逼企业进行创新改革，很多企业通过更新升级，积极探索新的商业模式以应对新的挑战。

经济复苏发展，社会稳定发展，国家安全、国际秩序及国家政治治理等挑战，实质是一场全面的、综合性的、彻底的挑战。其影响不能一概而论，总体上将加速世界大变局，使国际形势更趋复杂。同时复杂环境也带来机遇，例如远程教育、智慧医疗、电子商务、健康服务、云办公系统、大数据分析系统、体温预警系统等领域将催生新模式、新业态、新技术、新产业，也就是以现代信息技术广泛嵌入和深化应用为基础，以市场需求为根本导向，以技术创新、应用创新、模式创新为内核并相互融合的新型经济形态。企业应于"危"中寻"机"，利用时间差主动寻求之前不可能的合作机遇，实现"卡脖子"技术突破。在传统技术短板和下一代信息通信、芯片、大数据、人工智能等科技领域中补齐短板，进而实现"弯道超车"，成为新一轮科技变革的引领者。

二、复杂环境下的机会

企业战略变革的内外部环境的复杂性和不稳定性在经济增长缓慢

的情况下将会变得更加显著，也给企业家创客如何把握企业战略变革方向的新变化增加新困难。

一是新技术成为能力提升的新机会。如新冠疫情促进了新技术应用的速度、广度和深度不断拓展。以人工智能为代表的高科技加快了产业化进程：高可靠性人脸识别通道闸机技术被快速应用至园区、医院、交通等领域；红外热成像无接触快速测温、辅助诊断技术被加速推广至医疗、会展、政府等场景；基于大数据的智能疫情行程和路线追踪、无人机和机器人无接触配送、健康码查询和申报、在线远程办公等方式渐成常态。新冠疫情还促进了高科技驱动的智能基础设施建设，加速了社会数字化融合转型，加快了智慧城市建设与升级。在新冠疫情期间，中国的医务工作者不断创新，采用中西医结合的新技术方式，辨证施治，挽救了无数的生命。中西医结合技术实现新引领，也再次用事实证明中医中药是保障世界人民健康、维护人民生命的伟大宝库。新冠疫情在客观上推动各国政府和科技界、医药界加大投入，加强合作对医药、医疗技术的攻关。这给中国医药、医疗相关技术短板的逆袭提供了千载难逢的机会。

二是新平台成为整合资源的新载体。整合资源是平台功能的一大特点，在举国抗击新冠疫情中涌向了许多新平台，如以海尔COSMOPlat、紫光云UNIPower、浪潮云In-Cloud等为代表的工业互联网平台，尽管是在疫情前就已布局和建设，却是在这场抗击疫情的战役中发挥了超出预期的新作用，这些平台积极展现实时、快速、高效汇聚和分析数据的能力，为中小企业复工复产提供平台支撑。正是有了这些新平台和新作用，中国人民才加快取得了抗击新冠疫情的胜利，也在世界上率先控制疫情、率先复工复产、率先实现经济复苏，树立了良好的国家样板和各产业领域的典范。协同能力正是通过各个新平台得以形成、体现和发挥。如何搭建这种新型平台、如何具备这种协同能力、如何形成这种竞争优势则是企业家在战略变革中需要深入思考和解决的问题。

三是新生态成为价值引领的新检验。物联网时代的消费体验场景正在取代产品，消费者购买产品的目的不仅是使用产品的某些功能，而是更加追求场景体验，例如购买冰箱不再满足于制冷和保鲜，而更加希望获得一套美食供应和制作体验；因此单一的冰箱或者该等产品的单一功能已无法全面满足消费者的新需求，这就需要该种场景的相关产品和技术生态整合资源共同协同成新场景方案，于是就出现了冰箱自动检测所保存食品的实时保鲜状况、建议食品的最后保质期，甚至是一道美食还缺少哪种食材并给出最佳购买渠道和链接，随后联动食材商及物流，同时准备启动厨房其他智慧炊具，并给出烹饪步骤。值得一提的是，当单个产品或单个企业无法满足消费者的新体验时，企业生态的价值就凸显出来。未来的竞争将是企业生态的竞争，生态价值将是检验生态竞争力的核心重要标准。新冠疫情凸显了生态价值的重要性。新冠疫情之后，新生态将会得到进一步发展，这也将是企业战略变革的重要方向。

第四节　复杂环境下战略变革的结论启示

一、赋能者应重视"变量生态"的合力

"转运箱"小微的技术突破、平台整合、生态增值的战略变革过程中深刻体现了企业战略变革的企业家认知、企业家自我效能感、社会资本、组织认同等变量的有效作用，但更多的是单项或单向考察，

没有从生态角度去思考各变量如何组成变量生态及如何发挥变量生态的整合能力。例如在海尔的实践中战略变革的企业家认知、企业家自我效能感、社会资本、组织认同等变量均发挥了影响作用，但也存在企业家认知变量和企业家自我效能感有交互影响作用，进而探讨引入社会资本、组织认同、企业家认知和企业家自我效能感共同组成变量生态对战略变革的影响。"转运箱"小微的战略变革案例说明了，企业家自我效能感高的创客往往有着更坚定、全面、深刻的企业家认知；社会资本网络能有效提升企业家认知的资源安排，从而增强战略变革所需资源和能力的获得性；组织认同高的创客团队同样能搭建社会资本网络，反之，通过内外部社会资本的介入和打通也能提升现有组织的团队凝聚力和忠诚度；社会资本默契度和融洽度高的创客或创客团队，在营造氛围、应对挑战、获得人力、投放新品时也能获得更高保障和支持。总之，作为赋能者，在通过一系列措施改变创客及其团队的企业家认知进而促进战略变革时，有必要探讨各变量如何组成变量生态及如何发挥和发展变量生态合力去有效影响战略变革。

二、受赋者应重视赋能生态的平衡

海尔"转运箱"小微战略变革案例说明了，作为接受赋能的主体，应该对赋能者（集团）、产业资源方、政府和社区、竞争者、专家和智库、用户等组成的赋能生态的整体效果负责，不仅通过实现约定的对赌协议、即时显示、增值共享保障战略变革所需资源和能力及时、足额、全面、到位并发挥实效，还要分清主次，建议通过分类划分生态各方的价值体现、难易程度、紧急程度，指导自己区别响应，在节约战略资源和时间的同时尽量满足各方诉求。不仅在满足各生态方的诉求时需要做到平衡，在战略变革目标统一和实施落地时也需要实现作为受赋者的小微目标和作为赋能者的生态目标的平衡。这样才能保证战略变革目标的上下统一和内外统一及其两者的平衡和有效实施。此外，受赋者小微还要注意WISE赋能模型中的方向（W）、驱动（I）、战略（S）、用户体验（E）要素在战略变革初期表现出依次发生的顺序，在用户体验（E）促进迭代中，往往需要重新确定方向（W），从而表现为一个不断升级的循环变革。在进入下一个赋能循环的衔接上同样需要平衡赋能生态，以便顺利实现小微价值和战略变革循环的升级。

三、赋能双方应重视赋能的目的

生态的目的就是让每个人的价值最大化。赋能生态的目的同样是让每个创客的价值同生态的价值统一起来，实现共赢增值。海尔在全球的并购模式称之为"沙拉式文化"融合，被并购方和收购方往往各有不同的文化、习俗，就像沙拉里面不同的蔬菜，形态各异，但沙拉酱是统一的，也就是海尔"赋能生态"模式是统一的，其实质就是"每个人的价值第一"，因此获得不同民族、文化的认同，取得较好的赋能效果。"转运箱"小微主及其创客均是来自不同国家和不同文化的企业，为了共同的目标"让每个人的价值最大化"和共同的事业"创世界引领的智控冷链转运箱生态品牌"，一起在"海尔生态"中创业，应该也必须统一生态认识，统一赋能目的。从变量生态到WISE赋能模型都是激励创客"自驱动、自组织、自演进"，鼓励接受集团的赋能去加快实施战略变革，取得较好成效，做出生态示范，获得"自我价值的最大化"，并开启下一个战略变革，实现价值循环升级。不仅如此，还鼓励整个事业的生态方均能按照增值分享机制使各方的价值最大化。作为赋能者应重视变量生态和WISE赋能模型均是促进战略变革发挥作用的路径或方式，而非目的。赋能的目的是让受赋者成为"自主人",在抢做样板的战略变革中实现自己的价值循环,做到"让每个人的价值最大化"。作为受赋者应重视赋能者的目的是让个人在实践战略变革的过程中实现自己的价值,变量生态和 WISE 赋能模型是作为促进战略变革成功的有效、有益的要素,而非强迫和妥协的工具。只有双方赋能生态的目的都是"让每个人的价值最大化",基于企业家认知的战略变革过程才能高效实施,实现多赢。海尔也正是基于这种"让每个人的价值最大化"的企业生态文化才成了勇立潮头的"时代的企业"。

第五节　本章小结

本章从"百年未有之大变局"分析开始,指出战略变革面临外部环境的不断挑战和机遇,也给了中国和中国企业实现换道超越的机会,新冠疫情加剧了这种局面,也促使企业战略变革面临新技术突破、新平台载体、新生态检验等新变化,以及面对这种新变化,海尔生物小微通过战略变革取得"智控冷链转运箱"技术突破,并搭建了"全球生物安全开放创新平台"吸引相关专业领域的在职或退休的专家、独立工程师组建"生物安全"线上线下社群,共同进行技术攻关和发现新技术需求,通过不断迭代,形成不断进化的"生物安全生态"。之后探讨了变革变量及创客赋能的新对策对战略变革发挥的影响,再次佐证了企业家认知、企业家自我效能感、社会资本、组织认同等变量对战略变革发挥了有效作用,并剖析了 WISE 创客赋能模型如何产生作用。最后,针对赋能者、受赋者及双方给出应该重视的建议,指出赋能者应该重视变量生态合力,受赋者应重视赋能生态平衡,赋能双方应重视赋能的目的是"让每个人的价值最大化"。

第六章
结论与展望

第一节 研究发现

本研究通过案例探索、实证分析验证及案例研究，由战略变革发起及战略变革实施两个维度对企业家认知与企业家自我效能感对企业战略变革过程的影响展开了多角度的分析验证。

首先，通过案例探索构建本研究的理论模型，基于中国传统大型制造企业海尔的特征，对不同类型企业家进行半结构化访谈，并结合第三方资料构建了本研究的理论模型：创客赋能推动战略变革，同时企业家认知与企业家自我效能感交互对战略变革过程起作用。

其次，在构建理论模型的前提下，对海尔小微企业的若干企业家展开问卷调查，以进行数据采集，并采用SPSS18.0和STATA17.0对原始数据展开描述性统计、信度剖析和回归分析，从而对理论模型及假设实施验证，分析并验证了企业家认知与企业家自我效能感对战略变革过程的影响和作用，以及社会资本、组织认同在企业家认知与企业家自我效能感中对战略变革过程所发挥的调节作用。

最后，基于新冠疫情下海尔小微企业创新研发"转运箱"的案例，采用案例研究方法，通过考察在充满不确定性和复杂性的外部环境下企业面临的挑战和机遇，以及企业家如何将转型赋能与战略变革相结合，再次验证了企业家认知与企业家自我效能感对战略变革的交互影响和作用。

第二节 研究贡献

一、理论贡献

本书基于社会认知理论、战略变革理论、组织认同理论及社会资本理论，紧密结合我国知名战略转型生态企业——海尔，通过深入的理论分析、案例描述和实证分析，围绕战略变革发起和实施过程这一核心问题，从海尔企业生态出发，深入挖掘企业赋能战略变革的过程，进一步验证企业家认知和企业家自我效能感对战略变革的影响，通过构建相关理论模型，详细说明了企业家认知是在何时发起并实施战略变革的，也展示了企业家所处外部环境如何影响企业战略变革的发起和实施过程。

一是本研究的样本数据为新数据、第一手数据、完整数据。海尔作为当前中国传统大型制造企业成功转型的典型案例，其经营方法已经逐渐被学术界广泛应用于战略变革的相关研究中，但很少以第一视角对其内在机理和路径进行分析。本研究以主要参与者深度挖掘和阐述海尔战略变革过程和路径，分析数据全部为第一手完整资料，能够比较客观和全面地反映出我国传统大企业战略转型变革的实际情况，进而有助于进一步理解战略变革的发起和实施过程。

二是本研究为战略变革过程性研究提供了新视角。现有文献已经从多角度多方面探究战略变革的前因及变革结果性，也有部分文献开始涉猎战略变革的过程研究，但多从组织学习、全生命周期等理论进行剖析。本研究从企业内部角度出发，探索性研究传统大企业内部的变革过程，为企业战略变革过程性研究提供全新的微观视角。

三是本研究采用案例研究和实证分析双重验证的方法，深入探究企业战略变革过程。其中在案例研究部分，以企业家安排认知、意愿认知、能力认知三个角度出发，利用 WISE 模型简化了研究的方向性路径，直观解决了如何赋能的步骤和工具研究的问题。在实证研究部分，基于案例分析和理论回顾，针对本研究的两个变量（解释变量为企业家认知，被解释变量为战略变革过程）及调节变量（组织认同、社会资本）做出了假设推导并进行模型构建。

四是本研究结论提出新启示，例如提出战略变革的"三类赋能"化，创客赋能后向化是大企业战略变革的方向，创客赋能后向演进 TE 模型，为大企业变革提供理论指导，并对"赋能""创客""星系组织"等概念及内涵进行扩展或探索。

二、实践意义

战略变革是企业重新配置关键活动资源以适应外部环境变化的过程。本研究的实践意义主要体现在以下三个方面。

一是以海尔转型赋能创客为案例进行分析，为传统企业战略变革提供新视角。海尔由一个濒临破产的小企业到年营业收入超 3000 亿元的跨国公司经历了超百次卓有成效的战略变革，通过持续让创客员工自我重塑和"自杀式"转型从而为传统大型企业战略转型变革提供路径和模式借鉴。

二是为企业集团如何促进员工赋能管理和发展提供策略性指导。首先，本研究提供了企业集团作为创客战略变革的支持者，如何挖掘创客赋能 WISE 模型中的四要素并遵循后向赋能演进 TE 模型的思路，加快战略变革取得良好组织绩效的可行策略。其次，提出企业集团对于企业内具有企业家精神的员工，需要充分重视为其全要素赋能，进而"反哺"企业战略变革及发展。最后，从企业家认知、自我效能、社会资本、组织认同等变量及其影响机理，为企业集团提供了一种如何影响企业家认知的路径。

三是为促进企业战略变革发起和实施提供新思路。企业家社会资本等个体资源，以及企业家认知、企业家自我效能感和组织认同等，在战略变革的过程中扮演着重要角色，并且在战略变革的发起和实施阶段的作用不同。因此，为促进战略变革发起和实施，企业家要注重构建并累积自身的社会资本，提升企业家自我效能感、组织认同感并在战略变革发起和实施阶段发挥不同效用。

第三节 结论与展望

本书对相关研究的结论如下。

第一，企业家认知与企业家自我效能感相结合时对战略变革过程产生显著的直接影响。但两者之间的交互影响机理或者两者如何结合才能带来更有效的战略变革是值得研究的问题。企业家需高度关注机会及威胁，及时感知，并做出正确判断，引导企业实施高效的、成功的战略变革。此次研究对企业的战略管理具有指导意义，提示企业家需不断地提升自己的认知能力，尤其在突变的环境中，更需要持续优化对信息的获取、筛选和处理能力，同时在采取具体措施时也要求企业家要有较高的解决问题的能力。

第二，创客赋能是全流程、全要素、全生命周期的赋能，毫无疑问地面临组织沟通、资源有限等新的障碍。企业家认知驱动是创客赋能的关键因素，可能会对企业发展、创客赋能产生过度干预，即创客赋能和认知驱动的边界在哪、程度如何才能更好地实现企业生态圈组织战略变革的优化目标，尚待研究。

第三，后向创客赋能的方向带来远离用户体验的风险。同时"星系组织"仍存在为生态圈赋能服务、为创客赋能服务、为用户体验赋能服务的不同选择的可能，以及三者如何统一，企业家认知在此过程中的作用机理仍需进一步研究，并加以理论支持和实证验证。

参考文献

[1] 安德森. 创客：新工业革命［M］. 萧潇，译. 北京：中信出版社，2012.

[2] 白景坤，王健，张贞贞. 平台企业网络自组织形成机理研究——以淘宝网为例［J］. 中国软科学，2017（5）：171-180.

[3] 包佳妮，周小虎，陈莹，等. 制度环境对创业认知的影响机理［J］. 科技管理研究，2017，37（7）：212-218.

[4] 陈镱彦，陈伟宏. 居安思危：绩优企业的战略变革——CEO认知特征的调节作用［J］. 科学学与科学技术管理，2021，42（10）：159-177.

[5] 陈家昌，赵澄谋. 知识异质性与知识创造：认知冲突的中介作用［J］. 情报杂志，2016，35（4）：43-46.

[6] 陈静，刘元元. 基于企业家认知视角的商业模式创新动因研究［J］. 技术经济与管理研究，2017（11）：47-51.

[7] 陈璐，柏帅皎，王月梅. CEO变革型领导与高管团队创造力：一个被调节的中介模型［J］. 南开管理评论，2016，19（2）：63-74.

[8] 陈琦，冯玉强，刘鲁宁. 二元性视角下战略柔性促进企业战略变革的过程研究［J］. 管理评论，2018，30（9）：275-291.

[9] 陈庆江，王月苗，王彦萌. 高管团队社会资本在数字技术赋能企业创新中的作用——"助推器"还是"绊脚石"［J］. 上海财经大学学报，2021，23（4）：3-17.

[10] 陈素娥. 企业家认知对企业战略变革的影响研究［J］. 知识经济，2016（11）：52.

[11] 陈晓萍，徐淑英，樊景立. 组织与管理研究的实证方法［M］. 2版. 北京：北京大学出版社，2012.

［12］陈莹，周小虎. 战略变革背景下组织变革信心的构建过程研究［J］. 管理案例研究与评论，2017，10（5）：478-490.

［13］戴璐，罗晓蕾，支晓强. 质量控制与成本管理的变革阻力是否会倒逼企业的战略变革——基于案例调查的研究［J］. 中国人民大学学报，2016，30（3）：106-119.

［14］邓新明，刘禹，龙贤义，等. 管理者认知视角的环境动态性与组织战略变革关系研究［J］. 南开管理评论，2021，24（1）：62-73+88-90.

［15］邓新明. 企业家的"心"有多远，"舞台"就有多广阔吗——企业家认知与组织身份域［J］. 清华管理评论，2019（6）：45-51.

［16］杜勇，谢瑾，陈建英. CEO金融背景与实体企业金融化［J］. 中国工业经济，2019（5）：136-154.

［17］杜勇，张欢，陈建英. CEO海外经历与企业盈余管理［J］. 会计研究，2018（2）：27-33.

［18］方琳. 企业战略更新研究综述：概念、过程与未来趋势［J］. 经济与管理评论，2017（6）：67-76.

［19］冯海龙，王灿昊，刘俊英. 组织身份差异及其战略变革测量构念生成分析［J］. 南开管理评论，2021，24（6）：151-162.

［20］巩键，王昊，陈凌，等. 企业家的变革开放性如何影响战略——意愿和能力情境的家族企业战略变革研究［J］. 南方经济，2019（4）：84-105.

［21］郭秋云，李南，彭灿. 双元领导对战略变革的影响研究——基于组织文化导向视角［J］. 研究与发展管理，2019，31（1）：142-152.

［22］韩沐野. 传统科层制组织向平台型组织转型的演进路径研究——以海尔平台化变革为案例［J］. 中国人力资源开发，2017（3）：114-120.

［23］黄晓芬，彭正银. 管理者认知视角下网络组织演化的动因与模式研究：综述与展望［J］. 外国经济与管理，2018，40（6）：99-115.

［24］黄紫微，刘伟. 价值网视角下创客空间与创客协同创新的三阶段演化［J］. 科技进步与对策，2016，33（14）：6-9.

［25］金灿荣. 大国远见［M］. 北京：中国社会科学出版社，2021.

[26] 郎艺, 王辉. 授权赋能领导行为与组织公民行为: 员工的领导认同感和组织心理所有权的作用[J]. 心理科学, 2016 (5): 1229-1235.

[27] 李巍, 代智豪, 丁超. 企业家社会资本影响经营绩效的机制研究——商业模式创新的视角[J]. 华东经济管理, 2018, 32 (2): 51-57.

[28] 李阳. 动态环境下企业家认知与企业家自我效能对战略变革的影响[D]. 济南: 山东大学, 2020.

[29] 刘丹, 张峰, 李东升. 绩效落差, 高管团队断裂带与企业战略变革——来自信息技术企业的证据[J]. 华东经济管理, 2022, 36 (10): 10.

[30] 刘晓莉, 项国鹏, 钭帅令. 众创空间赋能、创业导向与新创企业绩效[J]. 华东经济管理, 2021, 35 (8): 51-58.

[31] 刘宇璟, 黄良志, 林裘绪. 环境动态性、创业导向与企业绩效——管理关系的调节效应[J]. 研究与发展管理, 2019, 31 (5): 89-102.

[32] 罗瑾琏, 管建世, 钟竞, 等. 迷雾中的抉择: 创新背景下企业管理者悖论应对策略与路径研究[J]. 管理世界, 2018, 34 (11): 150-167.

[33] 罗仲伟, 李先军, 宋翔, 等. 从"赋权"到"赋能"的企业组织结构演进——基于韩都衣舍案例的研究[J]. 中国工业经济, 2017 (9): 174-192.

[34] 马剑. 包容型领导对下属员工追随行为影响研究[D]. 沈阳: 辽宁大学, 2020.

[35] 潘善琳, 崔丽丽. SPS案例研究方法[M]. 北京: 北京大学出版社, 2016.

[36] 尚航标, 李卫宁, 黄培伦. 高管团队心理所有权对企业战略反应方式的影响研究[J]. 管理学报, 2016, 13 (10): 1471-1481.

[37] 尚航标, 张烨, 李卫宁. 外部CEO与企业战略变革: 政府经历的推动作用[J]. 华东经济管理, 2019, 33 (11): 124-133.

[38] 申平玉, 刘永恒. 组织认同的概念界定、理论观点和形成机制综述[J]. 商业时代, 2016 (23): 94-96.

[39] 盛宇华, 朱赛林. 独立董事对企业战略变革的影响研究——基于人力资本和社会资本视角[J]. 软科学, 2021, 35 (2): 60-66.

[40] 宋远方, 廖敏婷, 宋立丰, 等. 动态竞争视角下创业企业组织变革中的人

力资源管理研究[J]. 现代管理科学, 2018（4）: 94-96.

[41] 孙新波, 苏钟海, 钱雨, 等. 数据赋能研究现状及未来展望[J]. 研究与发展管理, 2020, 32（2）: 155-166.

[42] 汤丹丹, 温忠麟. 共同方法偏差检验: 问题与建议[J]. 心理科学, 2020, 43（1）: 215-223.

[43] 万赫, 钟熙, 彭秋萍. 以变应万变: 经济政策不确定性对企业战略变革的影响探析[J]. 管理工程学报, 2021, 35（5）: 52-63.

[44] 万倩雯, 卫田, 刘杰. 弥合社会资本鸿沟: 构建企业社会创业家与金字塔底层个体间的合作关系——基于LZ农村电商项目的单案例研究[J]. 管理世界, 2019, 35（5）: 179-196.

[45] 汪国银, 陈传明. 企业家社会网络、战略认知图式和决策质量: 认知需要的调节作用[J]. 重庆大学学报（社会科学版）, 2021, 27（2）: 82-93.

[46] 王凤彬, 郑腾豪, 刘刚. 企业组织变革的动态演化过程——基于海尔和IBM纵向案例的生克化制机理的探讨[J]. 中国工业经济, 2018（6）: 174-192.

[47] 王水莲, 刘莎莎. 海尔集团商业模式演进案例研究: "因时而变"的企业[J]. 科学学与科学技术管理, 2016, 37（4）: 70-78.

[48] 魏泽龙, 李明珠, 张琳倩. 悖论认知、战略变革方式与企业绩效: 环境不确定的调节作用[J]. 科学学与科学技术管理, 2021, 42（10）: 98-118.

[49] 温馨, 刘宁. 战略变革过程的有序性识别与调控研究现状及趋势[J]. 企业经济, 2016（5）: 85-88.

[50] 吴建祖, 龚敏. 基于注意力基础观的CEO自恋对企业战略变革影响机制研究[J]. 管理学报, 2018, 15（11）: 1638-1646.

[51] 吴小节, 陈晓纯, 彭韵妍, 等. 制度环境不确定性对企业纵向整合模式的影响机制: 认知偏差与动态能力的作用[J]. 管理评论, 2019, 31（6）: 169-185.

[52] 肖静华, 吴小龙, 谢康, 等. 信息技术驱动中国制造转型升级——美的智能制造跨越式战略变革纵向案例研究[J]. 管理世界, 2021, 37（3）:

161-179+225+11.

[53] 许强,张力维,杨静. 复合基础观视角下后发企业战略变革的过程——基于纳爱斯集团的案例分析[J]. 外国经济与管理,2018,40(7):19-31.

[54] 杨勃,刘娟. 颠覆性环境下的组织身份变革与战略变革——比较研究及整合框架构建[J]. 商业研究,2020(5):146-152.

[55] 杨林,俞安平. 企业家认知对企业战略变革前瞻性的影响:知识创造过程的中介效应[J]. 南开管理评论,2016,19(1):120-133.

[56] 尹剑峰,叶广宇,黄胜. 国际化导向、国际知识吸收能力与国际机会识别关系研究[J]. 科学学与科学技术管理,2021,42(8):76-96.

[57] 张明,蓝海林,陈伟宏,等. 殊途同归不同效:战略变革前因组态及其绩效研究[J]. 管理世界,2020,36(9):168-186.

[58] 张瑞敏. "人单合一"是颠覆传统管理模式的"一剂良药"[J]. 机器人产业,2017(1):106-115.

[59] 张新忆,陈同扬. 组织认同视角的企业高绩效工作系统对创新绩效的影响机制——基于华为案例研究[J]. 企业经济,2018(1):75-81.

[60] 张玉明,李荣,王欣. 小微企业互联网环境与企业家社会资本对技术创新的影响研究[J]. 管理学报,2018(2):31-34.

[61] 张正堂,刘宁,丁明智. 领导非权变惩罚行为对员工组织认同影响的实证研究[J]. 管理世界,2018(1):127-138.

[62] 章凯,李朋波,罗文豪,等. 组织、员工目标融合的策略——基于海尔自主经营体管理的案例研究[J]. 管理世界,2014(4):124-145.

[63] 赵延东,罗家德. 如何测量社会资本:一个经验研究综述[J]. 国外社会科学,2005(2):18-24.

[64] 郑子辉,周小虎,赵建华. 社群经济模式[J]. 企业管理,2017(8):13-17.

[65] 郑子辉,周小虎,赵建华. 海尔:打造品牌社群传播新模式[J]. 企业管理,2017(7):52-55.

[66] 郑子辉,张玉波,赵建华. 以双创平台建设促进传统大企业转型升级——以海尔为例[J]. 中国经贸导刊(理论版),2017(32):75-78.

[67] 周键, 王庆金, 周雪. 创业认知对新创企业战略多样性影响机理研究 [J]. 科研管理, 2021, 42 (5): 70-78.

[68] 周文成, 姚婷婷, 吴俊仪. 员工变革认知、组织认同与工作绩效 [J]. 江海学刊, 2020 (2): 233-238.

[69] 周晓东. 集体认知、战略变革认知 [J]. 当代经济, 2016, 3 (7): 114-117.

[70] 庄文静. 34年见证时代海尔 [J]. 中外管理, 2018 (2): 30-43.

[71] 左玉涵, 谢小云. 组织行为领域情绪作用机制研究回顾与展望 [J]. 外国经济与管理, 2017, 39 (8): 28-39+55.

[72] Acar O A, Puntoni S. Customer Eempowerment in the Digital Age [J]. Journal of Advertising Research, 2016, 56(1): 4-8.

[73] Buliga O, Scheiner C W, Voigt K I. Business Model Innovation and Organizational Resilience: Towards an Integrated Conceptual Framework [J]. Journal of Business Economics, 2016, 86(6): 647-670.

[74] Chang C M, Hsu M H. Understanding the Determinants of Users' Subjective Well-Being in Social Networking Sites: An Integration of Social Capital Theory and Social Presence Theory [J]. Behaviour & Information Technology, 2016, 35(9): 720-729.

[75] Chen X, Huang Q, Davison R M. The Role of Website Quality and Social Capital in Building Buyers' Loyalty [J]. International Journal of Information Management, 2017, 37(1): 1563-1574.

[76] Chumg H F, Seaton J, Cooke L, et al. Factors Affecting Employees' Knowledge-Sharing Behavior in the Virtual Organization from the Perspectives of Well-Being and Organizational Behavior [J]. Computers in Human Behavior, 2016(64): 432-448.

[77] Halliday S V. User-Generated Content about Brands: Understanding its Creators and Consumers [J]. Journal of Business Research, 2016, 69(1): 137-144.

[78] Hanifan L J. The Rural School Community Center [J]. The Annals of the American Academy of Political and Social Science, 1916, 67(1): 130-138.

[79] Huang L T. Flow and Social Capital Theory in Online Impulse Buying [J]. Journal of Business Research, 2016, 69(6): 2277-2283.

[80] Lee C, Hallak R, Sardeshmukh S. Innovation, Entrepreneurship, and Restaurant Performance: A Higher-Order Structural Model [J]. Tourism Management, 2016(53): 215-228.

[81] Miller V D, Allen M, Casey M K, et al. Reconsidering the Organizational Identification Questionnaire [J]. Management Communication Quarterly, 2016, 13(4):626-658.

[82] Newman A, Obschonka M, Schwarz S, et al. Entrepreneurial Self-Efficacy: A Systematic Review of the Literature on its Theoretical Foundations, Measurement, Antecedents, and Outcomes [J]. Journal of Vocational Behavior, 2018, 110(FEB): 403-419.

[83] Oehmichen J, Schrapp S, Wolff M. Who Needs Experts Most? Board Industry Expertise and Strategic Change—A Contingency Perspective [J]. Strategic Management Journal, 2017, 38(3): 645-656.

[84] Prentice C, Han X Y, Li Y Q. Customer Empowerment to Co-Create Service Designs and Delivery: Scale Development and Validation [J]. Services Marketing Quarterly, 2016, 37(1):36-51.

[85] Rapp T L, Gilson L L, Mathieu J E, et al. Leading Empowered Teams: An Examination of the Role of External Team Leaders and Team Coaches [J]. Leadership Quarterly, 2016, 27(1): 109-123.

[86] Sasaki I, Kotlar J, Ravasi D, et al. Dealing with Revered Past: Historical Identity Statements and Strategic Change in Japanese Family Firms [J]. Strategic Management Journal, 2020, 41(3): 590-623.

[87] Sorsa V, Vaara E. How can Pluralistic Organizations Proceed with Strategic Change? A Processual Account of Rhetorical Contestation, Convergence, and

Partial Agreement in a Nordic City Organization [J]. Organization Science, 2020, 31(4): 839-864.

[88] Specht J, Kuonath A, Pachler D, et al. How Change Agents' Motivation Facilitates Organizational Change: Pathways through Meaning and Organizational Identification [J]. Journal of Change Management, 2017(1):1-20.

[89] Spreitzer G M. Psychological Empowerment in the Workplace:Dimensions, Measurement, and Validation [J]. Academy of Management Journal, 1995, 38(5): 1442-1465.

[90] Swanson E, Kim S, Lee S M, et al. The Effect of Leader Competencies on Knowledge Sharing and Job Performance: Social Capital Theory [J]. Journal of Hospitality and Tourism Management, 2020, 42(1): 88-96.

[91] Sweida G, Woods J. Comparing the Development of Entrepreneurial Self-Efficacy of Female Entrepreneurs in Male and Female-Dominated Industries [J]. Journal of Developmental Entrepreneurship, 2015, 20(3): 155.

[92] Teng C I. Managing Gamer Relationships to Enhance Online Gamer Loyalty: The Perspectives of Social Capital Theory and Self-Perception Theory [J]. Computers in Human Behavior, 2018(79): 59-67.

[93] Turgut S, Neuhaus A E. The Relationship Between Dispositional Resistance to Change and Individual Career Management: A Matter of Occupational Self-Efficacy and Organizational Identification [J]. Journal of Change Management, 2020, 20(2): 1-18.

[94] Venus M, Stam D, Knippenberg D V. Visions of Change as Visions of Continuity [J]. The Academy of Management Journal, 2018, 62(3): 16404-16404.

[95] Wang G, Locatelli G, Wan J, et al. Governing Behavioral Integration of Top Management Team in Megaprojects: A Social Capital Perspective [J]. International Journal of Project Management, 2021, 39(4): 365-376.

[96] Wei T, Clegg J. Effect of Organizational Identity Change on Integration

Approaches in Acquisitions: Role of Organizational Dominance [J]. British Journal of Management, 2018, 29(2): 337-355.

[97] Yener M I, Tayan A, Acar P. The Effect of an Ethical Work Climate on Organizational Identification an Example of a Logistics Company [J]. 2018, 5(1): 13-21.

[98] Zhu Q, Hu S, Shen W. Why do Some Insider CEOs Make More Strategic Changes than Others? The Impact of Prior Board Experience on New CEO Insiderness [J]. Strategic Management Journal, 2020, 41(10): 1933-1951.

附　　录

附录一：基于扎根理论的战略变革过程案例研究的补充资料

附表1　海尔创客发展历程相关资料

标志性事件	原始资料	资料来源
海尔创客的提出	2012年，克里斯·安德森推出的新书《创客：新工业革命》中"创客"泛指创造东西的人，也理解为把想法、创意转化为产品的一类人。截至目前，创客的定义尚未统一。搜狐网发布的《中国创客白皮书2013》中，总结了创客的逐渐趋同的几个特点，如创新、实践、分享。基于这些特点，创客可划分为广义的创客和狭义的创客，前者被定义为通过实践将创新性想法或者创意转变成现实并愿意分享的人，后者被定义为通过整合软硬件资源将创意转化为现实的人。综上所述，本研究认为企业创客是指企业生态中的通过自主整合资源将创意或设想付诸实践去达成目标的员工，特指具有企业家特征和精神的创客。 在此背景下，海尔内部的创客首次提出的具体时间、情景、提出人已无从可考，多数被访谈人就只记得大约是2012年，但其他信息不置可否，依据海尔企业内刊《海尔人》第1124期（2013年12月24日）的确切记载显示，一位名为"海迅"（彼时内刊编辑均标记为化名）的文章《我有一个梦想》中这样说：在互联网上，将自己的创意变成现实的人被称为"创客"。"我有一个愿望，也可以是梦想，自己搭建一个像微信、QQ群这样的可以随意交流的社交平台，让用户、一流资源方和我做深度的沟通与交流。"	海尔内刊《海尔人》

续表

标志性事件	原始资料	资料来源
海尔"每个人都是自己的CEO"的提出	2012年6月3日，山东广播电视台《山东新闻联播》以"海尔一个企业2000个'首席执行官'"为题，报道了海尔在"人单合一"双赢模式自主经营体的创新模式下，通过一张互联网、一张营销网，虚实网融合，转型为开放共赢的企业生态圈，其中的利益相关方都可以通过转型为创客，实现"我的用户我创造、我的增值我分享"（张瑞敏，2012）。张（瑞敏）首席（海尔集团董事局名誉主席、首席执行官）接受了记者的采访，并表示：员工想创造多大的价值，就可以来竞争，创造了这个订单，就可以获得更高的报酬。而这也就是自主经营体的本质：机会公平、结果公平。报道中称：在互联网时代，产品研发速度必须跟上用户点击鼠标的速度，虚拟的网络已经成为海尔获取用户需求最直接的手段。而这就是海尔创造的"人单合一"双赢模式带来的效果。在这种管理模式下，一般企业的金字塔似的管理层级被打破。8万名员工形成了2000多个自主经营体，每个自主经营体都享有决策权、用人权和分配权（海尔"三权"），实现自驱动。 值得深思的是，此时的2000多个首席执行官仍然是企业内部的管理者。这种"人人争做CEO"的局面来自《德鲁克的最后忠告》（中文版出版于2008年），作者伊丽莎白·哈斯·埃德莎姆（Elizabeth Haas Edersheim）在书中说：在生命的最后岁月里，德鲁克敏锐地察觉到CEO们的角色变得越来越重要了，他甚至说："每位知识型员工必须像一位CEO那样思考和行动。""21世纪，每个人都是自己的CEO。"《海尔人》在第842期（2008年6月27日）的刊文中对FU（Functional Unit，彼时海尔的财务、人力、法务、研发、战略、数字信息、文化中心等职能部门均属FU）长说："你们代表的就是我！FU在为BU（Business Unit，彼时海尔的冰箱、洗衣机、空调、彩电等产品业务均属于BU）服务时，一是要确立有挑战性的目标，二是要对这一目标追踪闭环，完不成要负责任。FU不能退避三舍、袖手旁观。""我们每个人都是自己的CEO！""当FU清楚了顾客是谁、顾客购买的是什么、给顾客带来的价值是什么，就会自然以CEO的心态为BU服务，面对市场问题就不会退避三舍、袖手旁观，而是会协同BU将问题分析得入木三分、解决得畅快淋漓！"	山东电视台《山东新闻联播》、海尔内刊《海尔人》

续表

标志性事件	原始资料	资料来源
海尔"创新明星"的提出	1991年1月15日，彼时的青岛电冰箱总厂建厂历史上第一次以工人的名字命名一种专用工具："启明焊枪"和"晓玲扳手"。其创造者李启明、杨晓玲都是一线普通工人，当时的厂长张瑞敏如是说："两项工具给企业创造的效益是可以计算出来的，但创造者这种热爱企业、以厂为家的主人翁精神却是我们企业一笔无法计算的巨大的财富。倘若5000名海尔人都能像李启明、杨晓玲那样进行创造性的工作，那么，我们的事业一定会更加兴旺发达！" ①"晓玲扳手"：二分厂年轻的女工杨晓玲针对KT-160冰箱温控器上的化霜按钮容易脱落这个问题，利用工余之便进行了革新和改造，动手制作了化霜按钮紧固扳手，成功地解决了这一困扰已久的问题，使按钮组装一次合格率由原来的70%一下子提高到100%。鉴于此，被总厂授以殊荣，她发明的扳手被命名为"晓玲扳手"，这在我们厂的历史上还是第一次。 ②"启明焊枪"：冰箱二分厂总装工段长李启明在生产实践中发现，按工艺要求使用的一种三号焊枪体重、嘴长、不灵活，并经常烧坏压机的漆面等物件，严重影响安装的一次下线合格率。为了提高安装的质量，李启明利用业余时间将焊枪进行了革新改造。改造后的焊枪，重量减轻，嘴长缩短，火舌由原长160毫米缩短到140毫米，这种焊枪现已在二分厂推广使用，彻底解决了上述焊接中造成的质量问题。经厂部研究决定，特命名改革后的焊枪为"启明焊枪"。 由此可得，海尔创客的演进历经"创新明星""人人都是自己的CEO""人人创客"三个明显的阶段。"创新明星"仍是员工，"人人都是自己的CEO"指的是管理者，"人人创客"则实质上指代"生态圈内的所有人"	海尔内刊《海尔人》

附录二：主效应及调节效应调研问卷

尊敬的女士/先生：

您好！我们正在研究基于企业家认知的企业战略变革过程研究。本问卷采用匿名的方式作答，无须署名，调查数据仅用于科学研究，未经您的同意，我们承诺决不个别处理或公开发表，以及决不用于任何商业途径，资料绝对保密，敬请放心填答。问卷答案没有对错之分，请您表达出自己的真实感受。填写此问卷会占用您的一些宝贵时间，十分感谢您的协助及对本研究的支持！

第一部分：战略变革相关问题

题项	下面题目是关于企业战略变革过程的描述，请根据您的实际情况，在相应的选项上打√	非常不同意 (1分)	不同意 (2分)	一般 (3分)	同意 (4分)	非常同意 (5分)
	战略变革过程					
1-1	所属小微正进入或退出国际市场					
1-2	所属小微正增加或淘汰了产品线					
1-3	所属小微正完成新的合并和收购					
1-4	所属小微正买卖物业、厂房及设备					
1-5	所属小微正增加或减少研发支出					
2-1	组织结构发生变化（例如集权、分权的增加或减少）					
2-2	组织正重组或流程更改（例如增加或减少执行活动的步骤）					
2-3	企业的员工数量增加或减少					
2-4	管理团队成员头衔分配发生变化（例如职能、产品、地域或混合）					
2-5	企业对高管的正式激励发生变化					

续表

题项	下面题目是关于企业战略变革过程的描述，请根据您的实际情况，在相应的选项上打√	非常不同意(1分)	不同意(2分)	一般(3分)	同意(4分)	非常同意(5分)
	企业家自我效能感					
3-1	我对自己成功发现新商机的能力充满信心					
3-2	我对自己创造新产品的能力充满信心					
3-3	我对自己将一个想法成功商业化的能力充满信心					
3-4	我对自己创造性思维的能力充满信心					
	社会资本					
4-1	我与上级领导机关或各级政府部门有关人员经常有来往，关系密切					
4-2	我与银行及工商税务等行政职能部门人员经常有来往，关系密切					
4-3	我与亲属（通过"血源"网络）的社会交往和联系比较广泛					
4-4	我与老乡、朋友（通过"地源"网络）的社会交往和联系比较广泛					
4-5	我与同学、老师、校友（通过"学源"网络）的社会交往和联系比较广泛					
4-6	我与同行企业的管理人员经常有来往，关系密切					
4-7	我与主要供应商企业的管理人员具有良好的关系					
4-8	我与主要客户企业的管理人员具有良好的关系					
4-9	公司股东支持我的管理工作，我们之间具有良好的关系					
4-10	我与其他管理者之间关系密切、相互信任、真诚合作					
4-11	我的员工支持我的决策，能够胜任我安排的工作，并且我也信任他们的能力					

续表

题项	下面题目是关于企业战略变革过程的描述，请根据您的实际情况，在相应的选项上打√	非常不同意（1分）	不同意（2分）	一般（3分）	同意（4分）	非常同意（5分）
4-12	我的员工在生活中遇到困难愿意与我交流和倾诉					
组织认同						
5-1	当有人批评我所在的公司时，就跟批评我一样					
5-2	我对别人对公司的看法很感兴趣					
5-3	当谈到公司时，我通常说"我们"而不是"他们"					
5-4	公司的成功就是我的成功					
5-5	当有人赞美我所在的公司时，就跟赞美我一样					
5-6	如果公司受到媒体的批评，我会感到尴尬					

创业认知（根据您的实际情况，在两个选项中选择一个您认同的选项，打√）

6-1 我的企业提供的产品或服务是

（　）有一定的技术优势，或有专利、知识保护	（　）缺乏技术优势，或专利、知识保护，处于完全竞争状态

6-2 我

（　）能够经常利用社会网络发现与自己的计划相匹配的机会	（　）很少能通过社会网络找到与我期望匹配的机会

6-3 在一项正在进行的生意中，我

（　）已经获得足够的资金创业	（　）资金尚不充足

6-4 在过去3年，我所控制的人力和资产规模

（　）得到了增长，具备创业相关的人际和财富网络	（　）没有获得增长

6-5 我具备

（　）有高需求的创业技能	（　）通用的一般技能

7-1 我在寻找机会时，认为自己更多的是

（　）行为过程导向	（　）结果导向

续表

创业认知（根据您的实际情况，在两个选项中选择一个您认同的选项，打√）	
7-2 我希望事情的发展	
（　）有很多的可能性	（　）具有确定性
7-3 我更	
（　）喜欢并且很快就能适应新的环境	（　）喜欢在相似的环境中
7-4 我不介意	
（　）如果有机会创业，现在只获得较少的收入	（　）在被雇用的企业里，贡献我很少的价值
7-5 我在寻找一个	
（　）机会来进行创业投资	（　）能够管理我现有资产的方式
7-6 在创业前，我认为更糟糕的是	
（　）观望时间太长而错失机会	（　）没有充分了解风险情况就开始创业
7-7 我认为更糟糕的情况是	
（　）在考虑机会上面浪费很多时间	（　）在未必成功的机会上投入时间和资金
8-1 当我看到一个商业机会，我会基于什么来决定投资	
（　）是否跟我成功的设想相匹配，基于我渴望成功的野心	（　）我是否觉得它是一个好的投资
8-2 我经常	
（　）能够发现具有价值的人、财和物之间新的组合方式，够准确识别潜在的机会	（　）能够发现现实和理想之间的差距
8-3 当面对一个新的创业问题时，我总能够	
（　）很清晰地回想到我所经历的相似的事情，对特定情境的判断准确	（　）通过反复的试错来探索解决问题的办法
8-4 当有人描述一个新创企业问题的时候，我	
（　）迅速判断问题所在，并且提出一些备选方案	（　）在需要寻求解决麻烦的问题时，利用我的本能提出解决问题的办法
8-5 新创企业的成功需要	
（　）具有较好的知识储备	（　）"靠天收"，即严重依赖给定情境的优劣势

第二部分：个人信息

您个人的背景材料（请在相应项目的括号内打"√"或填写）

1. 性别：□女　□男

2. 年龄：□ 25 岁以下　□ 26～35 岁　□ 36～45 岁
　　　　□ 46～55 岁　□ 56 岁以上

3. 教育程度：□高中及以下　□大专　□本科　□硕士
　　　　　　□博士及以上

4. 您的身份：□小微主创客　□高管创客

5. 您从事企业创客岗位有_____年

6. 企业设立年份_____年

7. 贵企业主营业务所属行业为
　　□金融地产　□工业制造　□批发零售　□信息技术服务
　　□公用事业　□其他_____

8. 贵企业近三年的平均总资产为（　　　）元
　　□ 500 万元以下　□ 500 万～4000 万元
　　□ 4000 万～1 亿元　□ 1 亿～4 亿元
　　□ 4 亿元以上

9. 贵企业近三年的平均员工数量为（　　　）人
　　□ 5 人及以下　□ 6～20 人　□ 21～35 人
　　□ 36～50 人　□ 50 人及以上

问卷到此结束！再次感谢您协助我们完成此次调查！祝您工作顺利！

附录三：实证结果展示（部分）

一、组织认同的调节效应图

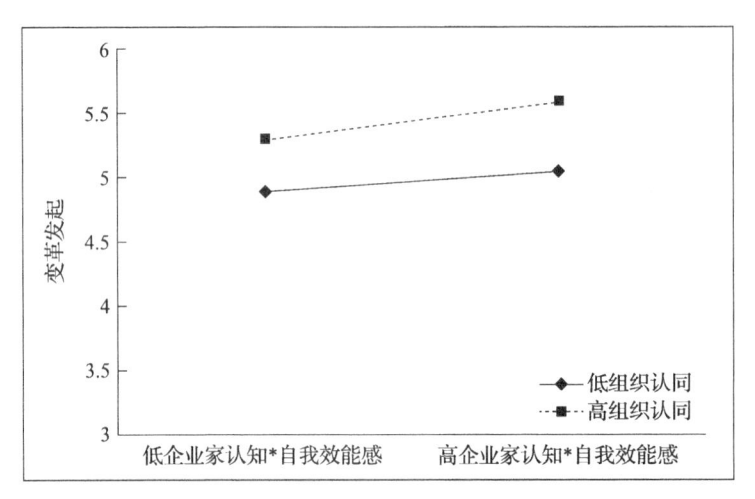

附图 1 组织认同在企业家认知与其自我效能感对变革发起的交互影响中的调节效应

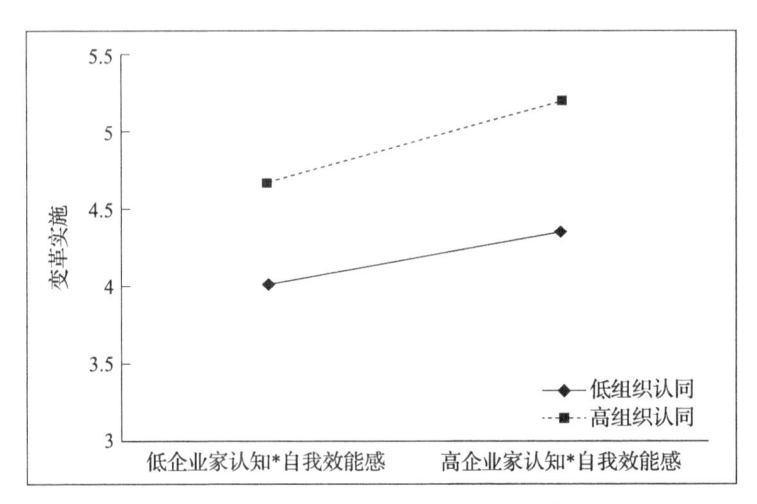

附图 2 组织认同在企业家认知与其自我效能感对变革实施的交互影响中的调节效应

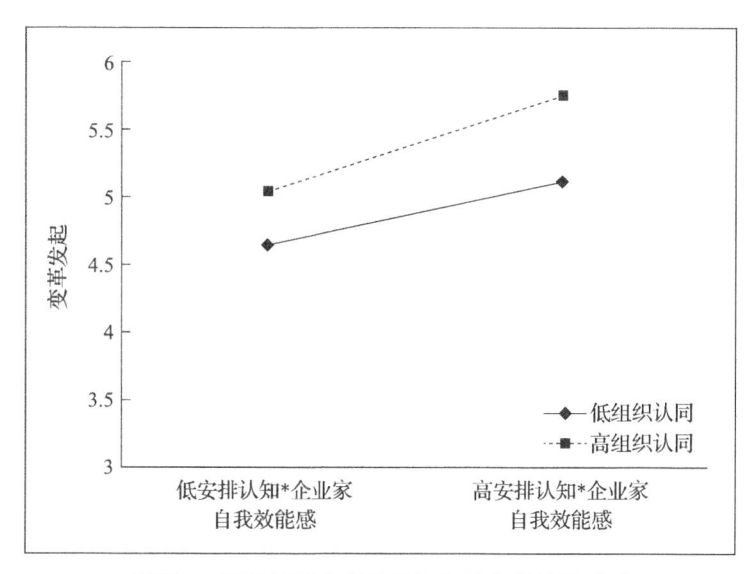

附图 3 组织认同在安排认知与其自我效能感对
变革发起的交互影响中的调节效应

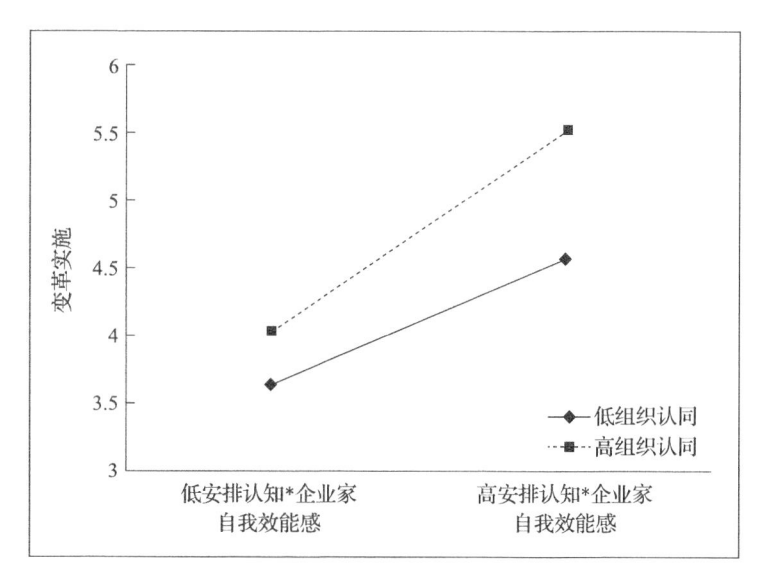

附图 4 组织认同在安排认知与其自我效能感对
变革实施的交互影响中的调节效应

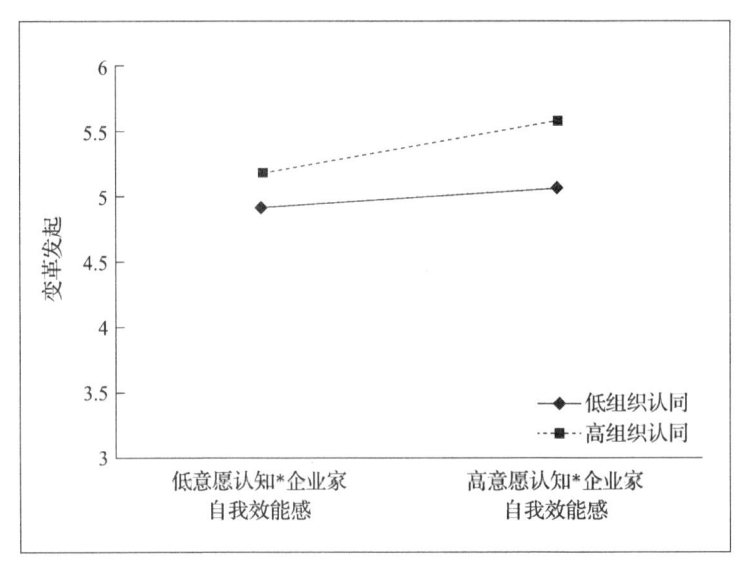

附图 5　组织认同在意愿认知与其自我效能感对
变革发起的交互影响中的调节效应

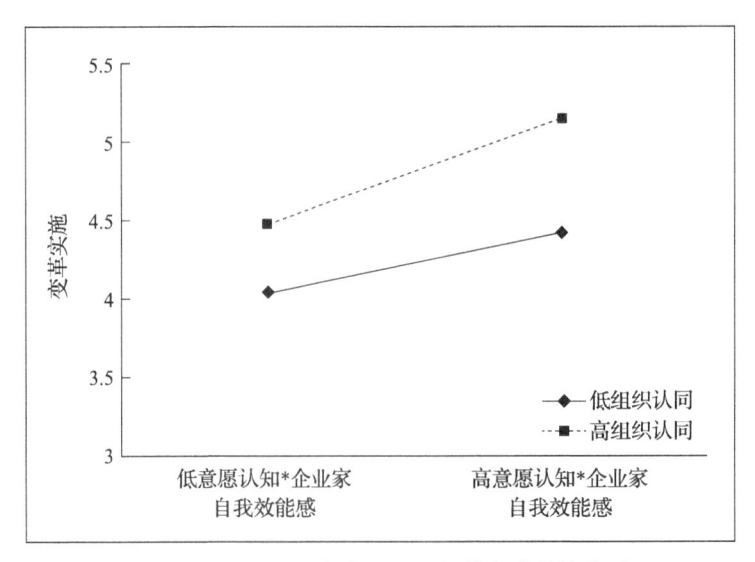

附图 6　组织认同在意愿认知与其自我效能感对
变革实施的交互影响中的调节效应

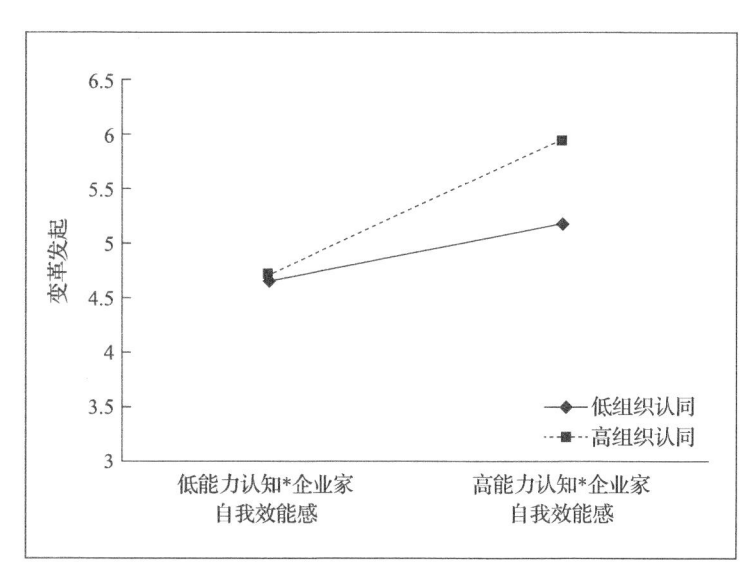

附图 7　组织认同在能力认知与其自我效能感对
变革发起的交互影响中的调节效应

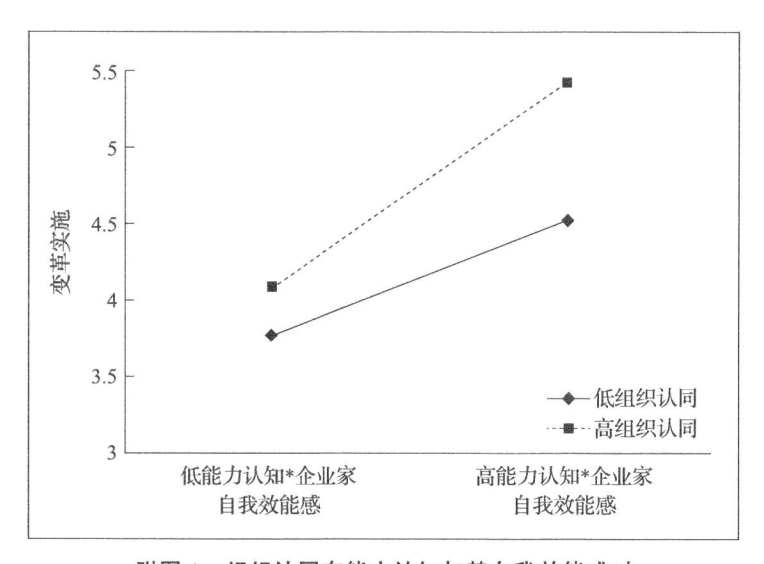

附图 8　组织认同在能力认知与其自我效能感对
变革实施的交互影响中的调节效应

二、社会资本的调节效应图

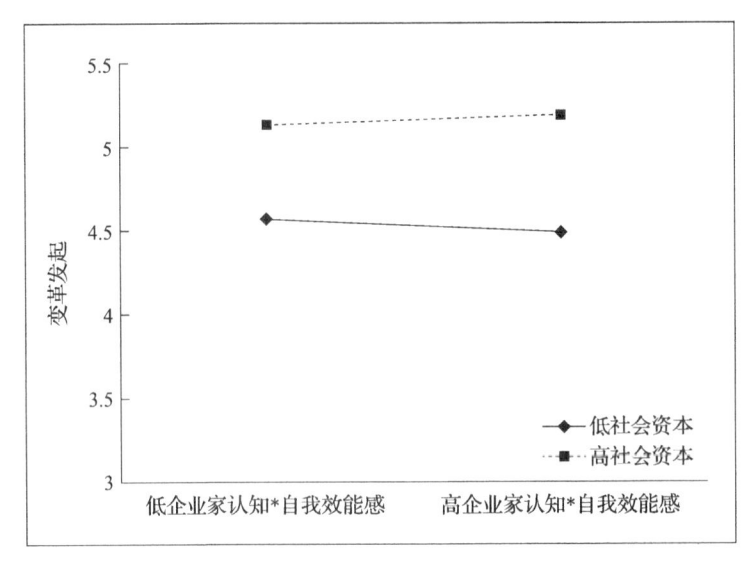

附图 9　社会资本在企业家认知与其自我效能感对变革发起的交互影响中的调节效应

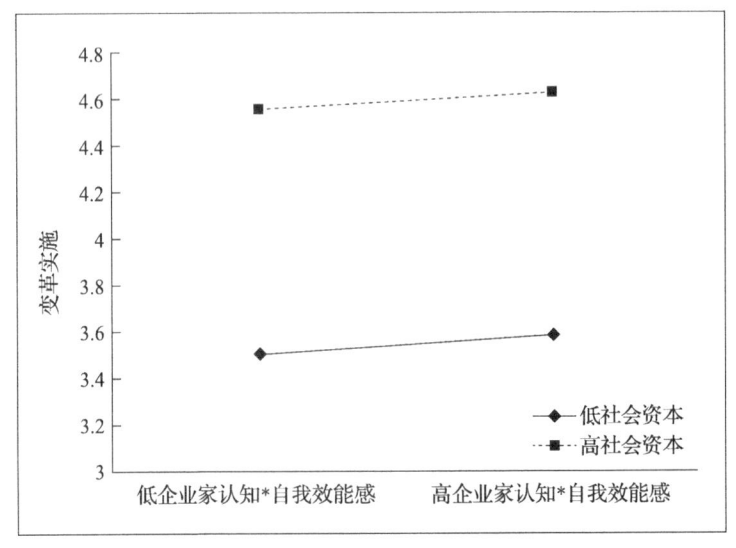

附图 10　社会资本在企业家认知与其自我效能感对变革实施的交互影响中的调节效应

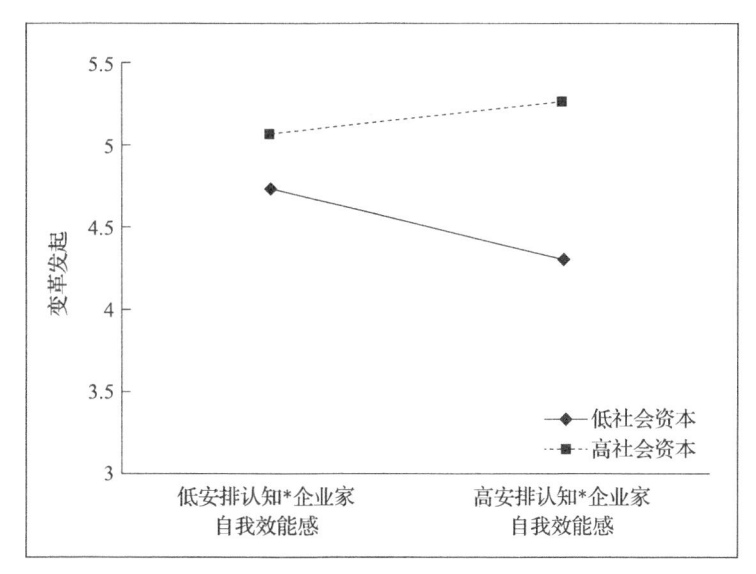

附图 11　社会资本在安排认知与其自我效能感对
变革发起的交互影响中的调节效应

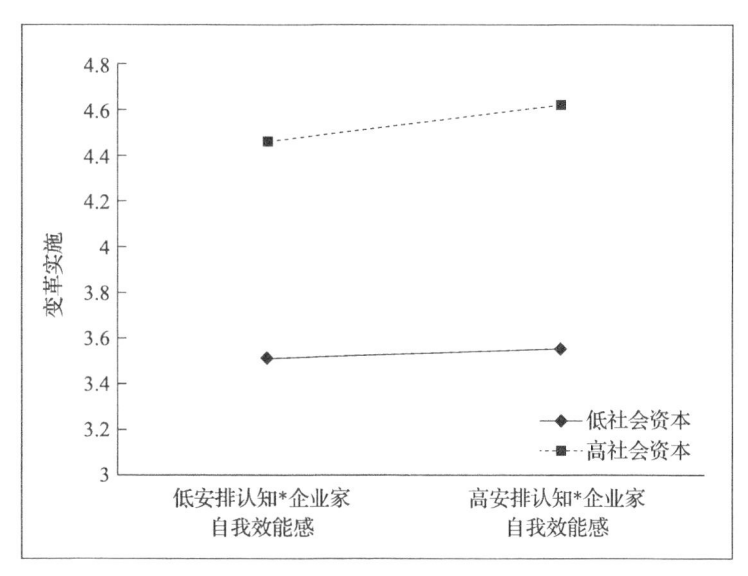

附图 12　社会资本在安排认知与其自我效能感对
变革实施的交互影响中的调节效应

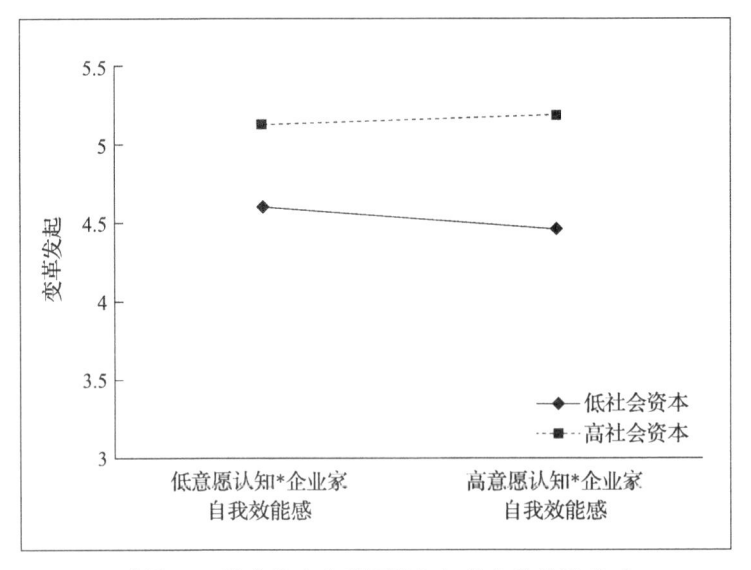

附图 13　社会资本在意愿认知与其自我效能感对
变革发起的交互影响中的调节效应

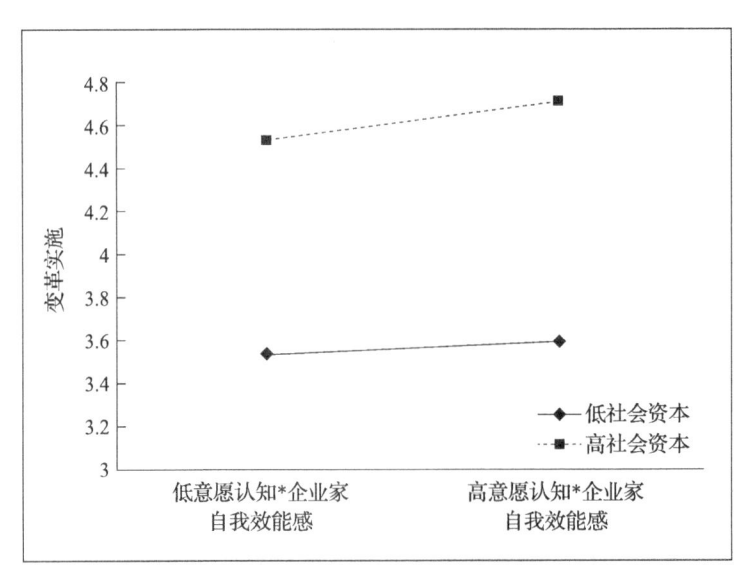

附图 14　社会资本在意愿认知与其自我效能感对
变革实施的交互影响中的调节效应

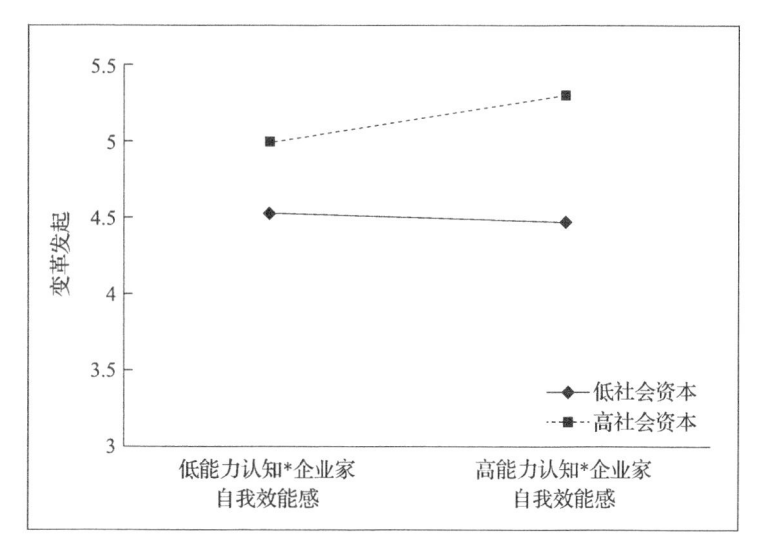

附图 15　社会资本在能力认知与其自我效能感对
变革发起的交互影响中的调节效应

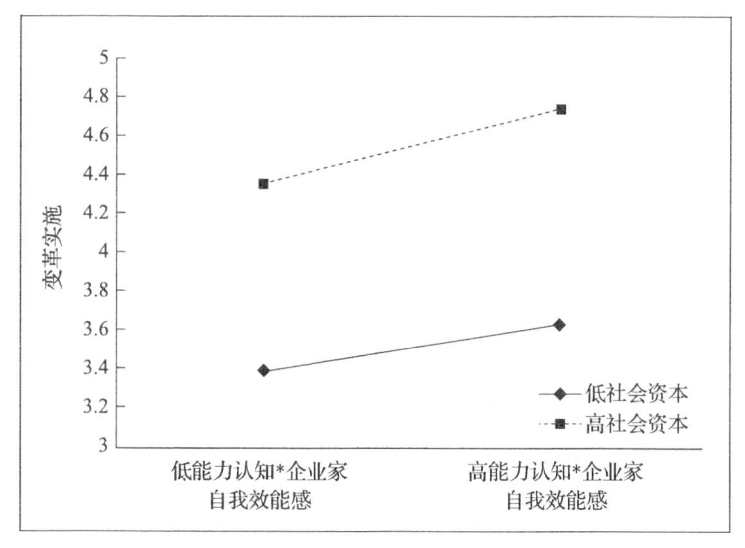

附图 16　社会资本在能力认知与其自我效能感对
变革实施的交互影响中的调节效应